Anita Roddick

DIE
BODY SHOP
STORY

Anita Roddick

DIE BODY SHOP STORY

Die Vision einer außergewöhnlichen Unternehmerin

Aus dem Englischen von Nikolaus Gatter

Econ

Die amerikanische Originalausgabe erschien 2000 unter dem Titel
Business as Unusual bei Thorsons, einem Imprint von HarperCollins*Publishers*

This edition published under licence via The Susie Adams Rights Agency, UK

›No part of this book may be reproduced or transmitted in any form or
by any means electronic, chemical or mechanical, including photocopying,
any information storage or retrieval system without a license or other
permission in writing from the copyright owners.‹

Jede Verwertung dieses Werkes, insbesondere Vervielfältigung,
Übersetzung, Mikroverfilmung, Einspeicherung und Verarbeitung in
elektronische Systeme, ohne Lizenz oder andere Erlaubnis in schriftlicher
Form ist unzulässig.

Der Econ Verlag ist ein Unternehmen
der Econ Ullstein List Verlag GmbH & Co. KG, München

1. Auflage 2001

ISBN 3-430-17878-9

© Anita Roddick 2000
© für die deutsche Ausgabe 2001 by
Econ Ullstein List Verlag GmbH & Co. KG, München
Alle Rechte vorbehalten
Printed in Germany
Gesetzt aus der Optima 10,3/14,5 pt bei Schaber Satz- und Datechnik, Wels
Herstellung: Helga Schörnig
Druck und Bindearbeiten: Druckerei Ernst Uhl, Radolfzell am Bodensee

Gewidmet meinen Enkeln Maiya, Atticus und O'sha: weil sie eines Tages das werden, was ihre Eltern und Großeltern jetzt schon sind (und *Mother Jones* sowieso): draufgängerische, wahrheitsliebende, freimütige, Mythen entlarvende, unangepasste und aufrührerische Aktivisten.

Mein Dank gilt allen ehemaligen und derzeitigen Franchisenehmern, allen ehemaligen und derzeitigen Mitarbeitern, mit deren Hilfe The Body Shop das wurde, was es ist: eine Haut- und Haarpflegefirma mit Haltung.

Inhalt

Vorwort zur deutschen Ausgabe 9
Einleitung: Wenn frau eine Reise tut 13

Worum es überhaupt geht 17
Wer will Unternehmer werden? 53
Wir suchten Mitarbeiter – stattdessen kamen Menschen 77
Mitreißende Leidenschaft 101
Die Diktatur der Schönheitsindustrie 125
Als Frau Erfolg haben 147
»Baden gegangen« in den USA 175
Mit Kampagnen Krach schlagen 199
Händler der Visionen 229
Zielscheibe auf meinem Rücken 263
Bauplan aus der Hölle 285
The Body Shop neu erfinden 313

Register 335
Bildnachweis 342

Vorwort zur deutschen Ausgabe

Es ist jetzt 25 Jahre her, seit ich meinen ersten Laden in Brighton eröffnete, und fast zwei Jahrzehnte, seit es The Body Shop auch in Deutschland gibt. Ich glaube kaum, dass sich 1976 irgendwer vorstellen konnte, dass ein internationales Kosmetikunternehmen zu einem Vorkämpfer des positiven sozialen Wandels werden könnte. Mir jedenfalls wäre das nicht im Traum eingefallen, und ich gebe gern zu, dass ich mich auch heute noch manchmal in den Arm kneifen möchte.

Der lange Zeitraum kann meine freudige Überraschung nicht mindern, wenn ich mir ansehe, was The Body Shop im ersten Vierteljahrhundert seiner Existenz vollbracht hat. Unsere Kampagnen gegen Tierversuche, für Umweltschutz und zur Verteidigung der Menschenrechte haben die Sprache und die Praktiken des Business verändert. Die von uns initiierten wirtschaftlichen Projekte geben Not leidenden Gemeinschaften in aller Welt neue Hoffnung. Und wir haben viele Leute dazu angeregt, über menschliche Qualitäten wie Gewissen, Glaubwürdigkeit und Selbstachtung nachzudenken.

Und doch muss ich nach all den Jahren sagen, dass The Body Shop nach wie vor etwas Neues für mich ist. Vermutlich liegt es daran, dass wir seit 25 Jahren experimentieren. In unserem Fall möchte ich sogar behaupten, dass unsere anfängliche Ahnungslosigkeit ein Segen für uns war. Wenn man gar nicht weiß, dass es ungeschriebene Gesetze gibt, und allein seinem Instinkt vertraut, übersieht man in der Regel die Widrigkeiten, die es den »besser Informierten« so schwer machen. The Body Shop hat das Business praktisch neu erfunden, weil wir gar nicht wussten, dass man es auch noch anders machen kann. Nun ja, so ganz stimmt das nicht. Natürlich war mir durchaus klar, dass es bei den meisten anderen Kosmetikfirmen unvermindert weiterging mit den Tierversuchen, mit aufwändiger Verpackung und Werbung. Was ich damit sagen will, ist: Wir hätten gar nicht gewusst, welchen anderen Weg als den von The Body Shop *wir* hätten einschlagen sollen.

Aber wenn man das Business so persönlich, so sensibel angeht, heißt das unweigerlich, dass es neben Erfolgen auch Prüfungen gibt. Vor zehn Jahren schrieb ich mein letztes Buch, *Body and Soul*. Als ich diesmal mit dem Schreiben anfing, war mir bewusst, dass die 90er Jahre eine extreme Herausforderung darstellten. Der Fall der Mauer brachte einen Aufschwung des Optimismus mit sich, und ich war zuversichtlich, dass unsere Praxis unweigerlich die Zukunft bestimmen werde. Damals wurden wir von einer Welle getragen, konnten Filialen in aller Welt eröffnen, in Deutschland beispielsweise bis zu 15 im Jahr. Doch manchmal neigt die Geschichte zu einer Kehrtwendung von 180 Grad. Der Rest des Jahrzehnts glich einem Kriechen durch ein Minenfeld, bei dem uns jede Explosion links und rechts vom Weg daran erinnerte, wie heikel unsere selbst gesteckten Ziele waren – als hätte es dessen noch bedurft.

Darüber, dass wir unerforschtes Gelände betreten hatten, gab es von Anfang an keinen Zweifel. Doch der Weg durch das Minenfeld versetzte selbst mir, der unverbesserlichen Optimistin, einen Dämpfer. Erst bei meinem Aufenthalt in Seattle, wo ich im November 1999 an den Protesten gegen die Welthandelsorganisation (WTO) teilnahm, spürte ich das Wiedererstarken des Engagements, das schon immer meine stärkste Quelle der Inspiration gewesen ist. Jetzt heißt mein Schlachtruf: Nimm es persönlich!

Wenn die Verfechter der Globalisierung im Namen ihrer müßigen Aktionäre die Menschenrechte missachten, nehme ich das persönlich. Wenn die Umwelt wegen kurzfristiger Interessen des Big Business Schaden erleidet, nehme ich das persönlich. Wenn man allmählich den Eindruck gewinnt, dass der Ausverkauf unseres Planeten nicht mehr fern ist, nehme ich das persönlich. Aber meine persönliche Wut reicht nicht aus. Und das ist auch der Grund, weshalb ich glaube, dass dieses Buch, das im englischen Original den Titel *Business as Unusual* bekam, gerade zur rechten Zeit kommt: als Buch *und* als Idee. Obwohl mein internationales Unternehmen enorm unter Druck steht und trotz der allgemeinen Unwägbarkeiten des Lebens will ich nach neuen Wegen suchen, die Grenzen des Business auszudehnen, seine Sprache zu verändern und es zur Triebkraft des positiven Wandels zu machen.

Kommunikation ist der Dreh- und Angelpunkt. Seit jeher habe ich betont, dass zur Überredungskunst Leidenschaft gehört. Eines der Erfolgsrezepte von The Body Shop bestand darin, dass es uns gelungen ist, Menschen auf der emotionalen Ebene anzusprechen. Wir erfreuen uns einer ungewöhnlichen Partnerschaft mit Millionen von Männern, Frauen und Kindern in aller

Welt. Sie haben uns nicht allein durch den Kauf unserer Produkte unterstützt, sondern schlossen sich unseren Kampagnen an.

Ach ja, die Kampagnen. Sie sind mein Stolz und meine Lust. Ich war immer ganz gespannt darauf, welche Kampagnen in welchem Land am besten ankommen würden. In Deutschland war es die Selbstachtungsaktion von 1998 – mit unserem köstlich fleischigen Ruby-Postermädel –, die besonders hohe Wellen schlug. Seitdem nennt man The Body Shop, wie ich höre, »die Firma mit der Puppe«. Woche für Woche rufen immer noch Leute an und verlangen nach mehr Informationen, vor allem nach der Sondernummer unseres Full-Voice-Prospekts, den wir eigens für diese Kampagne erstellt hatten. Ärztinnen, Sozialarbeiter, Kliniken und Schulen setzen Full Voice inzwischen als Lehrmittel ein.

Wir sind es nicht gewohnt, von der Selbstachtung auf Demokratie, Menschenwürde, politisches Engagement und sexuelle Freiheit zu schließen. Aber das ist »die Kultur der Freiheit«, die wir alle erst entwickeln müssen. Und das ist nur einer der Grundwerte, die – worüber ich besonders froh bin – The Body Shop als Business unverwechselbar machen.

Business mit Herz und Seele, klarem Bewusstsein und einem Verantwortungsgefühl für die Zukunft: Das ist »Business as unusual« und nichts sonst. Lasst uns die Idee weitertragen. Ich hoffe, dieses Buch ist ein Anfang.

Anita Roddick

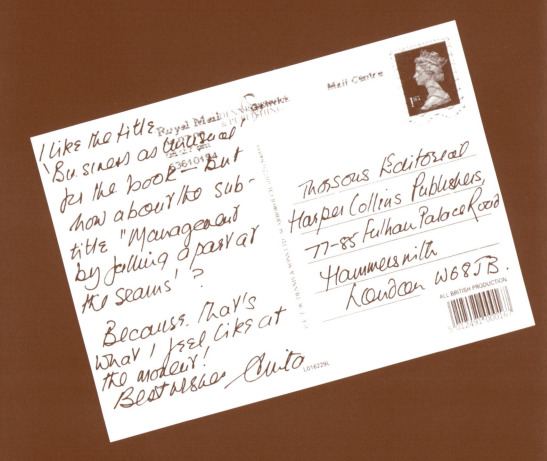

*Der Titel »Business as Unusual« für das Buch
würde mir gefallen – aber wie wär's mit dem Untertitel:
»Management durch Aus-der-Haut-Fahren«?
Genau danach ist mir nämlich im Augenblick!
Beste Grüße,   Anita*

Wenn frau eine Reise tut

Vermutlich würden Sie es einen Wendepunkt nennen. Man schrieb das Jahr 1987. The Body Shop steckte damals noch in den Kinderschuhen, aber die Confederation of British Industry, der britische Unternehmerverband, hatte uns zum Unternehmen des Jahres gewählt. Das bedeutete für mich, dass ich der feierlichen Übergabe einer Auszeichnung beiwohnte.

Und da saßen sie nun alle beisammen – Bosse, Banker, Branchenriesen, Analysten, Journalisten, fast das gesamte Establishment der britischen Hochfinanz, und alle holten tief Luft, als ich an das Rednerpult trat.

Die Gelegenheit kam mir gerade recht. Jeder bebende Nerv in meinem Innern schien zu rebellieren. Was ich vorbereitet hatte, war eine – wie ich hoffte – nur mäßig »zündende« Rede. Als ich sie meinem Ehemann Gordon zeigte, warnte er, dass ich sie alle vor den Kopf stoßen würde. Ich hatte sie auch Jilly Forster gezeigt, einer lieben Freundin, die zufällig bei uns für Öffentlichkeitsarbeit zuständig ist. Sie meinte, ich solle alles genauso sagen, wie ich es aufgeschrieben hätte. Doch als ich anfing, war die Luft so dick, dass ich plötzlich merkte, wie ihr die Tränen übers Gesicht liefen. Links und rechts von ihr saßen, ohne eine Miene zu verziehen, unsere Börsenberater.

Was hatte ich gesagt? Ich hatte eine Lanze für den freien Unternehmer gebrochen – gegen die Macht der Banken und der Großkonzerne. Ich erklärte diesen Businessriesen, wie rückständig sie sind. (Wenn ich mich recht entsinne, benutzte ich den Ausdruck »Dinosaurier in Nadelstreifen«). Was sonst hätte ich tun sollen? »Mir ist noch nie ein Industriekapitän begegnet, der mein Blut zum Singen gebracht hat«, gestand ich – und blickte auf, nur um zu sehen, dass Robert Maxwell Türen schlagend den Saal verließ. Wie ich später erfuhr, drängte es ihn zu einem anderen Termin, und trotzdem war ich auf einmal richtig stolz. Ich fühlte mein Blut singen und hatte es indirekt Käpt'n Bob zu verdanken.

Diese Rede war für mich ein Meilenstein. Mein Optimismus verriet mir, dass The Body Shop und seine Geschäfte eine Zukunft ohne Alternative sind.

Darüber ist ein gutes Jahrzehnt komplizierter Geschichte ins Land gegangen – mit viel Licht, aber auch mit Schatten. In dieser langen Periode hat

Postkarte der Autorin an ihren Verlag Thorsons Editorial.

sich The Body Shop zu einer der erfolgreichsten Handelsketten der Welt entwickelt. Für mich selbst war es ein Weg ins Ungewisse, und jeder Schritt weckte immer größeres Verlangen nach neuen, unerprobten Businessmodellen. Von dieser Reise handelt das vorliegende Buch.

Blickt man vom Vorposten des neuen Jahrhunderts zurück, so lässt sich nachvollziehen, wie mich der Weg, den ich einst eingeschlagen habe, zunehmend radikalisiert hat. Ob das nun ein Abstecher in die Wälder von Sarawak war, um dort die illegale Abholzung zu fotografieren, oder den Amazonas flussaufwärts, wo wir erste Handelsbeziehungen mit dem Stamm der Kayapo aufnahmen: überall konnte ich aus eigener Anschauung erleben, wie die Konzerne alles Leben auf dem Planeten zu verschlingen drohen, nicht nur in unserer Gesellschaft, sondern in Weltregionen, die unsere Businessstrategen nie zu besuchen pflegen. Die aufkeimende Wut, die ich verspürte, war keine abstrakte Gefühlsregung. Sie verstärkte sich, je weiter mich die Reise führte, je mehr Menschen ich traf, die am äußersten Rand unserer Gesellschaft ein elendes Dasein fristen müssen, denen elementare Menschenrechte verweigert werden – der hektischen Gier der Global Players zuliebe.

Dass ich mich in unerschlossenes Territorium vorwagte, war mir stets klar gewesen, doch manchmal fand ich mich in einem Gebiet wieder, das so fremd war, dass sich Menschen, die ich für Freunde gehalten hatte, als Gegner entpuppten – und umgekehrt. Wer kennt ein Allheilmittel gegen Paranoia? In einem Minenfeld zu leben ist kein Zuckerschlecken. Mein Optimismus hat so manche Delle abbekommen, mein Stehvermögen wurde wiederholt auf die Probe gestellt – unsere Polemiken, unsere Fehler auf dem US-Markt, das Verhältnis zu den bereits erwähnten Kayapo –, doch letzten Endes ging es dabei jedes Mal um einen guten Zweck. Wenn man jahrelang hört – nicht zuletzt an der Börse –, man könne gar nichts falsch machen, dann tut es gut, wenn man gelegentlich daran erinnert wird, dass man denselben Zielen nachjagt wie der Rest der Welt. Was uns nicht umbringt, macht uns stärker.

Doch dieser Eindruck ist vielleicht zu lieblos. *Be kind* (»sei freundlich«) schreibt Harvey Keitel im Film *Holy Smoke* Kate Winslet auf die Stirn. Daran wollte ich mich auch in der Geschäftswelt halten – eine Revolution der Freundlichkeit anzetteln. Hinter diesem Ehrgeiz lauert jedoch die ungelöste Frage meiner Funktion in einer Firma, die ich gegründet habe und die mittlerweile zu einer riesigen, vielschichtigen Organisation herangewachsen ist. Deshalb hat dieses Buch auch noch ein weiteres Thema. Es erzählt die

Geschichte, wie es mir gelungen ist, einen ganz privaten Aspekt meiner selbst zu managen – den wahren Kern, wenn Sie so wollen. Die Rolle der »Unternehmensgründerin« musste ich ständig neu erfinden. Das ist ein hartes Stück Arbeit, wenn man von Natur aus eher der fröhlichen Anarchie zuneigt. Es gibt keine Patentlösungen, keine Gebrauchsanweisungen. Folgen wir unserer Leidenschaft. Unser Instinkt wird schon im Voraus registrieren, wenn sich ein Unheil anbahnt.

Deshalb ist dieses Buch weit mehr als die Chronik von The Body Shop im letzten Jahrzehnt, mehr als ein komprimiertes Handbuch für Möchtegern-Radikale des Wirtschaftslebens. Es handelt auch vom Versuch einer Einzelnen, die oft unpersönlichen Ansprüche eines erfolgreichen Unternehmens mit den sehr persönlichen Bedürfnissen einer erfolgreichen Unternehmerin zu verbinden. Den enormen Zwängen eines weltweit operierenden Unternehmens und allen Widrigkeiten des Lebens zum Trotz musste ich neue Wege suchen, die Grenzen des Business zu erweitern, seine Sprache zu verändern und es zum Motor eines Wandels zum Besseren zu machen.

Das meine ich mit *Business as unusual.*

KOMMENTATOREN UND POLITIKER WERDEN IN DEN NÄCHSTEN WOCHEN KOMMEN UND UNS VORWERFEN, WIR WOLLTEN DIE UHREN ZURÜCKDREHEN. SIE WERDEN SAGEN, WIR SEIEN SEKTIERER, AUF DEN EIGENEN BAUCHNABEL FIXIERT, UND AUSLÄNDERFEINDLICH DAZU.

LASST EUCH NICHTS EINREDEN.

DIE WAHRHEIT IST: DER »FREIE HANDEL«, WIE IHN UNSERE VIKTORIANISCHEN VORVÄTER PROPAGIERTEN, BRACHTE DIE FREIHEIT DER GEMEINSCHAFTEN, GLEICHBERECHTIGT MITEINANDER ZU HANDELN. ER SOLLTE NIE SEIN, WAS ER HEUTE IST: EINE LIZENZ FÜR DIE GROSSEN, REICHEN UND MÄCHTIGEN, SICH RÜCKSICHTSLOS ÜBER DIE SCHWACHEN, OHNMÄCHTIGEN UND NOTLEIDENDEN HINWEGZUSETZEN.

Worum es überhaupt geht

Seattle-Tagebuch. Freitag, den 26. November 1999

Meine Rede beim Protest-Meeting der Welthandelsorganisation (WTO) schreibe ich in der British-Airways-Maschine von Heathrow nach Seattle zu Ende. Eine normalerweise stinklangweilige Reise putscht mich auf, weil schon der Flug selbst eine außergewöhnliche Erfahrung ist. In den Sitzreihen der Maschine drängen sich australische Demonstranten, Rettet-den-Regenwald-Umweltschützer, Mitglieder der Hungerhilfe, Vertreter afrikanischer Kleinbauern. Alle Welt ist nach Seattle unterwegs. Hilfsorganisationen melden sich zu Wort, und sie allein werden für die Milliarden Menschen aufstehen, für die sich niemand sonst einsetzt, und deren Anliegen vor den Repräsentanten der mächtigsten Konzerne der Welt vertreten.

Während wir den Atlantik überqueren, festigt sich meine Überzeugung mit jeder Zeitzone, die wir durchfliegen, mehr und mehr. Das International Forum on Globalization hat mich als Dozentin für ein zweitägiges Teach-in gebucht, aber zugleich will ich mir selbst so viel Lernstoff wie möglich aneignen, jedes Wort der Vortragsredner mitschneiden, jedes Flugblatt aufheben und an der Seite der vielen Protestler marschieren. Die umstrittene Tagesordnung der WTO-Konferenz sieht Bestimmungen vor, wonach die Europäer den Import genetisch veränderter Organismen erlauben müssen – einmal in der freien Natur, wäre ihre weltweite Ausbreitung nicht mehr aufzuhalten. Das hieße, dass Wirtschaftsunternehmen Patente auf lebende Organismen anmelden und die Wasservorräte privatisieren müssten – wodurch Indios gezwungen wären, für Wasser, das sie seit Generationen nutzen, und für Saatgut, das womöglich von ihren Urahnen gezüchtet worden ist, Gebühren zu zahlen.

Der Einfluss der Globalisierung auf die Weltwirtschaft und die Rolle der WTO dabei beunruhigt mich seit längerem; die Überlegungen, Diskussionen und Niederschriften im Flugzeug haben mich aufgewühlt. Ich werde mit Sicherheit »schlaflos in Seattle« sein!

Notizen für meine Rede beim Teach-in,
geschrieben auf dem Flug von London nach Seattle, November 1999.

Ein Industriekapitän hat einmal von mir behauptet, ich sei »fanatisch und selbstgerecht«. Der Vorwurf der Selbstgerechtigkeit trifft ihn wohl eher selbst als mich, aber im Fanatismus steckt ein Körnchen Wahrheit. Denn ich bin überzeugt davon, dass ein nomadisches Getriebensein zum Unternehmertum gehört. Es trägt dazu bei, dass wir beizeiten den Wandel der Verhältnisse wahrnehmen – sowohl im modernen Alltag als auch im Geschäftsleben – und uns den Realitäten stellen, mit denen wir konfrontiert werden. Meist haben meine Reisen mit geschäftlichen Terminen zu tun, doch bei manchen steht im Vordergrund, dass ich der Wahrheit auf die Spur kommen will; in Staaten, die wir gemeinhin für reich halten, ebenso wie in so genannten Entwicklungsländern. Mir jedenfalls haben die Reisen stets zu neuen Erkenntnissen verholfen.

Vor nicht allzu langer Zeit trieb ich mich zwei Wochen lang im Süden der Vereinigten Staaten herum. Im »Black Belt« der Staaten Louisiana, Mississippi, Alabama und Georgia sah ich zum ersten Mal mit eigenen Augen die extreme Armut in den USA, dem reichsten Land der Erde. Mein kundiger Reiseführer war Jacob Holdt, ein »vagabundierender« Fotograf aus Dänemark, der seit drei Jahrzehnten in ländlichen schwarzen Gemeinden Amerikas fotografiert. Ich sollte in New Orleans eine Rede halten, und Jacob unternahm die Reise, um Freunde wiederzutreffen, die er hier vor 30 Jahren kennen gelernt hatte. Gemeinsam besuchten wir Barackendörfer und Strafanstalten im vergessenen »Unterleib« Amerikas.

Als ich Jacob kennen lernte, wollte ich ihm als Erstes eine Flasche von unserem Walnuss-Haarwasser schenken. Sein Haar war struppig wie Stroh, und er trug einen langen, geflochtenen Bart, den er aufzurollen pflegte, wenn er sich in Städten aufhielt. Bald merkte ich, dass Jacob ein ausgesprochen sanfter Charakter war. Wenn er in Konflikte geriet, fand er mit seiner freundlichen, ruhigen Art stets einen Ausweg. Einmal, als sich in unserem Lastwagen Reisegefährten, Wanderer und Tramper drängten, deren bloßer Anblick normalerweise jedem Angst eingejagt hätte – Jacob ließ nie jemanden am Straßenrand stehen –, achtete ich darauf, wie ruhig er sprach und wie aufmerksam er zuhörte. Sanftheit gilt in unserer Gesellschaft meist als Schwäche oder Verstellung; Jacob zeigte mir, wie viel Macht und Überzeugungskraft darin steckt. Dass er die Menschen mit Freundlichkeit und Respekt ansprach, hat ihm geholfen, die Abenteuer zu überstehen, denen er sich bei seinen Recherchen unter Ausgestoßenen und Ohnmächtigen aussetzte.

Die Erlebnisse auf dieser Reise mit Jacob waren erschütternd für mich. Zum ersten Mal wurde ich in einer westlichen Industrienation mit echter

Not konfrontiert. Arm zu sein ist ein schweres Los, doch die Armut in den USA, dem Land des üppigen Wohlstands, geht nicht selten über das Maß des Erträglichen hinaus. Ich kam in Gemeinden, die seit Generationen vom öffentlichen Leben abgeschottet sind. Unter dem Druck des alltäglichen Rassismus versinken sie immer tiefer in Elend und Verzweiflung. Je länger ich mit Jacob unterwegs war, desto weniger konnte ich an eine Zukunft für diese Menschen glauben. Die ganze Reise erinnerte mich an ein Plakat der Künstlerin Jenny Holzer, das die Worte trägt: »Geh hin, wo die Menschen schlafen, und sieh nach, ob ihnen kein Leid geschieht.«

Während wir im Lastwagen herumkurvten, führten Jacob und ich lange, intensive Gespräche über Rassismus. Längst waren die Hoffnungen und der ungebrochene Optimismus verflogen, mit denen meine Generation in den 60er Jahren für Gleichheit und Menschenrechte auf die Straße gegangen war. Bisher hatte ich geglaubt, in meinen persönlichen Beziehungen spiele Hautfarbe keine Rolle. Doch inzwischen muss ich mich immer wieder selbst infrage stellen.

> Ich glaube, Rassenvorurteile sind wie Gesichtsflaum – man spürt ihn nicht, er lässt sich nicht mit bloßem Auge erkennen, aber man wird ihn immer wieder gegen den Strich bürsten.

Während der Reise wurde mir die überwältigende Macht des Fernsehens klar. Der bläuliche Schimmer der Bildschirme flackerte 24 Stunden täglich in verfallenen Wellblechhütten, machte den Geist träge und nährte immer aufs Neue den Mythos vom materiellen Wohlstand als Vorbedingung für Selbstbewusstsein und Selbstachtung.

In den letzten 15 Jahren habe ich erlebt, wie der Reichtum unsere mitmenschlichen Regungen verhärtet. Unterwegs mit Jacob beschloss ich, alles daranzusetzen, dass mich diese Verhärtung der Gefühle nicht auch ereilt. Diese Reise war ein weiteres heilsames Training gegen Bequemlichkeit und

Selbstgefälligkeit. Auf einen Schlag wurde mir klar, wie es heute um die Menschlichkeit steht.

Hoffnungslosigkeit und Elend mitten im Reichtum rufen uns drastisch das »ökonomische Problem« in Erinnerung, von dem John Maynard Keynes gesprochen hatte und das noch längst nicht gelöst ist. Während wir eine Rekordkonjunktur in der US-Wirtschaft erleben und die Aktienmärkte weit über die 10 000-Punkt-Grenze hinausschießen, stehen gleichzeitig humanitäre Katastrophen ins Haus. Die Armut treibt ihrerseits weitere Krisen voran. In ihrer Verzweiflung beuten die Menschen ihre Ressourcen übermäßig aus – oder müssen zusehen, wie sie übermäßig ausgebeutet werden. Sie werden in den Drogenhandel oder den Terrorismus getrieben. Hilflos erliegen sie den reichen Nationen, die ihnen mit militärischer, ökonomischer oder politischer Unterstützung zur Seite stehen und ihre Armut zementieren. Längst haben wir das Elend institutionalisiert.

Manchmal frage ich mich, weshalb wir uns nicht mehr groß darüber aufregen, dass drei Milliarden Menschen mit weniger als zwei Dollar täglich auskommen müssen, während die Reichen acht Trillionen Dollar in Steueroasen angelegt haben. Dass Letztere die Zeche zahlen und der weltweiten Armut abhelfen werden, kann man mit Sicherheit ausschließen. Trotz der erstaunlichen Wertschöpfung während des »langen Booms« muss ein Fünftel der Menschheit noch immer ausreichende Nahrung und sauberes Wasser entbehren.

Der Aufstieg der NGOs

Das ist die Realität unserer modernen Welt, doch es hat zugleich den Beginn einer ermutigenden Entwicklung eingeleitet, die mich absolut begeistert. Dass sich Veränderungen in der Wirtschaft anbahnen, wusste ich bereits. Doch erst auf dem Flug nach Seattle begriff ich, wie eng sie mit dem Aufstieg nichtstaatlicher Hilfsorganisationen (NGOs) zusammenhängen. All die von den Konzernen bemühten Statistiken, Trendforscher und Meinungsumfragen haben vom Erstarken der NGOs keine Notiz genommen, dennoch könnte ihr Auftreten alles verändern. Inzwischen gibt es weltweit mindestens 100 000 NGOs, die allein mit Umweltfragen befasst sind. Manche von ihnen werden in ihrer Arbeit behindert oder politisch verfolgt, andere gewinnen zunehmend an Einfluss.

Eine einzige Anfrage von Greenpeace per Fax brachte 1999 einen Lebensmittelhersteller dazu, genmanipulierte Bestandteile aus der Babynahrung zu nehmen. Indonesische NGOs trugen entscheidend dazu bei, die Diktatur von Präsident Suharto zu stürzen.

Die Rolle der NGOs lässt sich als nützlicher Begleiteffekt der Globalisierung deuten. Ihre Wachsamkeit in aller Welt deckt Missstände auf, die früher umstandslos verdrängt wurden. Gemeinsam vertreten sie heute Milliarden von Menschen, die beschlossen haben, dass es im Welthandel redlicher, fairer und gerechter zugehen muss als bisher – oft die Ohnmächtigsten, deren Stimme als Allerletzte Gehör finden würde. Bei Linken stehen die NGOs im Verdacht, eng mit der Wirtschaft liiert zu sein, während die Rechte argwöhnt, sie könnten den gewohnten Gang der Geschäfte stören. Doch während die Armut weltweit erschreckend zunimmt, sorgen sie für ein völlig neues Klima im Handel.

In Seattle bildeten allein NGOs eine Brücke zwischen den Blöcken. Sie waren die einzigen, die mit allen reden konnten: mit Politikern, Konzernherren, Agitatoren und Protestlern gleichermaßen. Sie führten beispielhaft vor, wie sie die Verständigung unter den Menschen fördern, und riefen einige ihrer kreativsten Partnerschaften in Erinnerung, die sie eingegangen sind. Inzwischen erleben wir sie überall, diese ungewohnten Allianzen zwischen Menschenrechtsgruppen und Bildungseinrichtungen, alternativen Händlern und progressiven Konsumenten, und nicht selten stehen sie im engen Verbund mit Unternehmen.

Ärgerlich ist nur, dass ein Großteil der Wirtschaft ihre Bedeutung und das, wofür sie stehen, nicht zur Kenntnis nimmt – ebenso wenig wie die Katastrophe der Armut. Schlagen wir ein typisches Managementhandbuch auf, so begegnen uns immer wieder die Begriffe »Führungsstärke«, »Teamfähigkeit«, »Unternehmenskultur« oder »Kundenservice«. Nur in den allerseltensten Fällen stoßen wir auf Schlüsselwörter wie »Gemeinschaft«, »wirtschaftliche Benachteiligung«, »soziale Gerechtigkeit«, »Moral«, »Glück«, »Liebe« oder gar »Spiritualität« – ein Wort, das um Himmels willen nicht ausgesprochen werden darf! Ganz zu schweigen von einem MBA-Lehrplan, in dem die Punkte »soziale und ethische Wirtschaftsprüfung« oder gar »Perspektiven für Menschenrechts- und Emanzipationsprobleme am Arbeitsplatz« auftauchen würden. »Aus Wörtern macht man Welten«, heißt es bei Ludwig Wittgenstein, dem Philosophen, und der Aufstieg der NGOs könnte Dreh- und Angelpunkt für einige neu zu schaffende Welten werden. Doch bis dahin ist es noch eine weite Strecke. In der Zwischenzeit werden wir uns den Problemen stellen müssen, die ich im Folgenden skizziere.

Gewissenloses Business

Wenn man sich das Verhalten einiger Unternehmen in vielen Gegenden der Welt – dort, wo sich die wenigsten Wirtschaftsführer je persönlich blicken lassen – vor Augen führt, wird man feststellen, dass sie der Menschlichkeit in vielerlei Hinsicht entfremdet sind. Wirtschaftskriminalität habe ich schon bis zum Abwinken gesehen und erlebe sie noch immer.

Eine Branche nach der anderen greift bedenkenlos auf Sklavenarbeit in Ausbeutungsbetrieben, so genannten Sweatshops, zurück, während der Globus zum Spielball derer wird, die imstande sind, Kapitalmengen und Unternehmen rasch von einem Ort zum anderen zu transferieren. Wenn die Konzerne ungehemmt ein Land nach dem anderen abklappern auf der Suche nach den niedrigsten Löhnen, den durchlässigsten Umweltauflagen und einer angepassten, eingeschüchterten Arbeitnehmerschaft, dann gehen darüber gewöhnlich Lebensweisen, Kultur und Umwelt zuschanden.

Von Europa bis in die USA, von Taiwan bis Malaysia ist jedes Land nur ein Boxenstopp im Rennen nach der immer irrwitziger steigenden Rendite. Die neue Schallgrenze ist Asien, wo Löhne und Umweltstandards noch gering sind und Missbrauch der Menschenrechte kaum geahndet wird. **Das neue, nomadisierende Kapital schlägt keine Wurzeln, schafft keine Gemeinschaften mehr. Es hinterlässt Giftmüll, verbitterte Arbeiter und lokale Gemeinschaften, die vor dem Ruin stehen.** Ich bin nun fast jedes Jahr rund um die Welt gereist, habe mit Opfern der Globalisierung gesprochen – unter anderem mit Kleinbauern in den Vereinigten Staaten, von denen Woche für Woche unzählige ihre Farm aufgeben. Noch vor einem halben Jahrhundert gab es eine Million farbiger US-Farmer; heute sind es noch 1800. Globalisierung bedeutet, dass große Höfe subventioniert werden, während Familienunternehmen – die oft das Zentrum kleinstädtischer Gemeinden bilden – den Bach hinuntergehen. Ich habe auch bedrückend enge und finstere Fabriken gesehen, wo man für einen Hungerlohn zwölf Stunden täglich schuftet – ohne einen freien Tag.

> »Uns wird nicht erlaubt, miteinander zu reden oder aufs Klo zu gehen«, erklärte mir ein asiatischer Arbeiter in einer Textilfabrik. Das war nicht in Seoul und auch nicht in São Paulo: Es war in San Francisco.

Von Geldgier zerfressen

Eines der Kernprobleme des Business besteht darin, dass Geldgier in unserer Kultur als ganz normal akzeptiert wird. 1999 durften die 300 Manager und Mitarbeiter bei Jupiter Asset Management, die sich um rund zwei Milliarden Pfund Investorenkapital kümmern und nichts daraus machen außer mehr Geld, Prämien von 300 Millionen Pfund unter sich aufteilen. Firmengründer John Duffield genehmigte sich 100 Millionen Pfund. Im heutigen US-Business sind schätzungsweise 17 Trillionen Dollar Investmentmanagern anvertraut, die ausschließlich monetäre Werte kennen, kaum Steuern zahlen und für Fragen der sozialen Gerechtigkeit oder mitmenschliche Belange kaum aufgeschlossen sind. Als Goldman Sachs nach einer 130-jährigen Geschichte als Privatpartnerschaft 1999 an die Börse ging, erhielt jeder der 220 Partner Aktien im Wert von rund 30 Millionen Pfund. CEO Henry Paulson bekam Anteile für 191 Millionen Pfund, und der Co-Chairman John Corzine schied mit Aktien im Wert von 206 Millionen Pfund aus dem Amt.

Oder nehmen wir Walt Disney, einen Konzern, der von der unternehmenskritischen US-Zeitschrift *Multinational Monitor* zu den zehn übelsten Ausbeutern des Jahres 1996 gerechnet wurde, weil er Lizenzarbeitnehmern in Thailand, Haiti und sogar in den USA anständige Löhne vorenthält. Haitianische Vertragsfirmen, die von Disney lizenzierte Kinderkleider herstellen, zahlen ihren Arbeitern 28 Cents in der Stunde, das sind rund sieben Cents für jedes von ihnen gefertigte Kleidungsstück. In anderen Fabriken für Disney-Textilien verdienen Arbeiter gerade mal einen Dollar pro Tag, das sind zwölf Cents in der Stunde. Der Ruf der Arbeiter nach einem Lohn, der den Lebensunterhalt deckt – 58 Cents in der Stunde –, verhallt bei Disney ungehört. Es sei »ein Missbrauch unserer führenden Stellung«, sich hier einzumischen, meinte ein Disney-Sprecher. Ein haitianischer Textilarbeiter, der Disney-Kleidung und -Puppen herstellt, müsste 166 Jahre lang arbeiten, um das zu verdienen, was Konzernchef Michael Eisner in einem Tag scheffelt. Dabei zählt Eisner nicht einmal zu den sieben reichsten Männern der Welt, die so viel Vermögen angehäuft haben, dass damit – wie es heißt – die Armut auf der ganzen Welt auf einen Schlag beseitigt wäre.

Mit dieser Geldgier gehen, sobald sie in der Gesellschaft zum guten Ton gehört, die schlimmsten sozialen Missstände einher: wenn beispielsweise Kinder einander umbringen, um sich die Nike-Turnschuhe wegzunehmen. Gier ohne gesetzliche und moralische Einschränkung kann alles zerstören, was ein Leben lebenswert macht. Reichtum kann die Menschlichkeit verkümmern lassen und den Wohlhabenden seinen Mitmenschen entfremden.

Für mich ist das keine Frage der reinen Theorie mehr. Der Erfolg von The Body Shop hat mir – verglichen mit der großen Mehrheit meiner Zeitgenossen – märchenhaften Reichtum beschert, obwohl wir uns der geschilderten Unternehmensgier enthalten haben. Dass es mir nur allzu leicht fallen würde, mich dem verlockenden Dasein einer wohlhabenden Geschäftsfrau hinzugeben, ist mir bewusst. Es wäre gewiss ein angenehmeres Leben. Doch ein Leben ohne Kampf für eine gute Sache trägt schon den Keim des Todes in sich. Daher mache ich weiter, so gut ich kann: kämpfend, reisend, streitend. Was ich ringsum erlebe, hält mich jung – und, wie ich meinen Kindern bereits erklärt habe: Wenn es mal vorüber ist, geht jeder Penny unseres Ersparten an Hilfsorganisationen und Bürgerrechtler.

Kasinokapital

»Wenn die Kapitalentwicklung eines Landes zum Nebenprodukt der Aktivitäten eines Spielkasinos wird«, warnte Keynes, »ist das Scheitern vorprogrammiert!« In unserer Generation wurde der Kasinovergleich auch von der Entwicklungsexpertin Susan George verwendet. Sie beschreibt damit, wie bedrohlich sich ein Wirtschaftssystem für die Mehrheit der Weltbevölkerung auswirken kann. Das Kasino der Weltwirtschaft wird von niemandem geleitet oder beaufsichtigt; die Chefs der Zentralbanken sind die Croupiers. Rund um die Tische drängen die Spieler mit ihren Chips: Optionen, Währungen, Derivative. Draußen stehen wie pensionierte Boxkämpfer die Politiker als Empfangskomitee und rufen: »Schön, dass ihr da seid!«, während wir hereingelockt werden.

Doch in diesem Kasino gewinnen nur diejenigen, die dafür sorgen, dass der Laden läuft. Nur eine winzige Minderheit genießt seit rund 200 Jahren die Früchte des ökonomischen Wachstums. Und was im Welthandel hin und her geschoben wird, produzieren nicht die Gewinner, sondern ihre Opfer, keine fröhliche Truppe mit dem Lied »Jetzt wird wieder in die Hände gespuckt, wir steigern das Bruttosozialprodukt« auf den Lippen, sondern Menschen in verzweifeltem Elend. Oft sind es noch dazu Kinder, die zu Schuldknechtschaft und Zwangsarbeit verurteilt sind und nicht in der von Globalisierungsbefürwortern verheißenen Demokratie aufwachsen, sondern unter brutaler Diktatur in Sweatshops schuften. Und das Ergebnis ihrer Mühen sind statt des angeblich steigenden Lebensstandards die Verseuchung von Luft, Wasser und Boden und die auseinander klaffende Schere der wirtschaftlichen Ungleichheit.

Mein Nachbar, der Bettler

Auf dem Weltmarkt, wo multinationale Konzerne um Niedrigstpreise und -kosten feilschen, sind die billigsten Lieferanten für Arbeitskraft und natürliche Rohstoffe genau jene Nationen, die sich nicht um Demokratie, Menschenrechte oder Umweltschutz scheren.

Zum Beispiel Birma: Das Land wird von einem der repressivsten und barbarischsten Regime beherrscht. Es ignoriert freie demokratische Wahlen und ließ den Wahlsieger, den heroischen Aung San Suu Kyi, ins Gefängnis werfen. Doch was für die Einwohner und ihre Bürgerrechte eine Katastrophe war, entpuppt sich als gutes Geschäft für die Konzerne. Die US-Firma Unocal Corporation of California und der Mineralölkonzern Total aus Frankreich vereinbarten mit den Militärdiktatoren von Birma ein Jointventure, um rund 40 Meilen vor der Küste Öl vom Meeresgrund zu fördern. Damit die Pipeline auch Birma mit dem Geldsegen versorgt und das finanzschwache Regime stärkt, hat das Militär ganze Dörfer niederbrennen, Ländereien beschlagnahmen und die unschuldigen Bewohner angreifen, vergewaltigen und foltern lassen, von denen jetzt nicht wenige Sklavenarbeit an der Pipeline leisten müssen. Natürlich entspricht das nicht unbedingt den Vorstellungen der Ölkonzerne, aber sie müssten sich über die Konsequenzen klar sein, wenn sie mit einer Diktatur Geschäfte machen.

Unfreier Handel

Es geht nicht nur ums Öl, und es betrifft nicht allein Birma. Das Prinzip des »freien«, deregulierten Handels soll auch für jedes andere Produkt oder Geschäft gelten, egal, wie es sich auf niedrige Löhne, ruinierte Umwelt und entrechtete Arbeiter auswirkt. Und irgendwo gibt es immer noch einen Ort auf der Welt, der noch schlechter dran ist und erst recht reif für die Ausbeutung.

Der Begriff »freier Markt« beschwört vage Vorstellungen von freien und gleichberechtigten Individuen herauf, die auf einem Dorfplatz handgefertigte Schuhe gegen selbst gezogenes Gemüse eintauschen. Dieses idyllische Bild verleitet zu der Annahme, ein Job wäre ein individueller Vertrag zwischen gleichen Partnern – doch das hat es nie gegeben. Colin Hines vom International Forum of Globalization berichtet, dass seit dem Freihandelsabkommen NAFTA rund 2000 Fabriken die USA verlassen haben und jetzt im mexikanischen Grenzland produzieren – von der laxen Umweltbehörde und der Gewerbeaufsicht praktisch unbehelligt. NAFTA steht für North American Free Trade Agreement – oder, wie einige Gegner meinen, für Not

Another Fucking Trade Agreement (»nicht noch so ein Scheiß-Handelsabkommen«) – und hat bereits jetzt die Bestimmungen auf beängstigende Weise unterhöhlt. Die Folgen einer Niederlassung von über 300 Fabriken an der mexikanisch-texanischen Grenze für die Umwelt sind nicht auszudenken. Immerhin leben hier 400 000 Menschen ohne festes Obdach, fließendes Wasser, Kanalisation, Bürgersteige oder Stromversorgung. Ein offener Kanal längs des Rio Grande trägt 250 Millionen Liter Abwässer rund 30 Kilometer weit und verseucht unterwegs die Trinkwasserbrunnen wie auch den Fluss selbst.

Freier Handel ist ein schöner Betrug. Fragen Sie sich selbst, ob der Markt wirklich frei ist – und wenn ja, frei von was und für wen? Und wie sehr beruht die Weltwirtschaft auf Handel? Tagtäglich überwachen Computer die Geldmärkte in aller Welt und zeigen einen globalen Geldfluss von nicht weniger als 2,5 Trillionen Dollar. Das Schreckliche an dieser Zahl ist, dass nur rund drei Prozent davon tatsächlich mit dem Handel zu tun haben, ganz zu schweigen von »freiem« zwischenstaatlichem Handel. Der »Rest« hat mit Geld zu tun. Mit anderen Worten: 97 Prozent dieser enormen Summe sind Spekulation und Talmi. Es ist Geld, das Geld gebiert.

Weltregierung der Blinden

Unser Problem ist ein Welthandelssystem, das für diese Art von Unrecht blind ist. Regiert wird es von der »World Trade Organization«, der allgegenwärtigen WTO. Während der Einfluss der Regierungen immer weiter zurückgeht, steht dieses System für eine neue, von niemandem gewählte, durch keine Instanz kontrollierte Weltregierung. Die WTO und die ohne Abstimmung eingesetzten Handelsfunktionäre, die sie leiten, bilden heutzutage effektiv den höchsten Weltgerichtshof mit der Befugnis, lokale Gesetze oder Sicherheitsvorschriften außer Kraft zu setzen, wenn diese ihrer Ansicht nach den freien Welthandel beeinträchtigen.

Die WTO stellt nicht nur schlechterdings die Weltregierung – das Welthandelssystem regiert auch noch blind, zumindest auf einem Auge. Es sieht nach der Bilanz unter dem Strich, erkennt aber nichts anderes. Es kann Gewinn und Verlust unterscheiden, hat aber kein Organ für Menschenrechte, Kinderarbeit oder die Notwendigkeit, die Umwelt für künftige Generationen lebenswert zu erhalten. Es ist eine Regierung ohne Herz, und wenn das Herz fehlt, wird auch der menschliche Erfindungsgeist immer mehr schwinden.

Ich fürchte, die jetzigen Machthaber – die Wirtschaftsführer, Politiker und Geschäftsleute – wären fähig, uns über die Klinge springen zu lassen. Weltweit operierende Institutionen wie die WTO, die Weltbank und der Internationale Währungsfonds ignorieren die wachsende Fülle von Belegen, dass uns der soziale Zusammenbruch droht, der weit verbreitete, gefährliche Ungleichheit und Verunsicherung mit sich bringt. Was immer sie vorhaben – diese Institutionen arbeiten keinesfalls im Interesse der Mehrheit.

Es besteht die Gefahr, dass unser gegenwärtiges Welthandelssystem jeden scheitern lässt, der dasselbe ausprobieren will wie wir. **Unternehmen, die zugunsten des Gemeinwohls den Profit hintanstellen oder lieber vor Ort produzieren als in der Halbsklaverei exotisch ferner Sweatshops, riskieren ihre Wettbewerbsposition gegenüber billigeren Anbietern, die keine Skrupel kennen, und werden zum Zielobjekt für feindliche Übernahmen durch Banditen im Nadelstreif, die Unternehmen billig aufkaufen und dann verschleudern.**

Die blinde Zerstörung durch Monokultur

Oft werde ich gefragt, was ich denn an der gegenwärtigen Wirtschaftsentwicklung so bedenklich finde. Am meisten fürchte ich mich davor, dass eines Tages nicht mehr nur die Weltwirtschaft, sondern die Welt selbst von einer Hand voll mächtiger internationaler Konzerne beherrscht wird. Die Anfänge davon erkennen wir darin, wie die internationalen Handelsmarken die Erziehung unserer Kinder übernehmen. Sie unterhalten sie, füttern sie, kleiden sie, versorgen sie mit Medikamenten, machen sie abhängig und definieren die Beziehungen, die sie untereinander haben. Im Alter von sieben Jahren sieht ein kleiner US-Amerikaner durchschnittlich 20 000 Werbespots im Fernsehen. Mit zwölf Jahren findet dieses Kind Aufnahme in die gigantischen Marketingdatenbanken der Unternehmen.

Der Automatismus dieser globalen Monokultur setzt sein blindes Zerstörungswerk fort, nicht nur in Kleinfamilien, sondern auch in bäuerlichen Familienbetrieben. Er forciert zum Beispiel auf dem afrikanischen Kontinent eine Entwicklung, die dazu führt, dass einzelne Staaten nur eine einzige Sorte anbauen und die gesamte Ernte ausschließlich für den Export produzieren. Millionen von Menschen dürfen das Land nicht mehr dafür nutzen, ihren Grundbedarf an Lebensmitteln zu stillen. Dahinter steckt die Absicht der Marktökonomie, Menschen zu willigen Verbrauchern zu erziehen, bis sie bereit sind, ihre angestammte Heimat zu verlassen und in die übervölkerten Städte zu ziehen, wo sie – freilich vergebens – im Geldverdienen ihr materielles Auskommen suchen.

Da sich immer weniger Unternehmen immer größere Anteile des Welthandels sichern, wird es immer dringender, die Praktiken dieser großen, gesichtslosen Organisationen zu studieren. Der Pflicht zur Wiedergutmachung kommen sie nur sehr langsam nach. Bis heute warten beispielsweise die Opfer von Union Carbide in Bhopal auf den versprochenen Schadensersatz, ebenso wie die Ogoni in Nigeria und die zahllosen Betroffenen ohne Namen oder Stimme, die beim großen Rennen um immer schneller wachsende Profite unter die Räder kamen. Doch allmählich beginnen die Verbraucher, Widerstand zu leisten, und einige Geschäftsleute besinnen sich eines Besseren.

Seattle-Tagebuch. Samstag, den 27. November 1999

Ich bin zum Teach-in gekommen, das vom International Forum on Globalization organisiert wird, einem Bündnis aus rund 60 Umweltschützern, Aktivisten, Wissenschaftlern und gemeinnützigen Organisationen aus über 20 Ländern mit Sitz in San Francisco. Es geht um die Folgen der weltweiten Vernetzung der Wirtschaft und die Rolle der WTO, und was ich hier erlebe, ist unfassbar. Jede Diskussionsrunde ist ausgebucht. Zu Hunderten warten die Menschen vor dem Hörsaal, der 3000 Plätze fasst, und betteln um Eintrittskarten. Im Publikum herrscht atemlose Spannung, während ein Redner nach dem anderen die Globalisierung in ihren verschiedenen Aspekten anprangert und Alternativen für eine humanere Wirtschaftspolitik skizziert.

»Wir sollten den Unterhändlern Folgendes mit auf den Weg geben«, erkläre ich in meiner Rede:

»Vielleicht glauben Sie, Geld sei alles, was zählt, aber wir wissen es besser. Sie halten den Fortschritt der Menschheit und der Welt auf, wenn Sie unsere Warnungen in den Wind schlagen, aber Sie können ihn nicht ewig aufhalten. Indem wir unser Geld dorthin tragen, wo unser Herz ist, und uns weigern, ausbeuterische Produkte zu kaufen, gestalten wir die Welt zu einem freundlicheren, liebenswerteren Ort um, unabhängig von den Entschlüssen, die Sie diese Woche fassen. Der Fortschritt ist auf unserer Seite.«

Alle Redner, darunter die indische Ärztin und Aktivistin Vandana Shiva, der Ökonom Martin Khor und Susan George, ernten gewaltigen Beifall. Ich sehe mich im Hörsaal um und denke: Diese Leute kennen die Wahrheit. Tausende Funktionäre der WTO aus Handel und Wirtschaftsministerien tagen ganz in der Nähe. Sie hätten besser hier zuhören sollen!

Rund sechs Jahre vor den Ereignissen in Seattle, im Jahr 1993, hatte man mich eingeladen, eine Rede vor der International Chamber of Commerce zu halten, die ihre Jahreskonferenz in Cancún abhielt. Zuvor hatte ich zwei Wochen bei Landarbeitern in Mexiko verbracht und die Auswirkungen rücksichtsloser Geschäftspraktiken auf ihren Tabakplantagen kennen gelernt. Überall in der Welt war ich in Regionen gewesen, in denen kurzfristig frisches Kapital investiert worden war, und mehr als einmal hatte ich behinderte Kinder im Arm gehalten, deren Erbschäden auf illegale Entsorgung von Giftmüll in Flüssen zurückzuführen sind. Doch diesmal war es besonders erschütternd, denn die Babys der Landarbeiter kamen ohne Genitalien zur Welt. Wissenschaftler führten das auf Pestizide zurück, die man in angrenzenden Feldern versprüht hatte.

Die amerikanischen Tabakkonzerne, die hier die Ernten aufkauften, lehnten jede Verantwortung ab, weil sie nicht Eigentümer der Plantagen seien. Mir war bekannt, dass Vertreter dieser Firmen auch in Cancún anwesend sein würden und dass bei anderen Firmenvertretern, vor denen ich sprechen sollte, dieselbe Gewissenlosigkeit herrschte. Deshalb sprach ich über das aktuelle Thema des Tages: NAFTA. Und das illustrierte ich mit den Dias von meiner Reise zu den Huichol-Indios in der Sierra Madre.

Was ich mir davon erhoffte, weiß ich nicht mehr. Ich glaubte zumindest an eine Reaktion, meinetwegen auch, dass ich mit Pfiffen von der Bühne gejagt würde. Doch nichts rührte sich – keine Peinlichkeit, kein Wutausbruch, ringsum nur kollegiale Höflichkeit und gute Manieren. Mich überlief es kalt, denn ich hatte es nicht mit einem durchschnittlichen Publikum zu tun: Die Führer der Wirtschaft sind die ersten echten Weltbürger.

Als Geschäftsleute tragen wir weltweit Verantwortung für das, was wir unternehmen. Unser Wirkungskreis geht über nationale Grenzen hinaus. Unsere Entscheidungen beeinflussen nicht nur die Wirtschaft, sondern ganze Gesellschaften; sie werfen nicht nur geschäftliche Fragen auf, sondern auch die nach der Armut, der Umwelt und der Sicherheit der Menschen.

Niemand wird mehr bestreiten wollen, dass heutzutage weltweit die Wirtschaft den Mittelpunkt bildet. Sie hat sich längst als schneller, kreativer, anpassungsfähiger, erfolgreicher und zahlungskräftiger erwiesen als die meisten Regierungen. Microsoft könnte den britischen National Health Service und noch dazu Marine, Luftwaffe und das gesamte Heer ein Jahr lang ganz aus eigener Kraft finanzieren und hätte noch immer etwas Geld übrig. Nur 27 Länder haben ein größeres Bruttosozialprodukt als die Gewinne, die Exxon und Shell zusammen scheffeln. Die Hälfte von allem, was englische Verbraucher beim Einkauf ausgeben, fließt in die Kassen von nur 250 Unternehmen. Wenn es um Macht und Einfluss geht, kann man die Kirche vergessen und die Politik desgleichen. Es gibt keine gesellschaftliche Instanz, die es mit der Wirtschaft aufnehmen könnte. Daher ist es wichtiger denn je, dass die Wirtschaft eine moralische Vorreiterrolle übernimmt.

Wenn im Business keine Moral, kein Mitleid und kein Verhaltenskodex mehr gilt, dann gnade uns Gott!

Das Schlimme an unseren Wirtschaftsführern ist, dass sie mit der Verantwortung, die ihnen zugefallen ist, nicht umgehen können. Vor allem sind sie im engen ökonomischen Denken der Vergangenheit befangen. Unsere moderne Welt zeichnet sich dadurch aus, dass Ökonomie alle Grundwerte beiseite drängt. Unternehmen starren wie hypnotisiert auf ihre Bilanzen und vergessen darüber, dass sie der Gesellschaft auch moralisch etwas schuldig sind. Die Botschaft, die ich seit 15 Jahren in jeder Rede und in jedem von mir verfassten Artikel wiederhole, lautet: Wir müssen den Maßstab unseres

Was ist das Business des Business? Wohlstand erwirtschaften? Die Wirtschaft in Schwung bringen? Arbeitsplätze schaffen? Den Bedarf einer Gesellschaft decken? Gewiss. Doch da ist noch etwas. Das Endziel jeder menschlichen Bestrebung – und alle Geschäfte sollten uns dazu bringen, immer erfolgreicher dafür zu wirken – besteht darin, eine moralische Weltordnung zu schaffen: ein globales ethisches Netzwerk.

Peter Koestenbaum

Erfolgs danach ausrichten, ob die Gemeinschaften, Kulturen und Familien gestärkt werden, und wir müssen auch die Folgen ermessen, wenn das nicht der Fall ist. **Die vorrangige Perspektive des Handels lässt sich als Kommerz ohne Gewissen bezeichnen. Und das Gewissen ist der Hebel zur Befreiung.** Gewissen ist teils die Verantwortung des Unternehmens selbst, teils das Bewusstsein von Verbrauchern und Öffentlichkeit und teils schlicht eine Frage der gesetzlichen Vorschriften.

Wandel durch Regulierung

Nehmen wir zunächst die gesetzliche Regulierung unter die Lupe. Geschäfte benötigen ein festes Rahmenwerk und Vorschriften – weil ihnen stets eine gewisse kriminelle Energie innewohnt. Das ist daran zu erkennen, dass heutzutage der Anbau und die Verbreitung illegaler Drogen die zweitgrößte Branche der Weltwirtschaft darstellt und Kinderporno der größte Wachstumssektor ist.

»Güter, die unter Bedingungen produziert werden, die den Grundforderungen der Menschenwürde nicht entsprechen, sollten als Schmuggelware angesehen werden und nicht länger die Kanäle des Welthandels verunreinigen!« Diese Einsicht Theodore Roosevelts gilt heute mehr denn je. Und während die Globalisierung das Netz wesentlich enger schnürt, sind paradoxerweise immer häufiger Willkür und illegales Verhalten festzustellen.

Wir brauchen Unternehmen, die glaubwürdig bleiben und ihr globales Verhalten an internationalen Abkommen über die Einhaltung von Menschenrechten orientieren. Solche werden glücklicherweise von Regierungen in aller Welt unterzeichnet, um anschließend kurzerhand wieder ignoriert zu werden. Regulierung heißt, dass Unternehmen Bußgelder auferlegt werden, sofern sie entsprechende Vereinbarungen unterlaufen.

Wandel durch das Gewissen des Verbrauchers

Je weniger eine Verbesserung durch Vorschriften durchgreift, desto wichtiger wird das Gewissen der einfachen Kunden. Und hier kommen nichtstaatliche Organisationen ins Spiel, die die Aktivitäten großer Firmen weltweit überwachen und sie im Auftrag der Öffentlichkeit durchleuchten. Das Vertrauen der Öffentlichkeit ist ein bedeutendes Kriterium, dem Präsidenten und Regierungschefs, Staatsmänner und Beamte genügen müssen, weshalb nicht auch die Vorsitzenden von Großkonzernen? Tatsächlich sind

Unternehmen inzwischen auf lokaler, nationaler und globaler Ebene über politische Institutionen hinausgewachsen. Der kritische Blick des kleinen Mannes und seiner Repräsentanten in den NGOs dringt in das Machtvakuum vor. In der Wirtschaft verhält es sich nicht anders als in der Politik und in den Medien: Wähler, Zeitungsleser und Fernsehzuschauer, jetzt auch Konsumenten sind den meisten Führungskräften einen Schritt voraus.

Wenn es die Führungskräfte der Unternehmen sind, von denen die Wirtschaft abhängt: Müssten sie dann nicht umdenken, um der neuen Forderung nach Aufrichtigkeit, Transparenz und Qualität zu entsprechen? Gewiss reicht es nicht aus, abseits zu stehen und die Hände in den Schoß zu legen, wenn die Gemeinschaft mit Problemen belastet ist, die fast jeden etwas angehen.

Verbraucher treffen ethisch motivierte Kaufentscheidungen und sollten darin von der Wirtschaft unterstützt werden – obschon Unternehmen in vielen Fällen nicht einmal rudimentärste Informationen liefern. Das National Labor Committee in New York, eine einflussreiche Organisation, die über die Einhaltung von Arbeitnehmer- und Menschenrechten wacht, berichtete mir von einer neuen Vorschrift in China, wonach Firmen die Markennamen ihrer Produkte an den Fabrikgebäuden anbringen müssen. Ich könnte hinzufügen, dass in China mittlerweile 36 Prozent aller Industrieprodukte für die USA hergestellt werden. Doch nie würden amerikanische Firmen die Produktionsstandorte auf den Etiketten nennen. Warum nicht? Weil es »der Konkurrenz Wettbewerbsvorteile verschaffen würde«? Blanker Unsinn! All diese Fabriken stellen auch Produkte der Konkurrenz her.

Ich persönlich möchte keine Blumen aus Kolumbien kaufen, weil ich von den Krankheiten weiß, die von den Pestiziden ausgehen und Frauen in der Schnittblumenindustrie treffen. Ich möchte nicht bei Total oder Shell tanken, weil mir ihre Praktiken in Nigeria oder Birma bekannt sind. Diese Entscheidung liegt ganz bei mir. Ich weigere mich, Profite zu maximieren, um Gesellschafter zufrieden zu stellen. Meiner Meinung nach sind wir für unsere Mitarbeiter verantwortlich und für das Wohlergehen unserer Zulieferer. Wir sollten der Öffentlichkeit und unseren Kunden die Wahrheit sagen. Nur dann sind wir imstande, die Geschäfte profitabel zu führen.

Immer mehr Verbraucher wehren sich – sofern es ihnen möglich ist – gegen den schier unaufhaltsamen Trend zur Globalisierung der Märkte. Indem sie den Weltkonzernen die Stirn boten, haben wachsame Konsumenten herausgefunden, was sich da anbahnt. Manche bedienen sich einer raffinierten »Sabotage«-Technik – etwa der berüchtigten Guerillataktik, Anteile einer Firma zu kaufen und anschließend die Aktionärsversammlung zu unterwandern. Andere verhalten sich bewusster beim Einkauf und verlangen genauere Informationen über die Produkte, oder sie nehmen an Verbraucherstreiks teil.

Boykottmaßnahmen sind in diesem Kampf ein zweischneidiges Schwert. Sie bedrohen die Arbeitsplätze der Leute und schnüren mitmenschliche Verbindungen ab, die für den erstrebten Wandel lebenswichtig sind. Andererseits sind Boykotts sehr effektiv. Bei Nike gingen die Verkäufe stark zurück, als bekannt wurde, dass die Turnschuhe von thailändischen Kindern in Sweatshops hergestellt werden. Auf die Kritik der Verbraucher hat Nike reagiert: NGO-Beobachter sollen die Arbeitsbedingungen in allen  Fabriken überwachen dürfen, die Nike-Produkte herstellen. Zugleich versprach der Weltkonzern, für bessere Belüftung zu sorgen und den Arbeitern Fortbildung und Geschäftskredite zu gewähren.

Vier von zehn Verbrauchern haben sich auf die eine oder andere Weise gegen Unternehmen gewandt, denen 1999 unethische Praktiken vorgeworfen wurden, heißt es in der Statistik von PricewaterhouseCoopers, BP Amoco und Bell Canada, die 22 000 Personen in 21 Ländern befragten. Dieses Ergebnis entspricht ähnlichen Studien, die PricewaterhouseCoopers und das Reputation Institute in den USA durchführen ließen. Dort hatte ein Viertel von 11 000 Befragten erklärt, dass sie schon einmal ein Produkt boykottiert oder andere dazu überredet hatten.

Noch vor einem Jahrzehnt richtete sich die Kritik der Öffentlichkeit gegen Regierungen, heute gegen Unternehmen: von Umweltschützern, die ganze Ölkonzerne in die Knie zwingen, bis hin zu Anschlägen auf Lebensmittelhersteller und auf Händler von genetisch veränderten Rohstoffen. Nun gesellen sich Bürgerrechtler dazu, die sich gemeinsam mit ethisch orientierten Investoren, Konsumverweigerern und Experten für direkte Aktion der so genannten »Businessproblematik« annehmen und, wie ich vermuten möchte, die Wirtschaft selbst zum Ziel des Protests machen. Überdies versorgen sie die Menschen – mich und Sie – mit Informationen, die allgemein zugänglich sein müssen, wenn wir uns überlegen, wo und was wir kaufen.

Angesichts des Verbraucherboykotts wegen der Ogoni-Verfolgung hat Shell kürzlich eine Hochglanzbroschüre unter dem Titel *People, Planet and*

Profits vorgelegt. Darin heißt es, man wolle »in allem, was wir unternehmen, zum Vorreiter des wirtschaftlichen, ökologischen und sozialen Fortschritts werden«. Man denke nur daran, dass dieselbe Firma vor nicht allzu langer Zeit die Brent-Spar-Ölplattform in der Nordsee versenken wollte und kräftig in Nigeria investierte. Falls der Bericht dazu dienen sollte, Vorwürfe zu entkräften, so habe ich freilich bei meinem Besuch im Ogoni-Gebiet im Jahr 1999 nichts gefunden, was dazu beitragen könnte.

Inzwischen haben in Kolumbien nicht weniger als 4000 Mitglieder des U-wa-Stammes mit kollektivem Massenselbstmord gedroht, falls sich die Occidental-Petroleum-Tochter Oxy mit ihren Plänen durchsetzt, auf dem Land ihrer Ahnen nach Öl zu bohren. Die U-wa glauben, dass mit Probebohrungen der Leib der Mutter Erde verletzt wird, mit tödlichen Folgen für die gesamte Menschheit. Sie beklagen außerdem, dass sie nicht angehört wurden, bevor das Projekt realisiert wurde. Mit ihren Protesten haben sie immerhin erreicht, dass alles, was Oxy in dieser Sache unternimmt, ins Scheinwerferlicht der Weltöffentlichkeit gerückt wird. Wachsame Verbraucherinnen und Verbraucher werden ihre Kaufkraft als Druckmittel einsetzen. Vertreter der U-wa tragen ihren Kampf auch auf die Straßen von Santa Monica, Kalifornien, wo sie im April 2000 vor der Jahreshauptversammlung des Konzerns demonstrierten. Die Ölbarone müssen lernen, dass Unwissen und Gleichgültigkeit ihrer Kunden kein bequemes Schutzschild mehr bieten.

Es steht zu befürchten, dass der Sinneswandel von Firmen wie Nike und Shell, die sich neuerdings als Musterweltbürger gebärden, nichts als eine imagefördernde PR-Strategie darstellt. Was übrig bleibt, sind hohle Versprechungen. »Wir mussten feststellen, dass wir anderer Meinung als die Gesellschaft sind«, meint Tom Delfgaauw, der Shells Abteilung für Sozialmaßnahmen leitet. »Unsere Kunden haben die Wahl. Sie können mit ihrer Brieftasche abstimmen.« In diesem Punkt hat er jedenfalls Recht.

Schon jetzt haben NGOs und Verbraucher die Geschäftswelt verändert. Charakteristisch für unsere moderne Welt sind unmittelbare Kommunikation, erhöhte Wachsamkeit gegenüber allen Aspekten der Unternehmenskultur und zunehmende Gewalt, wenn innere Konflikte – gleichzeitig Ursache und Folge von Menschenrechtsverletzungen – die einstigen Kriege der Nationalstaaten ablösen. Weltweit operierende Unternehmen sind, wie sich gezeigt hat, auf diese neue Entwicklung völlig unvorbereitet, obwohl die Globalisierung der Wirtschaft ihren Status und Einfluss erheblich vergrößert hat.

Der Schritt hin zu einer ethischen Unternehmenskultur wird nicht vollzogen, weil ihn Leute wie ich gutheißen. Er ist vielmehr einem Erdrutsch vergleichbar. Zunehmend wird uns bewusst, dass die Wirtschaft eine soziale Verantwortung wahrnehmen muss, die ihrer gewandelten Position in der modernen Gesellschaft entspricht.

> Die Wirtschaftsführer stehen daher vor der Wahl: Sie können eine gigantische PR-Maschinerie in Gang setzen, um die Fragen der Kundschaft zum Schweigen zu bringen, oder fangen an, zuzuhören und Antworten zu geben. Versprühen sie weiterhin rosa Nebel und bleiben untätig, oder werden sie hellhörig und treten in Aktion? Die Verbraucher beobachten jeden ihrer Schritte und warten ab.

Seattle-Tagebuch. Dienstag, den 30. November 1999

Gestern kamen Tausende zusammen – Teenager, Mütter mit Kinderwagen, Rentner, Leute im besten Alter aus der Mittelschicht, Studenten, Protestler, Geistliche, Bauern, Gewerkschaftsmitglieder –, um friedlich zu demonstrieren. 300 Kinder waren als Schildkröten verkleidet. Das bezieht sich auf eine WTO-Entscheidung gegen den Importstopp von Krabben, die mit Netzen gefangen werden, in denen bereits 150 000 Wasserschildkröten starben. Ich werde Augenzeuge von Szenen, die ich mir nie hätte träumen lassen und hoffentlich nie wieder erlebe: überall Tränengas; Gummimantelgeschosse fliegen mitten in die demonstrierende Menge, aus Kanonen werden walnussgroße Plastikkugeln abgefeuert, die Pfefferspray enthalten und beim Aufschlag zerbersten; andere Gewehre sind mit Bolzen geladen wie Tinker Toys, nur ohne Loch in der Mitte. Mit Gasmasken, Lederkluft und Springerstiefeln erinnern die Polizeikräfte an Sturmtruppen, die einer Star-Wars-Folge entstiegen sein könnten. Keiner der Beamten trägt eine Dienstnummer oder andere Identifikationsnachweise an der Uniform. Handgranaten werden eingesetzt und, wie man munkelt, sogar nichttödliches Nervengas; Panzerfahrzeuge kurven herum, Schaufenster werden zertrümmert, Mülltonnen abgefackelt – Blut wird vergossen.

Das Schlimmste daran ist, dass meines Wissens kein einziger Übergriff auf Privateigentum und kein Gewaltakt erfolgt ist, der ein hartes Durchgreifen der Polizei gerechtfertigt hätte. Ohne Vorwarnung und Anlass wurde plötzlich das Feuer auf die friedlich protestierende Menge eröffnet, als sie die Kreuzung der 6th Avenue und University Street blockierte und

einige Delegationen an der Zufahrt zum Kongresszentrum und zum Paramount Theatre hinderte, wo eigentlich schon die Eröffnungsfeier stattfinden sollte. Die Polizei drängte die Demonstranten zurück und räumte eine Schneise frei, um die Minister in ihren Staatskarossen durchzuwinken. Da war der Beginn des Gipfeltreffens bereits um mehrere Stunden verzögert worden. Als sich die Menge zurückzieht, hustend und heulend, manche blutüberströmt nach bewaffneten Zusammenstößen mit der Polizei, verbreitet sich das Gerücht, dass die Eröffnungsfeier des Gipfeltreffens abgesagt werde.

Im Verlauf der nächsten Stunde dringt die Polizeifront nach und nach zum Häuserblock an der 6th Avenue und Pike Street vor bis zum Eingang des Sheraton-Hotels, wo angeblich Michael Moore von der WTO festsitzt und nicht zum Paramount gelangt. Das Polizeibataillon droht, die Sperre zu durchbrechen, zu der sich über 30 Menschen an einer Verkehrsinsel mitten in der Kreuzung angekettet haben. Hunderte von Demonstranten setzen sich aufs Pflaster oder laufen durcheinander, um die unbeweglich Angeketteten vor dem Knüppelangriff zu schützen. Lumpen werden mit Essig getränkt, als Schutz vor Tränengas, Zahnpasta wird unter die Augen geschmiert. Doch angesichts solcher Vorbereitungen, der Hartnäckigkeit und Überzahl der Demonstranten lässt die Polizei von ihrem Vorhaben ab. Es erschüttert mich, wie tapfer und entschlossen die Menge reagiert.

Es ist ein Erlebnis, das ich nie vergessen werde. Es empört mich, wenn ich zusehen muss, wie man mit Tränengas und Gummigeschossen gegen Studenten, ihre Professoren, Geistliche, tibetische Mönche und medizinische Helfer vorgeht; ich flüchte vor dem heranbrandenden Strahl Pfefferspray, huste, während sich der Cayennepfeffer überall festsetzt, halte mich an Paul Hawken fest, dem Umweltautor, der vorübergehend geblendet ist, stolpere mit brennenden Augen auf der Suche nach Wasser durch die Menge der Demonstranten.  Die medizinischen Nothelfer, die wir organisiert haben, trifft es als Erste. Auch sie werden außer Gefecht gesetzt. Alles brüllt nach Wasser oder Essig. Und überall hört man Sprechchöre: »Schämt euch! schämt euch!«, die sich gegen die Polizei richten. Das hätte ich mir nie träumen lassen.

Die Oglala, ein amerikanischer Indianerstamm, hatten mich einst in ihr Reservat eingeladen, weil sie von uns Ideen für ihre wirtschaftliche Entwicklung erhofften. Das Pine-Ridge-Reservat in den Badlands von South Dakota ist die Gegend von Wounded Knee, wo die Massenentlassungen der 70er Jahre die Protestbewegung der amerikanischen Ureinwohner ausgelöst hatten. Doch in Zeiten der Globalisierung kämpft der Stamm wie jeder andere ums nackte Überleben.

Das Erste, was mir auffiel, als ich dort eintraf, war der Salbei – überall wuchsen Salbeibüsche. Salbeiöl ist gut für die Haare; es wäre sinnvoll gewesen, das Öl zu gewinnen und den Oglala beizubringen, wie man Haarpflegeprodukte daraus herstellt. Als ich diesen Vorschlag machte, erklärten sie, wir müssten zunächst »in die Schwitzhütte«, um die Erlaubnis des Pflanzenreichs einzuholen. Wir unterzogen uns also mehreren Schwitzphasen, sechs Oglala und ich, eingepfercht in einem Zelt, in dem ein Indianer Wasser auf glühende Steine goss und erstickender Dampf aufstieg – eine Qual für mich, die ich zur Platzangst neige!

Nach dieser Prozedur fiel das Urteil negativ aus. Das Pflanzenreich lehnte den Vorschlag ab, und die Oglala fügten sich drein. Erst war ich bestürzt, doch dann fiel mir auf, dass hier mehr als bloßer Respekt vorwaltet. So tief verwurzelte Ehrfurcht vor der natürlichen Ordnung ist unserer *Carpe-diem*-Kultur völlig fremd. Für den Bruchteil einer Sekunde setzte sich mein abendländisches Denken zur Wehr, dann packte mich das Staunen. Respekt können wir begreifen – wir respektieren die Umwelt, beispielsweise. Aber wir haben den Sinn für wahre Ehrfurcht vor der Natur verloren.

Ich meine, dass wir alle von den Oglala etwas lernen könnten. Wenn es uns gelingt, ein wenig Idealismus und Pietät in die Weltpolitik einzubringen, wenn wir in Unternehmen und Institutionen eine Kraft für den positiven Wandel erkennen, ist der letzte Funke Hoffnung noch nicht erloschen. **So viele Aspekte des Lebens lassen sich nicht auf einen Posten in der Bilanz reduzieren – unser Überleben hängt davon ab, dass wir immer daran denken.** Das heißt natürlich auch, dass Regierungen und Verbraucher daran denken müssen, doch letztlich kommt es darauf an, ob sich die Wirtschaft, die auf dem Prüfstand steht, ihrer Verantwortung bewusst wird. Die Wachsamkeit der Öffentlichkeit lässt in der Rezession nicht nach. Unternehmen werden heute ebenso nach ihren Prinzipien beurteilt wie nach ihrer Profitabilität. Manche Unternehmen haben zu ihrem Leidwesen erfahren, dass es die Grundwerte sind, nach denen sich die klügsten Köpfe ihren Arbeitsplatz aussuchen. Es hilft nichts, sich vor der Entscheidung zu drücken: Entweder gehen die Führungskräfte selbst darin voran, eine fundierte Unternehmenspolitik zu betreiben, oder sie werden von der öffentlichen Meinung gezwungen, ihr wirtschaftliches Handeln in Einklang mit der sozialen Wertorientierung zu bringen. Das Erstere hieße, den Einfluss der Firmen auf die Weltwirtschaft und die damit gewachsene Verantwortung ernst zu nehmen. Das Letztere wäre nicht allein dem Ruf eines einzelnen Unternehmens abträglich, es würde die Rolle der multinationalen Konzerne im 21. Jahrhundert aufs Spiel setzen, wenn ihre moralischen Standards hinter ihrer ökonomischen Macht zurückblieben.

Verantwortung tragen

Wer zur Lösung beitragen will, muss über das gesamte Ausmaß unternehmerischen Handelns Rechenschaft ablegen können: wie es den Mitarbeitern ergeht, welche Vorkehrungen für die Sicherheit getroffen werden und welche Auswirkungen das Unternehmen auf die unmittelbare soziale, natürliche und politische Umwelt hat.

Jedenfalls wird diese Philosophie von Samsung vertreten, dem 112-Milliarden-Elektronikkonzern und zweitgrößten Unternehmen Koreas. Am Ende des Millenniums beschwor der katastrophale Einbruch der indonesischen Wirtschaft Verzweiflung und Hass gegen ethnische Minderheiten und ausländische Firmen herauf. Auf dem Höhepunkt der Unruhen schlossen sich die Angestellten des Konzerns in Surabaya zusammen, um ihre Kühlschrankfabrik zu retten und das ausländische Management vor Übergriffen zu schützen. Über Verwandte in ländlichen Regionen organisierten die Arbeiter vor Ort Lebensmittellieferungen und halfen Kollegen und sogar Nachbarn über die Preisexplosion bei Grundnahrungsmitteln wie Reis und Palmöl hinweg.

> »Beim Aufbau von Gemeinschaften spielt die Wirtschaft eine Rolle, die weit über Geben und Nehmen hinausreicht«, erklärt Min Kyung Choon, der die Sozialmaßnahmen bei Samsung leitet. »Mit mildtätigen Spenden ist es nicht getan.«

So viel Loyalität gewinnt man nicht aus dem Handgelenk. Seit er die Firma 1987 von seinem Vater übernahm, hatte sich Vorstandsvorsitzender Lee Kun Hee darum bemüht, die Lebensbedingungen seiner Mitarbeiter zu verbessern – als Teil eines groß angelegten Corporate-Citizenship-Konzepts. 1997 steckte die Firma rund 199 Millionen Dollar in das, was sie als »Sozialleistungen« bezeichnet – bei einem Profit von 291 Millionen Dollar. Zu den Sozialleistungen gehörten ein Flusspatenschaft-Umweltprogramm, der Bau sanitärer Anlagen, Computer-Fortbildungsmaßnahmen und die Unterstützung von Alten und Kindern aus benachteiligten Familien.

Ein Unternehmen muss nach Profit streben, wenn es nicht sterben soll. Doch wenn jeder versucht, die Geschäfte ausschließlich nach dem Profit auszurichten…, wird das Unternehmen ebenfalls sterben, denn es verliert damit seine Daseinsberechtigung.

Henry Ford

Freilich geht dabei nicht jeder so weit wie Samsung. Wer ein Minimum an unternehmerischem Gewissen besitzt, lehnt Geschäfte mit Diktatoren und Terrorregimes ab. In diesem Sinn hat auch die Firma Levi Strauss gehandelt, als sie die Betriebe in der Volksrepublik China dichtmachte. Diese eine Maßnahme allein macht das Unternehmen der jungen Generation sympathischer. Die Botschaft der Straße lautet in der Tat, dass der Verbraucher moralische Entscheidungen *erwartet*. Als Geschäftsleute sollten wir unsere Haltung in solchen Fragen überdenken; anschließend ist aktives Handeln gefragt, sei es in großem oder kleinem Maßstab, um für nachhaltiges und gesundes Wachstum in allen Gebieten der Erde zu sorgen. Unsere politische Einstellung muss sich ändern. Wir dürfen nicht länger unaufhörlich jammern, dass Gesetze vereinfacht, Kosten eingedämmt und bürokratische Hürden abgebaut werden. Ändern müssen sich auch unsere Geschäftspraktiken. Wir sollten nachhaltige Perspektiven entwickeln, in die Gemeinden investieren und langlebige Märkte aufbauen.

> Das Business des Business darf sich nicht auf Geld beschränken; mindestens genauso viel sollte es mit Verantwortung zu tun haben. Es geht schließlich auch um das öffentliche Wohl, nicht allein um die Befriedigung der persönlichen Habsucht.

Es ist noch kaum ein Jahrhundert her, da wurden visionäre Unternehmer in den Verbänden ausgebuht, wenn sie an die Verantwortung der Wirtschaft für das Gemeinwohl erinnerten; man bedeutete ihnen, ihr Konzept der »guten Corporate Citizenship« sei nichts als radikales Blabla. Tatsächlich verstießen Firmen, die sich für gemeinnützige Ziele engagierten, nicht selten gegen bestehendes Recht. Wirtschaftskrisen und Weltkriege haben unser Denken verändert; heutzutage sorgen weltweite Armut und die Zerstörung der Umwelt für ein Umdenken.

Die Anzeichen für eine Umkehr mehren sich. Die Co-op-Bank weigert sich, in Geschäfte zu investieren, die sie als ethisch fragwürdig ansieht, darunter die Produktion fossiler Brennstoffe und die Rüstungsindustrie. Iceland war die erste Supermarktkette, die Lebensmittel mit genmanipulierten Zutaten verbannte; seither bemüht man sich, bei eigenen Produkten die künstlichen Farbstoffe wegzulassen. Doch geht der Prozess nur langsam voran. Nur die wenigsten Firmenchefs räumen auch nur annähernd ein, was für mich seit jeher zu den einfachsten Grundwahrheiten gehört: Kein Geschäft dreht sich einzig und allein ums liebe Geld.

Neue Maßstäbe

Wir müssen uns, glaube ich, künftig nach anderen Kriterien messen lassen als bisher. Wir brauchen eine Wirtschaft, die Gemeinschaften und Familien respektiert und unterstützt. Wir brauchen eine Wirtschaft, die den Staat dazu anhält, seine Pflicht zu tun – bei der Erziehung der Kinder, der Versorgung von Kranken, der Anerkennung der Frauenarbeit und beim Schutz der Menschenrechte. Unternehmer sollten sich die Frage stellen: »Was bedeutet Profit? Wer wird profitieren?« Vielleicht wird der Begriff des Profits neu definiert werden. Fortschritt sollte nach dem Maßstab menschlicher Entwicklung beurteilt werden, nicht nach dem Bruttosozialprodukt einer Nation.

Diese Maßstäbe werden schon jetzt immer wichtiger. Im Einzelhandel wurden die Pionierleistungen von Levi Strauss und The Body Shop beim Ausbau des Menschenrechtskriteriums zu einer maßgeblichen Entscheidungshilfe auch durch den Council on Economic Priorities unterstützt, der einen überprüfbaren Standard der Sozialverträglichkeit namens SA 8000 ins Leben rief, sowie durch eine Initiative Großbritanniens für ethischen Handel. In beiden Fällen wurden in Kooperation mit Unternehmen und NGOs Prinzipien entwickelt, um die Menschenrechte von Arbeitern entlang der gesamten Zuliefererkette zu schützen.

Spirituelles Business

Doch eines zählt mehr als alle Kriterien, und das bringt uns zurück zu dem, was ich »Ehrfurcht« genannt habe. Es gibt eine spirituelle Dimension des

Lebens, die, wenigstens für mich, die wirkliche Grundlage ist. Sie liegt allem Dasein zugrunde.

Spiritualität ist für mich nicht mehr als eine schlichte Haltung, die nichts mit institutioneller Religion zu tun hat. Aus dieser Perspektive ist Leben etwas Heiliges und Ehrfurcht Gebietendes. Bei meinen Reisen in alle Welt gehe ich – wie Millionen anderer auch – von einer ganz fundamentalen Einsicht aus: dass alles Leben der Ausdruck einer bestimmten spirituellen Einheit ist. Als Menschen sind wir nicht etwa die Krone der Schöpfung, auch wenn es das Christentum lehrt, vielmehr sind wir ein Teil von allem, was uns umgibt. Diese Verbundenheit sollte als heilig gelten und uns dazu bringen, dem »anderen« Wissen, den ungewohnten Erkenntnis- und Seinsweisen respektvoll und mit Verehrung zu begegnen.

Heutzutage, wo die Grundvoraussetzungen der Wirtschaft, die während der industriellen Revolution geschaffen wurden, ihren Halt verlieren, benötigen wir dieses »andere« Wissen besonders dringend. Verlässliche und kontrollierbare Rahmenbedingungen, Mitarbeiter und politische Strukturen gehören der Vergangenheit an. Wir müssen uns vielmehr auf ein neues ökonomisches Zeitalter einrichten, dessen Weltbild von einer einzigen Prämisse ausgeht: dass die gesamte Schöpfung – Menschen, Tiere, die Erde selbst – einen in sich vernetzten Zusammenhang bildet. Wir alle sind gemeinsam daran beteiligt, und wir stehen an einem Scheideweg. Es liegt in unserer Hand, die segensreiche Vernetzung des Lebens auf diesem Planeten zu bewahren oder zu zerstören.

Es bedarf enormer Anstrengungen, in all den Widersprüchen und Absurditäten menschlicher Organisationen und des Big Business spirituelle Erfahrungen zu machen. Nach den Worten Krishnamurtis geht es nicht so sehr darum, das System zu verändern, wir müssten vielmehr danach streben, uns selbst zu verändern:

Systeme, ob in der Erziehung oder in der Politik, ändern sich nicht auf mysteriöse Weise von selbst; sie werden verändert, wenn wir uns selbst von Grund auf wandeln. Der Einzelne hat Vorrang, nicht das System, und solange der Einzelne nicht den gesamten Prozess seiner Selbstwerdung begriffen hat, wird kein System, mag es nun rechts- oder linksgerichtet sein, Ordnung oder Frieden in der Welt stiften.

Ich wünschte mir, die Unternehmen des modernen Big Business würden sich ein Beispiel an den Quäkern nehmen, die hervorragende Geschäftsleute waren und dennoch stets redlich und verantwortungsbewusst geblieben sind. Sie traten öffentlich für ihre Grundsätze ein, sie betrogen nicht, sie stahlen ihrer Gemeinschaft kein Geld, und sie lebten nicht über ihre Verhältnisse. Sie sorgten für ihr Gemeinwohl, und das offenbar mit großem Erfolg. Was wir in der Wirtschaft brauchen, ist eine neue Bescheidenheit und ein Verzicht auf die skandalösen Unsummen, mit denen CEOs abgefunden werden. Für mich ist es Sünde, Bonuszahlungen in Millionenhöhe zu akzeptieren, während Tausende um ihren Arbeitsplatz bangen, eine Sünde wider den Geist der Menschlichkeit. Vielleicht sollte das gute alte Wort vom Maßhalten wieder ins Lexikon der Ökonomie aufgenommen werden. Es wäre gut fürs Geschäft, so wie Sparsamkeit und umweltbewusstes Management. Maßhalten ist dem Business ebenso förderlich, wie ihm Verschwendung schadet.

Meine Vision, meine Hoffnung heißt ganz einfach: Mögen viele Wirtschaftsführer erkennen, was Business ist, nämlich die wichtigste Brutstätte des Menschengeists, und nicht bloß Fabriken und Produktionsstätten für materielle Güter und Dienstleistungen.

Die Quäker hätten auch dem Vorhaben zugestimmt, die Wirtschaft, die heute in der Öffentlichkeit einen so hohen Stellenwert genießt, in den Dienst des sozialen Wandels zu stellen und mit ihr weltweit die Lebensqualität in allen Gesellschaften, wo die Grundbedürfnisse nicht erfüllt sind, zu verbessern.

Die unternehmerischen Reaktionäre von heute scheinen zu vergessen, dass Nachhaltigkeit, lange bevor sie zum politischen Schlagwort wurde, als ganz normale Geschäftspraxis galt. Die großen Philanthropen des 19. Jahrhunderts haben Bildungseinrichtungen, Bibliotheken und Krankenhäuser gestiftet; unendliche Mühe wandten sie darauf, die Lebensbe-

Für Unternehmen, die einer echten globalen Vision folgen, ist die Expansion der Herzen und des Geistes wichtiger als die geographische Expansion... Ein globales Business – ob es weltweit operiert oder nicht – ist ein Business, dessen Vision nach Ganzheitlichkeit strebt: für sich selbst, für die Menschen, die es beschäftigt, und für die Welt insgesamt.

Barbara Shipka

dingungen und Bildungschancen ihrer Mitarbeiter zu verbessern. Sie hatten begriffen, dass eine solidarische Gemeinschaft die unverzichtbare Grundlage für das Aufblühen der Wirtschaft ist und dass gesündere, besser ausgebildete und produktivere Mitarbeiter ihre Firmen zum Erfolg führen. Wir müssten verrückt sein, wollten wir die Rolle verkennen, die das Business heute bei der Fortentwicklung der Menschheit spielen kann und sollte.

Ferner sollten sich Universitäten und Business Schools endlich den Herausforderungen des kommenden Jahrzehnts stellen. Business-Ausbildungsgänge der Zukunft müssen im lokalen oder globalen Kontext Sprache und *Handlungsweise* des sozialen Ausgleichs, der Menschenrechte, der »Hilfe durch Handel« und der Moral ebenso wie die Produktivität der menschlichen *Seele* vermitteln. Diese Revolution der Business Schools würde sie zu Schnittstellen machen, an denen unsere persönlichen Wertmaßstäbe mit den ökonomischen Interessen zusammentreffen.

Beim Überlesen der letzten paar Absätze merke ich, dass diese Passage meines Buchs den meisten Spott herausfordern dürfte. Was hat denn das noch mit Business zu tun? *Alles*: Wir müssen den Menschen helfen und sie befähigen, sich zu erheben und Flagge zu zeigen. Dasselbe gilt für Worte wie »Ehrfurcht« und »Spiritualität«. Globalisierung ist selbst gewissermaßen eine Art Religionsersatz. Eine der verführerischsten Phrasen, die je erdacht worden sind, ist die vom »globalen Markt«. Immer wieder werden wir von der Wirtschaft aufgefordert, die Regierungen in ihre Schranken zu weisen und nur die Selbstregulierung des Marktes gelten zu lassen. Dabei läuft man allerdings Gefahr, dass die globalen Märkte letztlich auch alles andere, was von Wert ist, verdrängen. Der Markt selbst hat kein menschliches Antlitz, kein Bewusstsein, kein Gewissen. Er hat keinen Sinn für Mitgefühl, Scham oder Ehrgeiz. Er kennt weder Freundlichkeit noch Loyalität – und all das ist im Leben unentbehrlich.

Das System verändern

Ich denke, das System kann und wird verändert werden – nicht durch die Isolationisten, sondern durch die wahren Internationalisten. Ich glaube, weltweit operierende Unternehmen können das System verändern, wenn sie einen Handel fördern, der fair, nachhaltig und schonend für die natürlichen Ressourcen der Erde abgewickelt wird. Ich bin überzeugt, dass solche Maßnahmen uns der politischen Stabilität und der wahren Demokratie ein gutes Stück näher bringen.

> Es wird höchste Zeit, das Ideal des Erfolgs durch das Ideal der Dienstleistung zu ersetzen.
> Albert Einstein

Das Business sollte sich vor den Agenten des Wandels nicht verschließen. Weit mehr ist durch Aufgeschlossenheit und Transparenz zu gewinnen. Man sehe sich an, wie die Co-op-Bank von ihrem ethischen Auftreten profitiert. Fondsmanager wie Standard Life bieten zunehmend ethische Depots und Pensionsfonds an, in denen Anteile an Unternehmen mit ethisch fragwürdigen Praktiken keinen Platz finden. Andere Unternehmen wie BT erproben neue Möglichkeiten bei der Evaluation ihrer geschäftlichen Aktivitäten durch unabhängige Gutachter. Über 2,5 Milliarden Pfund werden allein in England nach ethischen Kriterien investiert.

Ich würde mich hüten, zu behaupten, dass wir bei The Body Shop ohne Fehl und Tadel seien oder alle unsere Experimente geklappt hätten, besonders wenn es um den Aufbau von Handelsbeziehungen geht, die zur Stärkung armer Gemeinschaften beitragen können. Aber Rücksicht und Fingerspitzengefühl sind bei uns oberstes Gebot, wenn wir mit Gemeinschaften in aller Welt ins Geschäft kommen. Die eigentliche Herausforderung für uns alle besteht darin, unsere soziale und daher moralische Verantwortung im Business wahrzunehmen.

Im Verlauf des letzten Jahrzehnts, während in vielen Branchen das betrieben wurde, was ich »Business as usual« nenne, war ich Teil einer anderen, kleineren Businessbewegung – einer, die darum bemüht ist, wieder ein wenig Idealismus auf die Tagesordnung zu bringen. Wir treten für einen Paradigmenwechsel ein, für völlig neue Rahmenbedingungen, um aus dem Business eine Triebkraft des sozialen Wandels zum Besseren zu machen. Es geht nicht mehr darum, das Schlimmste zu verhindern – wir müssen aktiv für das Gute wirken.

Business as usual interessiert mich nicht. Was mich begeistert, ist Business as *unusual*.

Seattle-Tagebuch.
Mittwoch, den 1. Dezember 1999

Ich sitze in meiner Unterkunft in Seattle. Draußen wird alles von Polizeisirenen übertönt. Wenige Häuserblocks vom Demonstrationszug entfernt stellt sich Clinton vor die TV-Kameras und tut die Proteste von rund 40 000 Menschen als »Rummel« ab. Auf dem Bildschirm spinnt er frohgemut neue Legenden – darüber, wie die WTO die bereits in Amerika bedrohte Spezies der Kleinbauern, die angeblich unmittelbar von der Globalisierung profitiert, vor dem Aussterben retten will. Hat ihm niemand erklärt, dass von US-Subventionen einzig und allein die Großunternehmen der Agrarindustrie profitieren?

Als ich eine der Konferenzen verlassen hatte und ins Zentrum von Seattle kam, spürte ich, welche Macht im zivilen Ungehorsam steckt. Es ist das Gefühl, dass Millionen und Abermillionen von Menschen, die von der WTO vernachlässigt werden – Arbeiter, Bauern, Studenten, die Ureinwohner, die Einkommensschwachen –, in den NGOs ein gemeinsames Sprachrohr haben. Mich wundert, wie hartnäckig die Proteste fortgesetzt werden. Tag für Tag kommen sie wieder, ganz gleich, was ihnen von den Behörden und der Polizei entgegengeschleudert wird. Ein ums andere Mal treten sie entschlossener, kreativer, widerstandsfähiger und leidenschaftlicher auf als zuvor. Sie scheinen gewillt, eine neue Welt zu schaffen, in der wir Ehrfurcht praktizieren, einer selbst bestimmten Arbeit nachgehen und am Aufbau von Gemeinschaften mitwirken, die auf Vernetzung und Zusammenarbeit und freundschaftlichen Beziehungen gründen, die unserem Leben neuen Schwung geben.

Doch gleichzeitig zweifle ich, ob es wirklich wahr sein soll, was ich bisher von der durch Konzerne beherrschten Realität wahrgenommen habe: Polizei in den Straßen, Verweigerung der Bürgerrechte, martialische Gesetze und die Brutalität im Knast. Man hat uns wieder und wieder einreden wollen, dass in dieser Woche geschichtsträchtige Beschlüsse gefasst werden und wir dabei sein dürfen. Allmählich beginne ich zu glauben, dass es stimmt. Das ist erschütternd, wie jede Erkenntnis, zumal wenn sie ganz von Herzen kommt. Das legitimiert nachträglich die Positionen, die ich einnehme, und die Grundsätze, die ich seit über 15 Jahren vertrete: dass sich das Big Business wandeln muss.

ALLE UNTERNEHMER SIND EIN BISSCHEN **VERRÜCKT.**

EINE HAUCHDÜNNE GRENZE VERLÄUFT ZWISCHEN EINEM UNTERNEHMER UND EINEM VERRÜCKTEN.

WER **VERRÜCKT** IST, SIEHT UND SPÜRT PHÄNOMENE, DIE ANDERE NICHT ERKENNEN.

DIE TRÄUME DES UNTERNEHMERS SIND OFT EINE PSYCHISCHE GRENZERFAHRUNG UND FAST EBENSO ISOLIEREND.

WAS DEN UNTERNEHMER VON DEM **VERRÜCKTEN** UNTERSCHEIDET, IST EINZIG UND ALLEIN, DASS ES IHM GELINGT, DIE ANDEREN VON SEINER VISION ZU ÜBERZEUGEN…

Wer will Unternehmer werden?

Aufgewachsen bin ich in einer Großfamilie italienischer Herkunft mit einer Arbeitsethik, die einer nie dagewesenen Form der Sklaverei glich. Meinen Eltern gehörte das Clifton Café in Littlehampton an der Südküste Englands. Untergebracht war es in einer ehemaligen Methodistenkapelle gleich gegenüber der Bahnstation. Um fünf Uhr früh kamen die ersten Fischer aus dem Ort zum Frühstück, wir hatten den ganzen Tag auf und servierten rund um die Uhr Portionen von Was-du-willst mit Fritten. Geschlossen wurde, wenn der letzte Kunde aufgebrochen war. Dass andere Lokale in der Stadt, die nicht von Einwanderern geführt wurden, normalerweise um neun öffneten und um fünf dichtmachten, blieb mir natürlich nicht verborgen. Aber bei uns gab es das nicht!

Wir Kinder waren zu viert und arbeiteten das ganze Wochenende, jeden Abend und an allen Feiertagen im Café. Ferien gab es für uns nicht und nur sehr selten Familienfreizeit, vom wöchentlichen Gang ins Kino abgesehen. Das Café bildete unsere erweiterte Wohnung. In diesem Café blühte das Liebesleben. Hier wurden Ehen und vermutlich auch Scheidungen eingefädelt, Freundschaften geschlossen, und ich lernte eine für das Business fundamentale Lektion – dass man auch am Arbeitsplatz mit Herz und Seele dabei sein kann.

Mein Vater muss etwas Unternehmergeist abbekommen haben, denn als ich noch sehr klein war, wandelte er das Café in eine Limonaden- und Eisdiele um: nach dem Vorbild amerikanischer Kantinen mit einer Milchbar, die in hohen Gläsern exotische Mixgetränke wie Knickerbocker Glories anbot. In den Uniformen, die wir tragen mussten, erinnerten wir irgendwie an Norman Rockwells Soda-Fountain-Girls, und ich war von all dem wie geblendet. Damals lernte ich, dass Theatralik und Bühneneffekte im Business nicht schaden können und wie wichtig es ist, eine Atmosphäre zu schaffen.

Als ich zehn Jahre alt war, starb mein Vater, und wir alle trugen noch fleißiger zur Weiterexistenz des Cafés bei, das rund 70 bis 80 Gästen Platz bot und oft voll besetzt war. Arbeit wurde ein wichtiger Bestandteil unseres

IF ANITA CAN
WHIP UP AN
EMPIRE
YOU
CAN
TOO

THE BODY SHOP Cookbook

Lebens. Im Clifton Café hatte ich eine Erkenntnis, die für alle Unternehmer von Belang ist. Ich lernte, dass Business weniger mit Finanzwissenschaft zu tun hat als mit Handel: kaufen und verkaufen. Wirklich, so einfach ist das. Und meine Mutter brachte mir bei, wie wesentlich Charakter im Business ist. Durch sie wurde mir klar, dass man kein nichts sagender Mensch sein darf, wenn man kein nichts sagendes Produkt verkaufen will. **»Sei etwas Besonderes«, pflegte sie zu sagen. »Du darfst sein, was du willst, bloß eines nicht: gewöhnlich!«**

Einblicke in das Wesen des Handels bekam ich auch auf der Klosterschule. Mein Vater hatte mir von einer Reise nach Amerika stapelweise Comicstrips und Kaugummis mitgebracht. Alles, was aus Amerika kam, war damals Gold wert, und ich konnte die Comics und den Kaugummi gegen komplette Reihen von Sammelbildern eintauschen. Obwohl ich alles daheim in meinem Zimmer hortete, gab ich vor, die begehrte Ware träfe in kleinen Mengen Woche für Woche ein – um nicht mit einer Riesenlieferung den Markt zu überschwemmen. Die Begehrlichkeit meiner Kundschaft reizte ich, indem ich so tat, als wäre eben erst ein unglaublicher Batman oder Captain Marvel unterwegs. Es war ein lehrreiches Schulnebenfach.

Obwohl ich eine katholische Schule besuchte, stand meine Mutter mit dem Priester unserer Gemeinde auf Kriegsfuß. Sie kleidete uns in Hosen, wenn wir zur Schule gingen, aber den Nonnen passte das nicht, und wir mussten wieder heimkehren. Sie schickte uns wieder hin, immer noch in Hosen. Die Sonntagsmesse sabotierte sie, indem sie unsere Hemdsäume mit Knoblauch einrieb und Knoblauchzehen über unseren Fingern zerquetschte. So stellte sie wenigstens sicher, dass der Knoblauchgeruch den Weihrauch übertönte. Als mein Vater starb, saß ich, wenn ich mich recht entsinne, im Treppenhaus, während meine Mutter wie verrückt das Linoleum in der Diele scheuerte. Es klopfte, und meine Mutter ließ den Priester ein, der ihr mitteilte, sie solle sich glücklich schätzen, dass meinem Vater ein katholisches Begräbnis gestattet worden sei. Mutter nahm bloß den Eimer mit Schmutzwasser auf, den sie über ihm auskippte. Ich werde es nie vergessen. Derartige Aktionen ermuntern einen, die Grenzen der Zivilcourage auszuloten.

Kein Wunder, dass ich bei einer solchen Mutter und einer derartigen Erziehung lernte, alles, was man mir vorsetzte, zu hinterfragen – in der Schule, in der Kirche und in jeder anderen Institution.

Nach der Highschool trat ich in ein Lehrerseminar ein, und während ich noch studierte, verkaufte meine Mutter das Clifton Café und eröffnete einen Nachtclub über einem Metzgerladen mitten in der Stadt. Sie nannte ihn El Cubana und motzte ihn auf wie eine Spelunke in Torremolinos. Wenn ich nach Hause kam, hielt sie dort Hof und saß rauchend an der Theke – nie zuvor im Leben hatte sie geraucht –, in einen silbernen Lurex-Anzug gewandet. Die Dekoration des Lokals war perfekt. Zwielichtig, aber es kam an.

Meine Mutter hat mir außerdem beigebracht, dass das Leben kein bisschen komplizierter ist als die Liebe und die Arbeit. Das waren haargenau ihre Worte.

Auch ich habe später bei allem, was ich unternahm, eine Atmosphäre zu schaffen versucht. Als ich als Lehrerin arbeitete, bereicherte ich meinen Unterricht mit Musik und theatralischen Elementen. In einer Stunde über mittelalterliche Geschichte spielte ich gregorianische Gesänge vor; wenn es um den Ersten Weltkrieg ging, trug ich Kriegsgedichte vor.

Obwohl mir das Unterrichten Spaß machte, packte mich das Reisefieber, und ich streunte eine Zeit lang als Hippie durch die Welt, bevor ich mich der UN-Behörde in Genf als Mitarbeiterin aufdrängte. Natürlich wusste ich, dass niemand zur Kenntnis nehmen würde, wenn ich mich blindlings um einen UN-Job bewarb, deshalb kreuzte ich einfach dort auf und bat darum, jemanden von der Personalabteilung sprechen zu dürfen. Ich hatte praktisch keine Qualifikationen, aber ein Übermaß an Selbstvertrauen und die Fähigkeit, mich gut zu verkaufen. Ich überredete sie buchstäblich, mich einzustellen. Energie und Begeisterung kann die Menschen abschrecken oder anmachen. Zu meinem Segen ließen sich die Vereinten Nationen verführen.

Partnerschaft

Nach zwei Reisejahren, die mich rund um die Welt geführt hatten, kehrte ich nach Hause zurück. Dort teilte mir meine Mutter mit, einer ihrer Gäste vom El Cubana brenne darauf, mich zu sehen. Es war Gordon Roddick. Vier Tage später zog ich bei ihm ein. Gordon hatte Landwirtschaft unterrichtet, schlug sich nun aber recht und schlecht mit dem Schreiben von Kinderbüchern durch. Ich nahm eine Stelle als Lehrerin in einer Grundschule an, wurde aber schon bald schwanger mit Justine, unserer Ältesten. Als sie zur Welt kam, arbeitete Gordon als Tagelöhner, um mehr zu verdienen. Wir redeten oft davon, einen eigenen Laden aufzuziehen, konnten uns aber irgendwie nie zu einer Entscheidung durchringen.

Justine war gerade 15 Monate alt, als ich wieder schwanger wurde und wir in die USA aufbrachen, um Freunde zu besuchen. Eigentlich sollten wir uns dort nach »Geschäften« umsehen, doch lebten wir nur fröhlich in den Tag hinein. Einmal machten wir einen Ausflug, gelangten zufällig nach Reno und beschlossen von heut auf morgen zu heiraten. Die Zeremonie fand statt, während Justine in einem Tragegestell auf meinem Rücken brüllte.

Samantha kam im Juli 1971 zur Welt, als wir ernsthaft nach einer Existenz Ausschau hielten – irgendwas, das wir gemeinsam schmeißen konnten und das uns genug Zeit für die Kinder ließ. Im Stadtzentrum von Littlehampton stand ein heruntergekommenes viktorianisches Haus zum Verkauf. Ehemals war es eine Pension für Dauergäste gewesen und in schweren Zeiten ziemlich verwahrlost, aber wir hofften, hier einen bezaubernden kleinen Bed-and-Breakfast-Palast aufziehen zu können. Wir machten ein läppisches Angebot, das zu unserer Verwunderung akzeptiert wurde. Mit billigen Möbeln neu ausgestattet, war das Haus nur wenige Tage nach Eröffnung ein Renner.

Alles lief wie am Schnürchen, bis die Sommersaison zu Ende ging. Plötzlich kamen keine Gäste mehr, und wir hatten das riesige, jetzt leere Haus mit immens hohen Unterhaltskosten am Hals. Jetzt ahnten wir, dass wir in Kürze Pleite gehen würden, wenn wir nicht möglichst rasch handelten. Uns blieb nichts anderes übrig, als das Haus zur Hälfte wieder für Dauergäste einzurichten. Das rettete uns, und wir zogen eine wichtige Lehre daraus: Wer einen Fehler macht, muss den Tatsachen ins Auge sehen und sofort etwas unternehmen, um Schlimmeres abzuwenden.

Als wir das Hotel flottgemacht hatten, waren wir mutig genug, auch noch ein Restaurant zu eröffnen. Bei der Bank holten wir uns einen Kredit über 10 000 Pfund und pachteten unweit vom Hotel ein Lokal, in dem wir ein todschickes Restaurant namens Paddington's einrichteten, mit Bugholzmöbeln und Zimmerpalmen. Wir stellten uns vor, gesunde Menüs mit italienischem Flair anzubieten: Lasagne, Quiches und hausgemachte Suppen.

Es war fatal. Kein Mensch teilte unsere Begeisterung für die Speisekarte. Einen Tag um den anderen saßen wir in unserem menschenleeren Restaurant, und binnen drei Wochen standen wir wieder kurz vor dem Bankrott. Diesmal rettete uns die Erkenntnis, dass wir so ziemlich alles falsch angepackt hatten. Es war das falsche Restaurant in der falschen Stadt. Wir wollten der Kundschaft unseren Willen aufzwingen und in einer Würstchenbudengegend Gourmetkost servieren. Es war Gordons Vorschlag, den Kurs zu ändern: eine Fritteuse und einen Fleischgrill anzuschaffen und das Lokal als Hamburger-Schuppen mit lauter Rockmusik im amerikanischen Stil einzurichten. Und das Wunder geschah. Fast über Nacht wurde das Paddington's zum beliebtesten Restaurant in der Stadt.

The Body Shop: Wie alles anfing

Drei Jahre führten wir Hotel und Restaurant nebeneinander. Danach waren wir erschöpft und entschieden uns auszusteigen. Gordon wollte sich einen lang gehegten Wunsch erfüllen: einen Abenteuertreck zu Pferd von Buenos Aires nach New York, und während er die Vorbereitungen traf, dachte ich daran, ein kleines Geschäft zu eröffnen, eine Boutique oder dergleichen. Den Stress in der Gastronomie wollte ich mir ersparen; ein Laden, der von neun Uhr morgens bis nachmittags um fünf geöffnet ist, schien mir genau das Richtige, um Geld zu verdienen und noch Zeit für meine Kinder zu haben.

Ich hatte auch schon eine Idee, was für ein Laden mir zusagen würde. Hautpflege wäre das Einfachste. Das nötige Fachwissen konnte ich mir durch Lektüre, Selbsttests und Gespräche aneignen.

Mein Wahlspruch war: »Aus der Vergangenheit ein Vorspiel für die Zukunft machen!«

Durch meine Ausbildung zur Geschichtslehrerin wusste ich, wie man Forschungen durchführt, wo man sich informiert, wie man immer tiefer gräbt. Ich las sämtliche erreichbare Literatur über Arzneimittelkunde seit der Jahrhundertwende – Bücher über die Geheimnisse unserer Großmütter, Bücher über Küchenkosmetika. Ich lechzte nach nützlichen Anekdoten. Julie Christie verrührte gekochten Huflattich und Avocados zu einer Gesichtscreme. Ich machte es nach. Marlene Dietrich sammelte Ruß von Kerzenflammen und benutzte ihn als Lidschatten. Ich machte es nach. Was ich auch las, probierte ich an mir selbst aus. Das hatte nichts mit Business zu tun, es ging mehr darum, eine Lebensform zu finden – *meine* eigene Lebensform. Endlich war ich so weit, selbst über Zeit und Raum zu bestimmen, und diese Souveränität betrachtete ich als mein persönliches Erfolgsmodell.

Die Kosmetikbranche bot damals keine unterschiedlichen Packungsgrößen an, und so war man gezwungen, Mengen zu kaufen, die man gar nicht brauchte. Es schien mir lächerlich, dass man in einem Süßwarenladen auf Wunsch 30 Gramm Geleebonbons bekam, von einer Körperlotion aber festgelegte und viel größere Mengen abnehmen musste. Außerdem war alles teuer und furchtbar elitär, und nirgendwo gab es Kosmetik aus natürlichen Inhaltsstoffen. Das ärgerte mich. Und wenn einen etwas ärgert, lässt das mit einiger Sicherheit darauf schließen, dass andere genauso denken.

Ärger ist ein ständiger Quell für Energie und Kreativität.

Ich setzte mich mit Gordon zusammen und erklärte ihm, ich wolle ein Geschäft aufmachen, in dem man Naturkosmetik in unterschiedlichen Füllmengen und in preiswerten, nachfüllbaren Behältern kaufen könne. Ihm leuchtete das auf Anhieb ein. Durch unsere Erfahrungen mit Hotel und Restaurant gewitzt, wussten wir, was zu tun war, falls meine Idee nicht einschlug – lange genug herumprobieren, bis es klappt. Sollten wir auf Cremes und Shampoos sitzen bleiben, würden wir sie rauswerfen und etwas anderes verkaufen.

Die erste Body-Shop-Filiale eröffnete im März 1976 in Brighton. Alles war eine Frage des Geldes beziehungsweise des fehlenden Geldes. Ich heuerte einen Graphiker an, der für 25 Pfund ein Logo entwarf; Freunde halfen mir beim Abfüllen der Flaschen und beim Beschriften der Etiketten von Hand. Das Ladeninnere hatte ich dunkelgrün getüncht – nicht, weil ich ökologisch ein Zeichen setzen wollte; damals stand Grün noch nicht für Umweltschutz. Vielmehr war es die einzige Farbe, mit der sich die feuchten Flecken an der Wand abdecken ließen. Die billigsten Behälter, die ich kriegen konnte, waren kleine Plastikflaschen, die in Krankenhäusern für Urinproben benutzt wurden. Doch konnte ich mir nicht genug davon leisten. Um das Verpackungsproblem zu lösen, bot ich an, leere Flaschen zurückzunehmen oder eigene Behälter der Kunden zu füllen. So haben wir damit begonnen, Material zu recyceln und wiederzuverwenden, und zwar lange, bevor Abfallvermeidung in Mode kam. **Jedes Element unseres Erfolges lässt sich darauf zurückführen, dass mir das Geld fehlte.** Ich führte mein Geschäft nicht anders als meine Mutter im Zweiten Weltkrieg den Haushalt: nachfüllen, wiederverwenden und alles recyceln. Und was wir im ersten Jahr machten, nahm alle Besonderheiten vorweg, die mein Unternehmen von anderen unterscheiden.

Anders als andere

Von Anfang an nahmen wir uns vor, Geschichten zu erzählen. Wir wollten aufrichtig mit den Produkten umgehen, die wir verkauften, und mit den Vorteilen, die sie versprachen. Kurz, wir strebten das Gegenteil von dem an, was die übrige Kosmetikbranche macht. Diesen Rat würde ich jedem geben: mit aller Kraft und Konzentration an einer Idee arbeiten, sich in die Forschung einarbeiten, untersuchen, was die Konkurrenz macht, und herausfinden, wie man sich von ihr abgrenzen kann. Sich auf etwas einlassen, was die Konkurrenz nicht hat, und es vermarkten.

Mein Denken war in den 60er Jahren geprägt worden, und in jener Zeit hätte ich lieber den Strick genommen, als in einem Unternehmen zu arbeiten oder die Businesskarriere auch nur anzustreben. Daher gab es bei uns kein Organigramm, keine ausgeklügelten Abläufe, kein Marketing, keinen Einjahres-, Fünfjahres- oder Zehnjahresplan. Tatsächlich sind wir auch in den folgenden 17 Jahren ohne dergleichen ausgekommen. Was wir hatten, war Management durch gemeinsame Überzeugungen. Doch zugleich bröselte uns gewissermaßen alles auseinander. **Wenn ein Unternehmen wächst, ist es, als wenn man miterlebt, wie das eigene Kind heranwächst. Alles, was es macht, ist faszinierend. Wenn es stolpert, sein erstes Wort sagt, einfach alles ist faszinierend.** Dann kommt es ins Jugendalter und wird schließlich erwachsen, und Reife geht mit einem gewissen Widerstand gegen Veränderungen einher. Wie bringt man eine alternde Organisation dazu, fahrlässig zu handeln, sich den unternehmerischen Wagemut zu erhalten, das Draufgängertum? Das sollte später unser Hauptproblem werden, und es ist äußerst schwierig, denn Managementmonotonie tötet jeden Funken Geist. Ich mag es nicht, wenn sich alle stromlinienförmig oder auch nur haargenau wie letztes Jahr verhalten. Und was das Management betrifft, so stünde ich lieber vor der Aufgabe, Harmonie und Eintracht zwischen kreativen Menschen zu stiften, die einander vor Feuereifer an die Gurgel gehen, als einer Firma mit geklonter Belegschaft ein Minimum an Inspiration oder Innovation abzugewinnen. Andererseits nehme ich an, dass wohl die meisten Unternehmer so denken.

Unternehmer sein

Als Gründerin von The Body Shop werde ich oft nach dem Wesen des Unternehmertums gefragt – selbst von so ehrwürdigen Instituten wie Harvard oder Stanford. Ich kann mir das Grinsen nicht verkneifen, wenn die Ivy League, die konservative Elite Amerikas, so eifrig »lernen« will, was ein Unternehmer ist, schon weil ich ganz und gar nicht überzeugt bin, dass man es lehren kann. Wie soll man Besessenheit lehren? Denn in den meisten Fällen ist es doch nichts als Besessenheit, was die Vision eines Unternehmers beflügelt! Wie lernt man, ein Außenseiter zu sein, wenn man es nicht längst ist? Wieso aus der Reihe tanzen, wenn man instinktiv eins mit der großen Masse ist?

Ich hatte mir nie vorgenommen, Unternehmerin zu werden, kannte nicht einmal das Wort und interessierte mich nicht für dessen Definition. Doch seit jenen frühen Tagen durfte ich jede Menge Erfahrungen mit den Höhen und Tiefen des Unternehmerdaseins sammeln. Zahlreiche Unternehmerkollegen sind mir begegnet, die mir gefielen und die ich bewunderte, sodass ich den Eindruck gewann, mich mit einiger Kompetenz zu diesem Thema äußern zu können. Ein Vierteljahrhundert lang habe ich versucht, das Business neu zu erfinden; endlich bin ich zu dem Schluss gekommen, dass die Qualitäten, die ein geborener Unternehmer mitbringen muss, kombiniert sind aus – mindestens – den folgenden Elementen:

1. Die *Vision* von etwas nie Dagewesenem sowie der feste Glaube daran, der so stark sein muss, dass es Wirklichkeit wird. Visionen zu haben ist auch

eine Obsession und gehört ins Reich der Psychopathologie. Dem liegt eine Art Wahnsinn zugrunde. Sieht man etwas wirklich Neues vor sich, wird diese Vision normalerweise von anderen nicht geteilt.

2. Ein Hauch Verrücktheit. Die Grenze zwischen Unternehmern und Verrückten ist hauchdünn. Wer verrückt ist, sieht und spürt Phänomene, die andere nicht erkennen. Die Träume des Unternehmers sind oft eine psychische Grenzerfahrung und fast ebenso isolierend.

3. Die Fähigkeit, sich von der Masse abzuheben, weil Unternehmer *instinktiv* auf das reagieren, was sie sehen, denken und fühlen. Und in instinktiven Reaktionen steckt immer ein Körnchen Wahrheit.

4. Die Fähigkeit, im Innern ständig *Ideen* hervorsprudeln und aufkochen zu lassen, bis sie endlich unter dem Druck der kreativen Spannung nach draußen strömen. Doch all diese Ideen sind natürlich zu nichts nutze, es sei denn, man kann sie weiterverarbeiten – weshalb man Gott, den Göttern oder wem auch immer für das Auftauchen eines Menschen mit dieser Begabung danken sollte.

5. Pathologischer *Optimismus*. Dem Unternehmer ist einfach nichts unmöglich. Dieses beträchtliche Ausmaß an Optimismus steht zum jeweiligen Stand der Planung in keinerlei Beziehung.

6. Ein unausgesprochenes Verständnis dafür, dass man nicht zu wissen braucht, *wie* etwas gemacht wird. Fertigkeiten oder Geld allein bringen den Unternehmer nicht weiter, wohl aber das Wissen: aus Büchern, Beobachtung oder Erkundigungen.

7. Weisheit *von der Straße*. Die meisten Unternehmer, die mir begegnet sind, haben das eingefleischte Bedürfnis nach Veränderung der Gesellschaft. Sie begreifen, dass sich Business nicht in Finanzwissenschaften erschöpft, wo sich alles um Profit dreht, sondern sich mindestens ebenso um aktives Eingreifen, politisches und soziales Engagement dreht, wobei die Produkte als Hebel des gesellschaftlichen Wandels dienen. Das verleiht Unternehmern die enorme Freiheit, nach Herzenslust zu experimentieren, macht sie aber unbrauchbar für Hierarchien und verfestigte Strukturen.

8. *Kreativität*. Von Kreativität zu reden fällt mir nicht schwer, aber in ihrem Wesen bleibt sie mir rätselhaft. Nie habe ich gehört oder gelesen, dass man vernünftig begründen könnte, weshalb sich Menschen kreativ verhalten – abgesehen von der Tatsache, dass Kreativität ständig als rühmliche Eigenschaft gelobt wird. Bei Einstein heißt es: »Einbildungskraft ist wichtiger als Wissen«, und Salvador Dalì meinte: »Man muss absichtlich für Chaos sorgen, es setzt Kreativität frei!« Vielleicht ist Kreativität ein Zauber, vielleicht

wird sie von den Göttern verliehen, vielleicht ist sie nur ein gut getarntes Hasardspiel. Ich weiß es nicht und werde vermutlich einst sterben, ohne es je erfahren zu haben.
9. Die Fähigkeit, all diese Elemente wirkungsvoll zu *mischen*. Dass ich Unternehmerin wurde, ergab sich einfach daher, dass ich versuchte, die mir eigenen Fähigkeiten vereint zur Geltung zu bringen, um mir eine Existenz zu schaffen.

Ich habe durch Erfahrung gelernt. Daher bin ich nicht der Meinung, dass man unbedingt zur Uni gehen und zu Füßen weltfremder Professoren der Betriebswirtschaft hocken muss. Besser ist vielmehr, man stellt allen möglichen Menschen Fragen über Fragen und hört nie damit auf, und klopft an alle Türen, um möglichst viele unterschiedliche Meinungen kennen zu lernen. Danach wird man selbst die Entscheidung treffen und sein eigenes Feld beackern. Ich habe noch nie ein Buch über Wirtschaftskunde oder Businesstheorie gelesen und werde auch künftig darauf verzichten. Nicht die Theorie interessiert und fasziniert mich – was mich bei der Stange hält, ist das Handeln.

10. Und schließlich ist jeder Unternehmer auch ein großer *Geschichtenerzähler*. Was den Einzelnen von anderen unterscheidet, sind die Geschichten, die wir erzählen.

Das Unternehmertum erreichte in den 80er Jahren Kultstatus und war in den 90ern absolut *de rigeur*, doch nur selten wurde in den vergangenen zwei Jahrzehnten eingewandt, ob es nicht gefährlich sei, diese Kategorie des Menschengeschlechts übermäßig zu idealisieren. Ebenso wenig wurde gefragt, was uns eigentlich so verrückt macht.

Eine der schwierigsten Anforderungen an Unternehmer ist, auf unseren vier Buchstaben zu sitzen, nachzudenken und abzuwarten, bis wir ausreichend Informationen eingeholt haben. Wir leiden alle unter Geschwindigkeitsrausch.

Wir haben einen Riesenüberschuss an Energie und Begeisterung. Wir können aus nichts etwas machen, versagen aber öfters, wenn es darum geht, zu organisieren und hartnäckig an einer Sache dranzubleiben. Wir sind Leute, die gern »gegen den Strom schwimmen«, und wir betrachten uns nicht als Teil der breiten Masse. Wir sind im Grunde unseres Herzens Außenseiter – eine bessere Definition des Unternehmertums ist mir bislang nicht begegnet.

Außenseiter

Selbst wenn wir unterstellen, dass sich Unternehmertum lehren ließe, wäre es, wie ich annehme, den Reichen nur sehr schwer zu vermitteln. Die Reichen sind nur in den seltensten Fällen Außenseiter. Mag sein, dass man ihnen die »Wissenschaft« des Unternehmertums beibringen kann. Aber der saftige Mit-dem-Rücken-zur-Wand-, Schiss-in-der-Hose- und Sich-aus-eigener-Kraft-hochziehen-Stoff – der lässt sich niemandem lehren, der keinen Mangel kennt, der nicht leidenschaftlich dafür eintritt, Freiheit durchzusetzen, Freiheit von Struktur und Prozess. Und Kreativität, der Lebensnerv des Unternehmertums, wird oft stimuliert, wenn man arm dran ist, wenn's dir dreckig geht und der Magen knurrt. Wer wohlhabend ist oder der Mittelschicht angehört und alles kampflos haben kann, kennt nicht den Hunger, der den Unternehmer antreibt.

Du musst hungrig sein – nach Ideen, danach, etwas in Bewegung zu setzen, deine Vision Wirklichkeit werden zu lassen.

Es mag überraschen, dass die meisten Unternehmer schwere Zeiten hinter sich hatten. Oft haben sie Entbehrungen erlitten oder keine rechte Kindheit gehabt, weil sie früh mit anpacken mussten oder aufs Internat geschickt wurden, oder ein Elternteil verloren haben, oder durch Umstände, auf die sie keinen Einfluss hatten, auf sich selbst angewiesen waren. In meinem Fall war der Tod meines Vaters ein traumatisches Erlebnis.

Unternehmer sind geborene Außenseiter: Außenseiter mit einer Arbeitsethik. Deshalb werden aus Einwanderern oft die besten Unternehmer. Sie sind Außenseiter, scheuen aber die Arbeit nicht. Die Gemeinschaft der Bangladeshi in Großbritannien, auch die Juden und die Italiener gehen nicht in der Masse der Bevölkerung auf; sie haben sich den eigenen Blick auf das Ganze bewahrt. Sie lassen sich nicht einschüchtern von Banken oder hierarchischen Strukturen oder Problemen, vor denen andere zurückschrecken.

Den Unternehmer kann nichts erschrecken, weil er niemals zulassen würde, dass etwas seine Vision trübt. Er hat denselben inneren Antrieb wie Künstler und Schriftsteller. So wie ein Maler aus einem zufälligen Kratzer ein

Bild entwickeln kann, realisieren Unternehmer ihre Träume auf vergleichbare Weise, indem sie eine Idee Wirklichkeit werden lassen, eine Existenz daraus schmieden und darauf hoffen, Gewinne zu machen.

Jede Idee ist ein Lebenszeichen unserer Persönlichkeit, und jedes Unternehmen, das man selbst gegründet hat, trägt die eigene, ganz persönliche Handschrift. Sie ist Ausdruck unseres Selbst. Daher ist The Body Shop so sehr ein Teil meines Lebens geworden. Er ist mein Alter Ego.

Unternehmerinnen

Fällt es Frauen schwerer, unternehmerisch zu handeln? Jedenfalls werden Frauen mit einer Unternehmenskultur voller Widersprüche konfrontiert. Einerseits werden wir ermutigt, einen Schritt nach vorn zu machen und das Schicksal selbst in die Hand zu nehmen. Auf der anderen Seite steht der überwältigende moralische Anspruch von Heim und Herd – das Pflichtgefühl, dort sein zu müssen, wo die Kinder aufwachsen. Es fällt Frauen immer noch wesentlich leichter, einer Bank einen Kredit für die neue Küche oder den maßgeschreinerten Kleiderschrank aus den Rippen zu orgeln als eine Starthilfe für eine Unternehmensgründung. Nach wie vor herrscht das Vorurteil, dass Frauen das nötige Businesstalent fehle.

Ein weiteres Stereotyp lautet, weibliche Chefs seien sensibler und wohlwollender. Folgt man einer Studie der Manchester Business School, so ist das Gegenteil richtig. Nach diesen Umfragen sollen Frauen im Spitzenmanagement knallhart sein: Despotinnen, die ihre Untergebenen gnadenlos einschüchtern. Ich frage mich, ob hier nicht Unternehmergeist fehlgeleitet worden ist, unabhängig von der Geschlechterfrage. Wer stark genug ist, ein Geschäft aufzuziehen, hat oft genug Schwierigkeiten, es zu führen. Aus dieser Erfahrung heraus hielt ich es im Business immer für das Beste, Leute zu finden und einzustellen, die so etwas besser können als ich selbst.

Tatsächlich sind verlässliche Informationen über weibliches Unternehmertum dünn gesät. Daher ist es auch nicht einfach, die Unterschiede he-

Führung durch Inspiration, Beistand und die Einbeziehung anderer so genannter weiblicher Qualitäten – das wird den neuen Stil des Managements prägen.

Willis Harman

rauszuarbeiten. Einmal erklärte mir ein Regierungsbeamter, Daten über männlich beziehungsweise weiblich geführte Unternehmen würden nicht gesondert erhoben, weil man das als »sexistisch« ansehe.

Ein ganz erheblicher Unterschied besteht natürlich darin, dass der Anteil weiblicher Arbeit in den seltensten Fällen anerkannt wird. Wann wurde je untersucht, wie Frauen das Klima am Arbeitsplatz positiv beeinflussen, wie sie die Produktivität durch persönliche Beziehungen und Kommunikationsfähigkeit steigern? Und überhaupt: Wo bleiben die Studien über die Unsichtbarkeit weiblicher Arbeit?

Bedauerlich ist hierzulande vor allem, dass Geschäftsfrauen viel zu selten miteinander ins Gespräch kommen, während sie in Amerika ihre Informationen austauschen und vorbildlich vernetzt sind. Amerika hat eine große Unternehmenskultur und erstklassige Netzwerke; den Geschäftsfrauen begegnet man dort mit Achtung und Anerkennung. Ich glaube auch, dass sie mehr Bereitschaft zum Risiko mitbringen und aufgeschlossener sind für neue Ideen; sie sind optimistischer und ergreifen die Gelegenheit beim Schopf. Mittelständische Unternehmer sind das Rückgrat der amerikanischen Wirtschaft: Sie beschäftigen zusammen mehr Mitarbeiter als die *Fortune 500*. In Großbritannien fehlt noch immer eine der North American Women's Business Association vergleichbare Organisation, die als Interessenvertretung hervorragend vernetzt ist. Wir mühen uns immer noch damit ab, die Kluft zwischen dem Geltungsanspruch der Männer und dem, was Frauen wert sind, zu überbrücken.

> **Wenn eine Frau die Entscheidung treffen kann, wer von beiden das letzte Karamellbonbon kriegt, der Vierjährige oder die Sechsjährige, dann kann sie jeden Vertrag in der Welt aushandeln.**

Doch trotz alledem glaube ich, dass Frauen einen gänzlich anderen Zugang zum Unternehmertum haben als Männer. Frauen neigen zum Abwägen zwi-

Das Macho-Image der Unternehmensführung, wie es von Männern wie Vince Lombardi, Ross Perot oder Lee Iacocca repräsentiert wird, täuscht über die wahre Stärke einer Führungskraft hinweg: das Talent, die Stärken einer Gruppe hervorzulocken.

Richard Farson

schen dem, was sie interessiert, und dem, was sie begeistert, und sind ganz zufrieden, wenn sie es in einem Lowtech-Gewerbe verwirklichen können, das vom Wohnzimmer, der Küche oder der Garage aus betrieben wird. Meiner Erfahrung nach geben sich Männer selten mit dem bloßen Umsetzen ihrer Ideen zufrieden. Ihnen geht es immer auch um die Verlockungen des Business: Dienstwagen, Handy, eigenes Büro und Sekretärin. Ob sie dadurch bessere Geschäftsleute werden, sei dahingestellt – ich möchte es eher bezweifeln. Mit Sicherheit sind Frauen die besseren Jongleure. Sie haben weniger Probleme mit Komplexität: Beispielsweise erziehen sie Kinder, führen den Haushalt und leiten zugleich noch ein Unternehmen. Ich kenne nicht allzu viele Männer, die das fertig brächten.

Leider werden Frauen im Gegensatz zu Männern ständig nach ihrem Äußeren beurteilt. Ich merke oft, wenn ich vor Zuhörern referiere, dass mich das Publikum zuerst nach meiner Erscheinung beurteilt, bevor es zuhört, was ich eigentlich sagen will. Das würde einem Mann nie passieren. Was mich noch mehr ärgert, ist die Tatsache, dass bei Frauen das Aussehen stärker ins Gewicht fällt als alles, was sie äußern. Das gehört offenbar zu unserer erbärmlichen Anmacherkultur. Auf diese Weise gilt, dass wir verdammt sind, wenn wir gut aussehen, und verdammt sind, wenn nicht.

Als ich zum ersten Mal zu einer Bank ging, um einen Kredit für die Eröffnung des ersten The-Body-Shop-Ladens zu beantragen, hatte ich meine Kinder im Schlepptau und trug Jeans sowie ein Bob-Dylan-T-Shirt. Mir kam gar nicht in den Sinn, anders aufzutreten, als es meinem normalen Leben entspricht. **Ich erklärte, dass ich eine Wahnsinnsidee für einen neuen Laden hätte und dazu nicht mehr als 4000 Pfund bräuchte. Man wies mich auf der Stelle ab.** Eine Woche später kehrte ich mit Gordon zurück und traf denselben Bankangestellten. Wir waren beide schick herausgeputzt, und diesmal hatte ich einen eindrucksvollen Businessplan in einem Plastikaktenordner mitgebracht (eigentlich enthielt er nicht viel mehr als hochgestochenes Blabla). Das Geld wurde uns ohne viel Federlesens bewilligt.

Dass viele Frauen so vorgehen würden, ist nicht anzunehmen, aber ich hatte mir auch kaum Gedanken gemacht. Ich nahm wie selbstverständlich an, man werde mich nach meinen Ideen und Fähigkeiten beurteilen, nicht nach meinem Auftreten, und hatte mich gründlich getäuscht. Heute wäre mein Rat an jede Frau in einer ähnlichen Situation, die Kinder daheim zu lassen und sich möglichst bieder zu kleiden. Was immer sie vorhat, sie sollte keinen Fußbreit vom Traditionellen abweichen. Natürlich soll das nicht heißen, dass

Unternehmer sind viel eher als Konzernmanager bereit, ihr persönliches Leben mit der Geschäftswelt zu verquicken.

Marketing News

The Body Shop eine so völlig frei schwebende, kreative und aufregende Firma wäre, dass die Mitarbeiter in den Shops herumlaufen könnten, wie es ihnen gerade passt. Das ist nicht der Fall. Wir haben eine strenge Kleiderordnung: kein Nasenpiercing, keine Tattoos, keine schweißverkrusteten T-Shirts, kein Mundgeruch und absolutes Rauchverbot. Ich will möglichst vermeiden, dass Shops schließen müssen, nur weil das Verkaufspersonal aussieht, als käme es geradewegs von einer durchtanzten Disconacht.

Mein Rat für Unternehmer

Hier meine Ratschläge für werdende Unternehmer.
 Als Erstes:
 Seid flexibel! Erfolgreiche Unternehmer arbeiten nicht innerhalb des Systems, sie verabscheuen Hierarchien und Strukturen und versuchen vielmehr, sie zu durchbrechen. Was sie beherrscht, ist Kreativität und eine Wildheit, die schwer zu zähmen ist. Aber sie sind auch mit Antennen versehen. Ich kann überall in der Welt durch die Straßen gehen und stets meine Antenne ausfahren, die beurteilt, ob sich das, was ich sehe, für The Body Shop verwenden lässt: sei es eine Verpackung, ein Wort, ein Gedicht oder sogar etwas aus einer ganz fremden Branche. Immer wieder frage ich mich: »Wie könnte das mit uns in Beziehung stehen, wie könnte es uns weiterhelfen?«
 Einmal besuchte ich einen Markt in Indien und bemerkte all die rostfreien Stahlkannen, in denen Wasser transportiert wird. Ich staunte über die vielen Formen, alle aus demselben Material, und mir fiel ein, was für eine tolle Verpackung das abgeben würde. San Francisco ist berühmt für sein Brot aus Sauerteig. Als ich kürzlich dort war, überlegte ich, wie es wäre, wenn man eine rohe Sauerteigmischung anrühren und sich am ganzen Körper damit waschen würde. Auch mit Balsamessig habe ich experimentiert. Ich wusste, er ist gut für die Haare, aber ich war neugierig, ob er sich ähnlich gut mit der Haut verträgt. Ständig suche ich nach etwas, das sich für Haar- und Körperpflege zugleich anwenden lässt, erkunde die unterschiedliche Beschaffenheit, die verschiedenen Ideen. Kurz, man muss die Energie anzapfen, die von Zufallsfunden freigesetzt wird.
 Mein zweiter Ratschlag lautet:
 Lasst euch von Ideen begeistern. Unternehmer sind Menschen, die ihre Existenz auf eine Idee gründen, von der sie besessen sind. Es muss

nicht unbedingt Business sein, aber eine Existenz. Geld ist wichtig als Schmierfett, damit die Räder rollen, aber Millionär zu werden ist nicht das Lebensziel eines Unternehmers. Eigentlich wollen die wenigsten Unternehmer, die ich kenne, ein Vermögen anhäufen. Geld ist ihnen vollkommen wurscht – sie wissen kaum, was sie verdienen, und kümmern sich wenig darum. Sie kümmern sich nicht um die Kultur der Namensschildchen. Am meisten reizt es sie, zu erproben, wie weit sie mit einer Idee gelangen.

> Das Dasein des Unternehmers steht außerhalb der Sphäre rationaler Erwägungen. Es ist ein brennendes, mitunter pathologisches Bedürfnis.
>
> Moses Znaimer

Meine Lieblingsunternehmer

Diese Kombination lässt sich bei einigen der genialsten und kreativsten Unternehmer studieren – das heißt, überall auf der Welt. Während der Handelskriege zwischen Indien und Nepal hielt ich mich in Kathmandu auf. Kein Öl kam mehr ins Land, und es gab nirgends ein Taxi, sodass die Einwohner kurz entschlossen Bretter auf Rädern befestigten und diese Gefährte als Taxis nutzten. Mir leuchtete unmittelbar ein, dass es beim unternehmerischen Denken um nichts anderes geht. Unternehmer erkennen Chancen dort, wo keiner sie sieht. Wenn es Probleme gibt, über die andere Leute nur jammern, wird der Unternehmer sagen: »Okay, wie kann ich Abhilfe schaffen?«

Nehmen wir Leute wie **Yves Chouinard**, den Gründer von Patagonia. Ursprünglich war er nur ein ungehobelter Öko-Bergsteiger, der sich ärgerte, dass die Kleider, die er beim Gipfelstürmen brauchte, nicht zu haben waren. Also hat er sie selbst hergestellt. Heute beteiligt sich seine Firma führend an der Bewegung für sozialverträgliches Business. Solche Unternehmer sind nach meinem Geschmack. Sie erfinden ein Produkt, stellen eine Dienstleistung zur Verfügung und tun zugleich noch Gutes.

Was Unternehmer von anderen Menschen unterscheidet? Ihr Handeln ist eine Antwort auf das, was sie sehen.

William B. Gartner

Meine absoluten Lieblingsunternehmer sind **Ben & Jerry**, die beiden Typen, die das weltweit wohl bekannteste Premium-Eis herstellen – Ben & Jerry's. Keiner von ihnen wusste viel von Eiskrem außer der Tatsache, dass sie beide Eis mochten. Sie wollten eigentlich nur ihren Spaß haben, weshalb sie einen 20-Dollar-Kurs besuchten, die Herstellung von Eiskrem lernten und ein internationales Unternehmen gründeten. In einem betriebswirtschaftlichen Seminar hätte man sie zur Schnecke gemacht – wie dort alle ihresgleichen zur Schnecke gemacht werden. Aber sie hatten eine gute Idee, einen guten Charakter und erkannten, dass Profit und Prinzipien durchaus vereinbar sind. Ben & Jerry sind Seelenverwandte von The Body Shop und gehören zu unseren engsten Freunden.

Den Erfolg managen

Und wie erhält man sich den unverwüstlichen Unternehmergeist, wenn das Geschäft zur Institution wird und man sich an den Erfolg gewöhnt? Wie ich schon mehrfach erklärt habe, ist das der schwierigste Teil. Den Erfolg managen scheint die absolut tödliche Probe für den Unternehmergeist zu sein.

Was jede unternehmerische Gründung immer wieder benötigt, sind verrückte Leute, die altgewohnte Strategien erschüttern, neue Modelle entwickeln und ständig experimentieren. Ein Unternehmer, der sich den Unternehmergeist bewahren will, sollte ununterbrochen ein halbes Dutzend Experimente auf kleiner Flamme köcheln lassen. Ich habe zwei oder drei Filialen in England, in denen ich bis zu einem gewissen Grad Produktideen und Gestaltungen ausprobiere und zusehe, was passiert. Das macht Spaß. Das sind Versuchsanordnungen im besten Sinn, an denen man ständig herumfummeln kann, um das Experiment zu verbessern und zu kneten, bis die Idee bis zur Reife entwickelt ist. Erst dann – und nur dann – können wir zufrieden grinsen und uns anderem zuwenden.

Diese vitale Energie

Ich messe die Menschen an mir selbst und beurteile sie danach, ob sie denselben Enthusiasmus und Eifer an den Tag legen wie ich. Mein Maßstab ist die Zeit, die sie auf schöpferische Ideen verwenden. Vielleicht ist das ein falscher Maßstab, aber die Feierabendmentalität, bei der man um fünf Uhr den Hammer fallen lässt, ist mir ein Gräuel. Dagegen macht es mir nichts aus, wenn Leute ein bisschen abgedreht und chaotisch sind. Wenn es ihnen gelingt, andere zu motivieren, soll es mir recht sein.

Von mir wird behauptet, ich hätte viel überschüssige Energie, und in England gilt das als sehr befremdlich. Sie wissen einfach nicht, wie sie damit umgehen sollen. Irgendwer hat mich mal »den huschenden Schatten« genannt. Ein Schatten auf kurzen Beinen! Doch woher kommt das? Ich vermute, es hat vier Ursachen:

Panik
Ich nehme an, wir kriegen nur einmal eine Chance. Dass es, wenn ich sterbe, etwas anderes oder eine Reise ins Nirgendwo gibt, glaube ich nicht. Und das Leben gewährt uns keine Kostümprobe.

Wir halten die Fackel des Lebens in Händen und müssen sie so hell erstrahlen lassen wie möglich, um sie anschließend weiterzureichen. Und daraus rührt, glaube ich, die Energie.

Außenseiterdasein
Energie schöpfe ich auch daraus, dass ich einer Familie angehöre, die nie richtig integriert war – Einwanderer werden immer an den Rand gedrängt. Einmal hörte ich die wunderbare Aufzeichnung eines Gesprächs, in dem Isabel Allende zu Alice Walker über Leute sprach, die aus irgendeinem Grund an den Rand gedrängt werden, sei es wegen ihrer Familie, ihres Geburtsrechts oder einer seltsamen Einstellung zum Alltagsleben. Dass wir die einzige Italienerfamilie in der Arbeiterkleinstadt Littlehampton waren, klärte mich darüber auf, was ich *nicht* sein wollte.

Sinn für Empörung
Unzufriedenheit ist, glaube ich, der beste Antrieb, etwas dagegen zu unternehmen. Und meine Empörung wurde in frühester Jugend geweckt.

Tomaten
Und schließlich hat es damit zu tun, dass ich Italienerin bin, und Italiener haben ein Faible für Tomaten. Diese enthalten vielleicht ein Enzym, das sie auf Zack bringt, denn meine italienischen Bekannten machen anscheinend nie irgendein »Tief« durch. Ich hege den Verdacht, dass es mit den Tomaten zu tun hat.

SO WOLLTE ICH AUF KEINEN FALL STERBEN, IN KATHMANDU IN EINE KLOSCHÜSSEL KOTZEND.

EIN SPRUCH GEHT MIR NICHT AUS DEM SINN:

„DIE WELT IST HÄSSLICH, DIE LEUTE SIND TRAURIG."

DAS HAT WALLACE STEVENS, DER AMERIKANISCHE DICHTER GESAGT.

NICHTS DA!

DAS KLO IST HÄSSLICH, UND ICH BIN TRAURIG, DASS ICH NACH 20 JAHREN REISEERFAHRUNG NOCH IMMER SO DÄMLICH BIN, IN KATHMANDU KREBSE ZU ESSEN!

Wir suchten Mitarbeiter – stattdessen kamen Menschen

Meine erste wirkliche Lektion zum Thema Gemeinschaft war, abgesehen von unserem Café in Littlehampton, ein Kibbuz in Israel. Ich hatte ein Stipendium erhalten, mit dem ich zur Fertigstellung meiner pädagogischen Abschlussarbeit Kinder in einem Kibbuz studieren konnte. Es war ein hartes Stück Arbeit, aber diese Erfahrung möchte ich nicht missen. Ich kam von einer universitären Einrichtung, in der man schlicht davon ausging, dass Gebildete bessere Menschen seien, weil die Bildung den Menschen verfeinere und moralisch festige. Deshalb schleppte ich eine Reihe Vorurteile mit mir herum: zum Beispiel, dass nichtakademische Arbeit eine Alternative zum Spiel bilde, dass Arbeit sowohl eine Bürde als auch das Privileg des Menschengeschlechts sei und eine eher freudlose Beschäftigung. Doch im israelischen Kibbuz erfuhr ich, dass Arbeit eine feine Sache sein kann.

Mein Arbeitstag dauerte ungefähr von vier Uhr früh bis elf Uhr vormittags. Dann waren wir erschöpft, und es wurde zu heiß, um weiterzumachen. Die Zeit im Kibbuz vermittelte mir ein Gefühl für den Wert der Arbeit – dafür, dass Menschen nicht nur für das Gemeinwohl arbeiten, sondern wissen, wie man mit dem Land lebt und verbunden bleibt. Damals lernte ich, wie alles miteinander in Beziehung steht: Liebe, Arbeit, Gemeinschaft, Dienst, Land, und dass die physische Erschöpfung durch ehrlicher Hände Arbeit (wie ich damals glaubte) den Menschen adelt.

Überdies habe ich erlebt, dass eine Gemeinschaft mehr Intimität verschafft als unsere üblicherweise abgegrenzte Lebensweise und dass das Wohl einer Gemeinschaft auf rückhaltlosem Vertrauen beruht. Eine Gemeinschaft kennt sich selbst in einer Weise, die Nationen oder Staaten unmöglich ist. Sie hält Ehen und Familien zusammen. Familien helfen einander bereitwillig, und man darf mit intimer Vertrautheit untereinander rechnen. Menschen in einer Gemeinschaft kommen nicht umhin, in einer Kultur des Teilens und Beteiligens gemeinsame Ziele zu verfolgen. Ich habe es immer bedauert, dass ich nie im Leben in einer Kommune gewohnt habe.

Notizen für einen Artikel im *Independent on Sunday* über die Reise, die ich 1997 mit einem Filmteam unternahm, um ein »Hilfe durch Handel«-Projekt in Nepal zu besuchen.

Mit den Jahren haben wir uns viel von anderen Unternehmen angeeignet, die eine ähnliche Gemeinschaftsphilosophie verfolgen wie The Body Shop. Yves Chouinard, der Gründer von Patagonia, ist hinsichtlich des politischen Engagements ein fast unerreichbares Vorbild. Patagonia zahlt die Kaution für Mitarbeiter, die bei Demonstrationen im Zusammenhang mit Umweltschutzthemen verhaftet werden. Die Firma tritt für das Verbot von Pestiziden ein und hat sich ganz ihren Produkten verschrieben. Beispielsweise stellt sie Kleider aus Fasern her, die aus Recyclingflaschen gewonnen werden. Vor zehn Jahren haben das viele gemacht, doch als es nicht mehr ganz so schick war, ist nur Patagonia dabei geblieben.

In Patagonias »Erklärung der Ziele« ist festgehalten, dass es »als Unternehmen existiert, um Lösungen für die Krise der Umwelt anzuregen und durchzusetzen«. Die Firma finanziert Initiativen, die Wildnisbiotope und biologische Vielfalt fördern. Sie setzt sich nach Kräften dafür ein, dass die Nationen zur Beseitigung ihrer Umweltschäden gezwungen werden. Überdies hat sie über 14 Millionen Dollar an 900 Umweltschutzbasisgruppen gespendet und die Belegschaft ermutigt, für Non-profit-Organisationen zu arbeiten: Die Mitarbeiter können sich bei vollem Lohnausgleich acht Wochen freistellen lassen, um für den Umweltschutz zu arbeiten.

Man lernt eine Menge über Gemeinschaften, wenn man sich einmal umschaut – eigentlich kann man überhaupt nur von anderen Menschen lernen.

Für mich war Patagonia eine nie versiegende Quelle der Inspiration. Als ich vor über 15 Jahren erstmals die Unternehmenszentrale besichtigte, war ich besonders von der Kinderbetreuung beeindruckt. Patagonia bietet für die Kinder seiner Mitarbeiter nicht nur eine Krippe, sondern ein Child Development Centre – und der anspruchsvolle Titel trifft haargenau ins Schwarze. Manchmal braucht ein Vorhaben nur beim richtigen Namen genannt zu werden, um die Vision am Ende zu realisieren. Es dauerte kein Jahr, bis wir eine ähnliche Einrichtung bei The Body Shop ins Leben rufen konnten.

Soweit ich weiß, ist es die einzige in England, die direkt mit einem Arbeitsplatz verbunden ist.

Von meinen Kindern habe ich ebenfalls sehr viel gelernt. Meine jüngere Tochter Sam lebte jahrelang in Vancouver in einem Haus, das The Drive genannt wird. The Drive ist eine Wohngemeinschaft von Asylanten, Musikern, Schriftstellern und Künstlern, von denen die meisten arbeitslos sind. Dort leben sie die »Kultur des Teilens« vor. Die Menschen, die in The Drive wohnen, sind keine Eckensteher, sondern Aktivisten. Ihnen bleibt gar nichts anderes übrig, als sich der gemeinsamen Sache zu widmen. Mir wurde berichtet, sie hätten eine »Gefechtszentrale« in einem alten Möbellager. Dort gibt es Stadtpläne von Vancouver, in die eingetragen ist, wo es Müllkippen gibt; auf anderen wird verzeichnet, welche Art von Gegenständen auf den Müllkippen zu finden sind, ob Restmüll, Elektrogeräte, Bügeleisen, alte Eisschränke oder was sonst noch, und diese Gegenstände holen sie systematisch heraus, säubern und reparieren sie, um sie anschließend in der Gemeinschaft aufzuteilen. Sie leben anders, als wir es gewohnt sind, aber gerade das gibt ihnen etwas, das sie anderswo nicht finden: das Gefühl, dazuzugehören und die Einsamkeit durch Mittun zu überwinden.

Wenn ich meine Tochter betrachtete und die Gemeinschaft, in der sie wohnte, mit ihrer antiautoritären Erziehung und der alternativen Ökonomie, glaubte ich, im Kleinen zu erkennen, was sich in der weltweiten »Gemeinschaftsbewegung« abspielte. Immer wenn ich mit Sam zusammen war, spürte ich, was eine erfolgreiche Gemeinschaft braucht: persönliche Anteilnahme. Das wird durch Sam und die Leute verkörpert, mit denen sie zusammenlebte.

In meinen 25 Jahren bei The Body Shop habe ich gemerkt, dass dieser Gemeinschaftsgeist für den geschäftlichen Erfolg unverzichtbar ist. Aber ganz so einfach ist das nicht. Gemeinschaften müssen auf mindestens drei Ebenen gebildet werden: innerhalb des Unternehmens; die große weltweite Gemeinschaft, für die jede Firma eine gewisse Verantwortung trägt; und die einzelnen Gemeinschaften, mit denen man Handel treiben will.

Das Nachdenken über Gemeinschaft scheint der modernen Wirtschaft mit ihren monetären Entwürfen und währungspolitischen Maßnahmen völlig fremd zu sein. Und doch lauert hinter allem ebendieses Konzept. Für Unternehmer, die in einer Gemeinschaft verwurzelt sein wollen, ist es nicht leicht, den Erfolg auf eine Weise zu messen, die von den Finanzmärkten anerkannt wird. Dieser Punkt bildet den eigentlichen Kern dieses Kapitels.

Das englische Wort für Gemeinschaft, community, hängt mit Kommunion zusammen: eine gemeinsame Aufgabe teilen. Und wenn sie diese Aufgabe miteinander teilen, können Menschen größere Leistungen vollbringen, als sie sich je zugetraut hätten. Dann haben sie wirklich etwas gemeinsam zu feiern.

Matthew Fox, Theologe

> Zu den größten Frustrationen bei The Body Shop gehört, dass uns die Medien und die Banken ständig nach unseren Profiten einschätzen, nach den Verkaufszahlen unserer Produkte, während wir seit jeher und noch immer nach unseren Aktionen in der Außenwelt beurteilt werden wollen, nach dem, was uns grundsätzlich unterscheidet. Nicht die Produkte waren für uns von Anfang an die prägende Kraft, sondern unsere Prinzipien.

Die Dominanz derartiger Kriterien des Finanzmarkts ist in mancher Hinsicht eine Form von Tyrannei, ein finanzieller Faschismus. Weil diese enge Perspektive zerstörerisch ist für die Seele, was durchaus wörtlich zu nehmen ist, habe ich mich oft gefragt, was mir geholfen hat, über all die Jahre in der Geschäftswelt hinweg, die normalerweise alles Menschliche entfremdet, meine Seele zu bewahren. Hier ein paar mögliche Antworten:

– Wir wussten nicht, wie man ein normales Geschäft führt. Nie hatten wir ein Buch über Wirtschaftstheorie gelesen, und Milton Friedman war uns völlig unbekannt.
– Wir akzeptierten, so beunruhigend es klingt, Arbeit auch dann, wenn sie verwirrend, chaotisch oder gemütlich war. Wir hatten begriffen, dass es im Leben nichts Komplizierteres gibt als Liebe und Arbeit.
– Wir hatten kein Geld. Jede unserer Erfindungen beruhte darauf, dass wir alles nachfüllten und wiederverwendeten, was irgend ging.

– Wir waren naiv. Wir ahnten noch nicht, dass man auch lügen kann. Diese Gnade der Naivität ist uns bis heute geblieben.
– Wir waren von Veränderungen begeistert. Wir glaubten, dass einfach alles besser werden musste.
– Wir hatten einen geheimen Zaubertrank namens Euphorie. Was wir gemeinsam hatten, war der Optimismus auf gleichem Niveau, und der ist uns geblieben.
– Und schließlich – und das war das wichtigste Element – hätten wir eine Feuchtigkeitscreme nie tierisch ernst nehmen können!

Außerdem hatte ich schon frühzeitig herausgefunden, wie sehr mir der Einzelhandel liegt. Ich mag keine Systeme, Bilanzen, Analysen, Drei-, Fünf- oder Soundsovieljahrespläne, aber was mir gefällt, ist kaufen, verkaufen und Beziehungen pflegen. Ich liebe Produktivität und Kreativität. Ich liebe das Feilschen um Preise. Wenn ich mir das Handeln und Vermarkten anschaue, begreife ich besser, was in einer Gesellschaft los ist. Man denke nur an die Märkte unter freiem Himmel in Mexiko oder Ghana. Man denke an die Leute, die in vielen Ländern der ehemaligen Sowjetunion noch heute für Brot Schlange stehen. Man denke an die kleinen Tante-Emma-Läden aus den 30er Jahren, doch auch an die Megaeinkaufsmeilen in den USA mit Dutzenden von Geschäften, Topfgrün und Kirmesattraktionen. Man denke an die Einsamkeit, die neue Religion, die Verbraucherschutz genannt wird, und die geheimen Verführer der Werbung ...

Als ich The Body Shop gründete, war die Arbeit für mich nur ein Mittel zum Leben. Sie war eine Ausdehnung meines Zuhauses, meiner Küche. Es gab Flirts in meinem Laden in Brighton, Freundschaften wurden geschlossen, nicht viel anders als im Clifton Café. Der Laden brachte mir bei, dass Business mit Kaufen und Verkaufen an jenem magischen Brennpunkt zu tun hat, an dem Käufer und Verkäufer zusammentreffen. In unserem Fall ging es um die Shops und darum, ein Produkt so zu verfeinern, dass die Kunden bereit sind, uns für seine Herstellung einen Profit zu zahlen. **Das ist Business. Immer geht es um die Gemeinschaft – und ich glaube eigentlich nicht, dass dieser Begriff diejenigen einschließt, die bloß vor PC-Moni-**

toren sitzen und Dollarmillionen von Japan nach New York transferieren. Sollte The Body Shop je zu einer dieser Im-Dutzend-billiger-Kosmetikketten werden, die ein und dieselbe Sprache sprechen und die gleichen Lügen verbreiten, die von wechselnden Schönheitsbranchen fortgeschrieben werden, wäre ich im Handumdrehen über alle Berge. Aber ich bin mit The Body Shop untrennbar verbunden, weil wir selbst nach über zwei Jahrzehnten im Business noch immer ein großes Experiment sind. The Body Shop gibt mir noch immer ein Forum für meine Fragen, und alle Antworten, die wir je finden, werden umgehend in unsere Art des Geschäftemachens integriert.

> Die alten Vorstellungen vom Business als einem Dschungel, in dem nur die Schurken überleben, wird hoffentlich bald einer neuen Definition des Business weichen, in der nur noch die Verantwortungsbewussten führen. Wenn man bewährte Grundwerte vertritt und das Herz auf dem rechten Fleck hat, wenn einem die Gefühle nicht abgesprochen werden und man geistig auf der Höhe ist, wird es meiner Meinung nach für uns alle Fußstapfen geben, in die wir treten können.

Darum machen wir Überstunden, um eine unverbrauchte Sprache zu finden, eine spirituelle Dimension am Arbeitsplatz und neue Grenzen.

Funktion(ieren) der Gemeinschaft

Gemeinschaft im Unternehmen

Bald nach der Eröffnung der ersten Filiale von The Body Shop hatte ich eine wichtige Erkenntnis. Sie lautet: Wenn man Stellenanzeigen aufgibt, um Mitarbeiter zu bekommen, dann kommen – Überraschung! – stattdessen Menschen! Es sind Menschen mit ehrgeizigen Plänen, Menschen, die einer Arbeit nachgehen wollen, ohne ihre Überzeugungen zu verraten, und die am Arbeitsplatz eine Gemeinschaft suchen. Diese Erkenntnis hat unser Bewusstsein bei The Body Shop verändert. Uns ist, glaube ich, klar geworden, dass diese Arbeit jedem von uns die Chance gewährt, sich persönlich weiterzuentwickeln. Für Manager in diesem neuen Business besteht die Aufgabe darin, ein Umfeld zu schaffen, in dem die Mitarbeiter mit Herz und Seele über sich hinauswachsen können. Früher war die Motivation der Angestellten nicht von so vorrangiger Bedeutung; heutzutage wollen die Menschen mehr als nur ihre Brötchen verdienen und die nächste Ratenzahlung bestreiten. Sie träumen von etwas Größerem.

Der Arbeitsplatz war für mich nie etwas anderes als eine Gemeinschaft – ein Ort, an dem sich Menschen versammeln, um für das gemeinsame Wohl zu arbeiten. Zugleich sollte er eine besondere Atmosphäre bieten: kreativ, humorvoll, eine Brutstätte des Geistes sein, nicht viel anders als das Child Development Centre, das unserem Firmenhauptsitz in Littlehampton angegliedert ist.

Ich glaube, der Arbeitsplatz muss ein elternfreundlicher Ort sein, der die besondere Situation von Erziehenden berücksichtigt und wo Familien freundlich aufgenommen, aufgeklärt, geschützt und unterstützt werden. Das bietet außerdem den idealen Vorwand, Öko-Nachwuchskrieger heranzuzüchten! In unserer Kindertagesstätte sind allein 60 Sprösslinge unter fünf Jahren; weitere 30 bis hinauf ins zwölfte Lebensjahr besuchen unsere Tagescamps während der Schulferien. Nichts trägt mehr zur Humanisierung der Arbeitswelt bei als eine Rasselbande von Kids, die durch die Büros rennt und ihren Müttern selbst gepflückte Äpfel bringt. Wenn ich das zufällig sehe, bin ich jedes Mal zu Tränen gerührt.

Im 21. Jahrhundert stehen Unternehmensführer vor der Herausforderung, in ihrer jeweiligen Kultur die Rolle spiritueller Mentoren zu übernehmen, damit das Leben für all jene, die den größten Teil ihrer Lebenszeit am Arbeitsplatz verbringen, nicht eintönig und banal wird.

Jim Channon

Gemeinschaft in der Welt da draußen

Nachdem ich die ganze Welt bereist habe, bin ich zu dem Schluss gekommen, dass die Menschen überall nach ähnlichen Zielen streben. Wir alle wollen geliebt werden, wir beanspruchen dieselben Grundrechte auf Ernährung, Obdach, sinnvolle Arbeit, Erziehung und spirituelle Gemeinschaft.

Viele Unternehmen, darunter auch The Body Shop, sind mittlerweile Vorkämpfer für mehr soziale Verantwortlichkeit: eine dynamische, wachsende Bewegung, die den Idealismus wieder auf die Tagesordnung der Wirtschaft setzt. Das ist nichts Neues. In England reicht diese Tradition bis zu Robert Owen, den Genossenschaften und sogar zu den Quäkern zurück. In den USA verfolgen die Amish-People, die Shaker und eine Reihe anderer, oft religiös motivierter Gruppierungen seit Jahrzehnten ähnliche Leitlinien beim Wirtschaften. Inzwischen finden ihre Grundsätze wieder größeren Anklang im unternehmerischen Bewusstsein.

Der Kampf für soziale Verantwortung erhielt starke Impulse aus der Gegenkultur der 60er Jahre, aus den Bürgerinitiativen und der progressiven Unternehmenskultur in skandinavischen Ländern. Mittlerweile bringen wir sogar die ehernen Festungen der Handelskammern ins Wanken, indem wir uns einer anderen Vertretung anschließen: der Vereinigung Business for Social Responsibility. Wir bilden Netzwerke und tauschen die besten Ideen und Verfahren untereinander aus. Wir schaffen neue Märkte für aufgeklärte, ethisch motivierte Kunden. Wir sind geschäftlich ebenso erfolgreich wie als moralische Instanzen, weil sich alle Beteiligten entschlossen der guten Sache widmen.

Will man praktisch definieren, was ein sozial verantwortlich handelndes Unternehmen zu Beginn des neuen Jahrtausends ausmacht, kann man meinetwegen gern auf unsere Firma verweisen: der nackte Kampf ums Überleben, das Festhalten an Prinzipien, auch unter dem Druck äußerer und innerer Zwänge, die entschlossene Orientierung nach vorn zu größeren und anspruchsvolleren Zielen. Wir sind zwar nur eine Handelskette für Haut- und Haarpflegemittel, aber im Wellenmachen sind wir ganz groß!

Wir glauben, dass man nirgends Werte einbringen kann, wenn man keine Werte einzubringen hat. Deshalb erstrecken sich unsere Qualitäts- und Wertkonzepte über die Produkte hinaus auf den Umgang mit den Profiten, die mit ebendiesen Produkten erwirtschaftet werden.

Für den Erfolg von The Body Shop gibt es objektive Gründe – natürlich die Produkte selbst –, doch ich glaube überdies, dass den Unternehmen, die ausschließlich des Profits wegen im Business sind, kein Kunde voll und ganz über den Weg trauen kann. **Durch uns reagieren die Menschen auf eine Neudefinition des Business, in dem der menschliche Geist mit ins Spiel kommt.** Die Bewegung für mehr soziale Verantwortlichkeit ist vielschichtig und oft genug paradox, nicht zuletzt, weil es den Definitionen oft an Genauigkeit fehlt. Reicht es schon, wenn man umweltschonend haushält, seinen Abfall vernünftig entsorgt, nett zu seinen Angestellten ist und sich um das Gemeinwesen kümmert, in dem man angesiedelt ist? Genügt es, seine Bilanzen offen zu legen? Ich denke, das sind wichtige Ansätze, aber es gehört noch mehr dazu. Die Schwierigkeit besteht darin, dass bei der Vermittlung solch neuer, widersprüchlicher und ungewohnter Ideen an das breite Publikum die Neigung besteht, sie zu einem Blabla zu verkürzen, bei dem keine Zwischentöne übrig bleiben, bloß Schwarz und Weiß, gut oder böse.

Wie immer wir es etikettieren – »sozial verantwortlich«, »sozial aufgeschlossen« oder »gewissenhaft« –, wir wollen zeigen, wie Business heute zur Triebkraft des gesellschaftlichen Wandels wird. Wir möchten die Bewegung voranbringen.

Erst wenn wir im nächsten Jahrzehnt nahtlos vom Business als Motor des persönlichen Eigennutzes zum Business als Motor des Gemeinwohls übergehen, gibt es wirklich einen Grund zum Feiern.

Ich erwarte nicht von den Unternehmen, dass sie sich zu unfehlbaren Tugendwächtern mausern – obwohl es mir recht wäre, wenn die von Männern dominierten, aberwitzigen Kopfgeburten der Managementmethoden einer integrativen, weiblicheren Form des Miteinanders und der informellen Vernetzung weichen würden und Business die Verantwortung für das Ganze übernähme. Die Wirtschaftswelt ist dynamisch, aber nicht nach Schwarzweißkategorien sortiert, bei der ethisch makellose Unternehmen auf der einen Seite stehen und altmodische Shareholder-Kapitalisten auf der anderen. Wir alle leben und arbeiten in der Mitte dazwischen. Es ist nur, dass ich viel höre über die Notwendigkeit, das Wachstum zu steigern, und wenig über die Stärkung der Gemeinschaften. Viel höre ich vom Vormarsch des Fortschritts, aber wenig über die Menschen und Kulturen, die dabei zugrunde gehen. Was die Welt dringend benötigt, ist, dass ihr mehr Wert beigemessen wird, und das wäre eine Aufgabe des Business. **Es ist schwierig, ein wertorientiertes Unternehmen zu führen. Ich habe oft festgestellt, dass sich Menschen, die von einer barmherzigeren Welt träumen, oft einsam und im Stich gelassen fühlen, es sei denn, etwas fällt vor, was ihre Gefühle offen legt. Dann merken sie, dass andere die gleichen, merklich subversiven Gedanken und Ideen teilen.** Diese Leidenschaft mag uns isolieren, aber sie ist auch sehr schlicht und spontan. Allerdings ist es keineswegs einfach, sie in die Tat umzusetzen: die Integrität unserer Kette von plus minus 2000 Zulieferern zu gewährleisten, sicherzustellen, dass keiner der Inhaltsstoffe, die wir kaufen, im Tierversuch getestet wurde, dass alle von uns gekauften Rohstoffe erneuerbar sind, dass jedes Stück Holz ein Zertifikat hat und dass nichts, was wir kaufen, ein Regime unterstützt, das die Menschenrechte verletzt. Es ist ein kompliziertes Geschäft. Und mit den Jahren habe ich gelernt, dass unsere Leute die Sozial- und Umweltprinzipien des Unternehmens als Teil der DNA von The Body Shop akzeptieren. Wer sich einmischt, tut es auf eigene Gefahr.

Eine Richtlinie von The Body Shop ist, dass die Integrität gewahrt bleibt. Was unsere Methoden und auch unsere Fehler betrifft, nehmen wir kein Blatt vor den Mund. Heilige sind wir nicht – niemand ist vollkommen –, aber wir bemühen uns, in die richtige Richtung zu gehen, und unter diesen Umständen ist es am besten, wenn wir unser Tun und Lassen nicht verheimlichen. Das ist eine weitere Richtlinie, der ich mich von ganzem Herzen verschrieben habe. Viel zu leicht wird man im Business von Profiten, von Technologie, von Kosten-Nutzen-Aspekten, von Vertriebssystemen abgelenkt. Umso wichtiger ist es, immer in Fühlung mit Herz und Seele zu bleiben – und nie zu vergessen, wofür man in erster Linie arbeitet.

Gemeinschaften als Handelspartner

Früher haben wir Seifenstücke millionenfach von einem Hersteller auf dem europäischen Kontinent gekauft. Die Qualität war zufriedenstellend, und sie waren preiswert. Aber dann erfuhren wir, dass der billige Preis daher kam, dass unser Lieferant auf billige Arbeitskräfte unter Einwanderern zurückgriff. Das widersprach in eklatanter Weise allem, wofür wir einstehen, und verletzte so viele unserer Prinzipien, dass wir beschlossen, die Zusammenarbeit zu beenden. Das gab uns außerdem die Chance, einer Gemeinde in Not zu helfen. Wir gründeten unsere eigene Seifenfabrik.

Wie immer sie formuliert sind, Werte transportieren die Botschaft gemeinsamer Absichten, Normen und Konzepte dessen, wofür es sich zu leben und zu streiten lohnt, und sie haben immens motivierenden Einfluss.

John Gardner

Dafür hätten wir uns ein abgeschirmtes Industriegebiet in der Vorstadt aussuchen können, aber ich wollte lieber den Arbeitslosen helfen als denen, die schon in Arbeit und Brot sind, weshalb ich die Produktion in Glasgow ansiedelte, in einem sozial extrem benachteiligten Viertel namens Easterhouse – und überdies in unserem eigenen britischen Hinterhof. Es war eine moralische Geschäftsentscheidung, die sich als richtig erwies. **Und weshalb führen solche moralischen Geschäftsentscheidungen zu Erfolg? Weil die Verbraucher begreifen, dass auch sie mit ihrem Einkauf eine Gewissensentscheidung treffen.** Fragte mich irgendwer, worauf ich in den Jahren, in denen ich The Body Shop führe, besonders stolz bin, dann würde ich unter anderem unsere Seifenfabrik nennen, die heute als Soapworks bekannt ist. Easterhouse war bis dahin als eine der übelsten Wohngegenden in ganz Europa verschrien. Heute sind bei Soapworks über 94 Vollzeitangestellte unbefristet beschäftigt, die rund 20 Millionen Stück Seife produzieren. Die Fabrik wird nicht nur unabhängig geführt, ihre Gewinne kommen wiederum der Gemeinde zugute. Eine solche Wirtschaftsförderung im Kleinen halte ich für besonders wich-

tig; und Soapworks ist ein Mikrounternehmen, das erfolgreich zur Gesundung der Region beiträgt. Dieser Erfolg hat mich erst recht darin bestärkt, für gemeinschaftsorientiertes Business einzutreten.

Zu den größten Erfolgen von The Body Shop gehören unsere Transaktionen mit bedürftigen Gemeinden. Vorerst sind solche Projekte nur ein Nebenzweig unserer weltweiten Aktivitäten, aber wir sind entschlossen, ihn als Teil unserer Förderpolitik auszubauen. Was wir in Glasgow getan haben, machen wir auch in Indien, Afrika, Nord- und Südamerika. Für sich allein ist keines dieser Projekte geeignet, die Weltwirtschaft umzukrempeln, doch sie haben die Art und Weise, wie wir als Unternehmen über unsere Verantwortung im Business denken, verändert. Westliche Institutionen haben noch immer nicht erkannt, wie wichtig es ist, Verantwortung zu übernehmen und neue Modelle des Fortschritts zu entwickeln.

Uns geht es auch darum, uns mit interessierten Organisationen und Verbänden kurzzuschließen. Wenn man sich mit anderen verbündet, bringt das gründlicheres Nachdenken und manchmal intensive Debatten mit sich. Ich denke hier nicht nur an Handelsverbände, sondern auch an alternative Vertriebsketten und Menschenrechtsgruppen, an die Genossenschaftsbewegung, an Entwicklungshilfeideen für Gemeinden, unabhängige Denkfabriken, radikale Impulse aus der Universitätsphilosophie, Wirtschafts- und Politikwissenschaft. Das informelle demokratische Netzwerk, diese differenzierten Verflechtungsprozesse sind wesentlich für die Vertiefung und den Austausch unserer Erkenntnisse. Es wäre bedenklich, wollten wir diesen Teil der Bewegung ausklammern, nur weil er mitunter anarchisch erscheint, denn gerade er verlangt die Erneuerung des Bewusstseins und neue Antworten auf die großen Fragen: Wie tragen wir zur Menschwerdung des Menschen und zur Schaffung von Arbeitsplätzen bei, was setzen wir der sozialen Entfremdung und dem globalen Würgegriff der Multis entgegen?

Revolution der Verantwortung

Das Business lässt sich nicht daran hindern, global zu handeln, aber wir können es zwingen, sich der Verantwortung zu stellen, die mit dem Sprung auf den Zug der Globalisierung einhergeht. Staatliche Vorschriften allein werden hierfür nicht ausreichen, fürchte ich. Die betroffenen Unternehmen müssen selbst einsehen, dass verantwortungsbewusstes und sensibles Handeln tatsächlich *gut* fürs Geschäft ist. Schließlich kommt das Business gar nicht um die moralische Entscheidung herum, im Gegenteil – seine Zukunft hängt davon ab.

Ebenso wenig wird man auf Orientierung an der Gemeinschaft verzichten können, denn die Zukunft des Business hängt auch davon ab – und sei es nur, um künftige Generationen zu erziehen und soziale Bindungen zu schaffen, die wirtschaftliches Handeln erst möglich machen. Der Zukunftsforscher Alvin Toffler pflegt leitende Manager zu fragen, was es sie rein finanziell kosten würde, wenn keiner ihrer Angestellten je gelernt hätte, die Toilette zu benutzen. Damit weist er auf die enormen Leistungen hin, die Unternehmer den Gemeinschaften, Eltern, sozialen Netzwerken und Schulen verdanken.

Und wie sind diese sozialen »Schulden« zu begleichen? Ganz einfach – durch unternehmerische Verantwortlichkeit. Als Geschäftsleute müssen wir unsere Haltung zu dieser Thematik überdenken. Unsere politische Einstellung muss sich ändern. Wir müssen aufhören, andauernd über Paragraphendschungel, hohe Lohnnebenkosten und restriktive Auflagen zu jammern. Wir sollten vielmehr langfristige Perspektiven finden, in Gemeinschaften investieren und nachhaltige Märkte schaffen. Die neue unternehmerische Verantwortung ist komplex, denn sie verlangt eine Neubestimmung dessen, was uns als Geschäftsleute motiviert, was unsere grundsätzlichen Unternehmensziele ausmacht. Leider ist das noch immer eine schockierende Vorstellung für jene, die es schon für extremistisch halten, wenn man überhaupt etwas anderes als Profit im Sinn hat.

Als unsere Aktien im Juni 1997 fielen, riet der *Sunday Telegraph* den Gesellschaftern zum Rückzug aus The Body Shop: »Die Firma hätte besser daran getan, in diesen Zeiten einer Geschäftsstrategie zu folgen statt einer Umweltstrategie, dann gäbe es die derzeitigen Probleme nicht.« So froh ich bin, wenn sich Glücksritter und Profitgeier von The Body Shop fern halten, glaube ich doch, dass unsere Gesellschafter in der Mehrzahl eine solches Urteil für kurzsichtig und einseitig halten. Unsere Börsennotierung ging in dieser Phase zurück, doch mit unserem Engagement für Umweltschutz und soziale Belange hatte das nichts zu tun. Unsere Analysen haben ergeben, dass kurzfristig nicht viel herauszuholen ist, wenn wir sozial und ökologisch verantwortlich handeln. Trotzdem haben wir uns dafür entschieden, denn wir halten es für eine menschlichere Art und Weise, Geschäfte zu machen.

Eine kleine Geschichte der unternehmerischen Verantwortung

Tatsächlich ist das jetzt übliche Verständnis von Business, das sich ganz auf den Profit konzentriert, eine verhältnismäßig junge Erscheinung. Von längerer Dauer waren die geschichtlichen Phasen, in denen man exzessives Geldscheffeln einhellig als sündhaft verurteilt hat. Selbst nach der Reformation, die das Verhältnis der Gesellschaft zur Wirtschaft grundlegend wandelte, wurden Unternehmen nach dem Kriterium zugelassen, ob sie ihre Pflichten gegenüber der Gemeinschaft wahrnahmen. Queen Elizabeth I. konzessionierte die ersten Handelsgesellschaften, deren Zielsetzung sich in erster Linie auf den Dienst an der Gemeinschaft im weitesten Sinn bezog. In mancher Hinsicht lässt sich der Gedanke der sozialen Verantwortlichkeit auf uralte Traditionen zurückführen, die in der Zwischenzeit vernachlässigt worden sind.

Die Geschichte des Business, besonders die neuere, ist seitdem von der engstirnigen Weisheit der Schlotbarone und Konzernriesen geprägt, die ihrerseits den Mythos pflegen, Moral und Geschäft seien unvereinbar. John

D. Rockefeller hat einmal damit geprahlt, er sei bereit, einem Angestellten mit brutalstmöglichen Eigenschaften eine Million Dollar im Jahr zu zahlen: »Er muss imstande sein, sich mit fast kindlicher Ignoranz über alle moralischen Schranken hinwegzusetzen… und muss, neben anderen Qualitäten, völlig skrupellos sein und ohne zu murren bereitwillig Tausende umbringen!«

Ein Informant von The Limited sandte dem *Wall Street Journal* ein streng geheimes Video mit dem Titel WAR. In diesem »motivationsfördernden« Lehrfilm hatte man mitten in das Kampfgeschrei einer Versammlung von Spitzenmanagern Schlachtsequenzen aus Kriegsfilmen geschnitten, wo Granaten explodierten und ein erschöpfter Soldat einen verwundeten Kameraden durch einen Wald schleppt. Abwechselnd hörte man Limited-Manager mit bedeutungsschwangeren Kommentaren wie: »Sie müssen kraft Ihres Willens Ängste und Zweifel überwinden« – »Entscheiden Sie effektiv und effizient, dann stürmen Sie vor und treffen den Gegner!« Ein uniformierter Scharfschütze nimmt sein Opfer ins Visier und feuert. »Dies ist keine Mission für Anfänger oder Weichlinge«, erklären die Manager.

Brutale Sprüche, gewiss. Doch sie dokumentieren einen Mythos, der schon viel zu lange im Businessdenken herumspukt. Diesem Mythos zufolge, der noch immer weit verbreitet ist, haben Moral und Geschäft nichts miteinander gemein. Business darf sich um nichts kümmern, was über- oder unterhalb der Umsatzzahlen liegt. Moralisieren ist fehl am Platz, und jede Aktivität wird ausschließlich danach beurteilt, ob sie Kosten und Nutzen »guter Geschäfte« tangiert. Ich fürchte, wir müssen den Preis für diesen hartnäckigen Mythos zahlen. Denn er hat die Idee vom Business als einer honorigen Form des Gebens und Nehmens abgelöst und spielt die Kosten-Nutzen-Effektivität gegen die Gerechtigkeit aus. **Der wichtigste Paragraph in unserer Charta, der Grundsatzerklärung zu den Unternehmenszielen von The Body Shop, sieht vor, Profit und Prinzipien miteinander in Einklang zu bringen.** Herkömmliches Business wird mit dieser Haltung nichts anfangen können, doch Uneigennützigkeit verbessert das geistige Klima, schafft mehr Freiheit für kreative Ideen. Nur so wird der Mensch einbezogen – und werden Fortschritte in eine vernünftige Perspektive gerückt. Zugleich ist sie ein unfehlbarer Schutz gegen narzisstische Engstirnigkeit. Und ich bin überzeugt: Erst wenn sich die Kriterien der Einschätzung des Menschen ändern – wenn man uns nicht mehr danach beurteilt, was wir wert sind –, wird die Welt ein bewohnbarer Ort werden.

Ethische Wirtschaftsprüfung

Die Frage, die sich jedem Unternehmer stellt, lautet: Kann ich ethisch handeln, wenn meine Firma an der Börse ist? Kann ich tatsächlich gewissenhaft handeln, im Sinn der Mitarbeiter, der Gemeinschaft, der Zulieferer und Kunden, wenn ich mich an einem Wirtschaftssystem beteilige, das mein Handeln ausschließlich nach Gewinnzuwächsen bewertet? Ein endgültiges Urteil steht noch nicht fest, doch die Antwort – wenn es eine gibt – liegt darin, woran wir den Erfolg des verantwortlichen Unternehmertums messen. Wenn wir nichts gelten lassen außer dem, was unter dem Strich herauskommt, wird die Erneuerung ein mühsames Geschäft. Aber wenn wir das Herz ebenso prüfen wie die Bilanzen, sind wir schon einen großen Schritt weiter.

Wirtschaftsprüfung ist schließlich nicht nur für Rechnungsprüfer da. Wenn The Body Shop die Freiheit haben will, sich in die öffentliche Debatte einzumischen, müssen wir zunächst demonstrieren, dass wir hinter unseren Grundsatzen stehen. Das bedeutet, vorgegebene Standards der Menschenrechte, des Gemeinwohls, der Arbeitssicherheit, des Umweltschutzes und, sofern sie uns betreffen, weiter führender ethischer Belange wie Tierschutz einzuhalten. Wir halten uns für moralisch verpflichtet, Rechenschaft über uns abzulegen und uns mit jenen Bereichen auseinander zu setzen, in denen wir noch hinter unseren Ansprüchen zurückbleiben.

Deshalb haben wir versucht, neue Maßstäbe auszuprobieren, die zeigen, welche Rolle Menschen und Umwelt bei uns spielen. Alle zwei Jahre unterziehen wir uns einer Sozialverträglichkeitsprüfung, die uns die Möglichkeit gibt, den sozialen Einfluss und das Verhalten des Unternehmens gegenüber seinen Stakeholdern zu evaluieren. Wir haben 5000 Stakeholder – Stakeholder ist praktisch jeder, der mit The Body Shop zu tun hat oder bekommt. Bei dieser Prüfung werden alle aufgefordert, uns mitzuteilen, was sie von uns halten. Es ist mehr als eine Mitarbeiterüberprüfung; es geht um die gründliche, allumfassende Einschätzung unseres ethischen Verhaltens. Unser Business sind unsere Stakeholder: die Mitarbeiter, unsere Franchisepartner, unsere Kunden, unsere Zulieferer, unsere Aktionäre und die Gemeinden, die wir mit Geldern aus unserer Stiftung unterstützen. Sie alle sagen uns, was wir gut gemacht haben, wo wir Fehler machen und was wir verbessern müssten. Tatsächlich versorgen uns die Stakeholder mit brauchbaren Zukunftsentwürfen, denn wenn wir es ihnen nicht recht machen, sind wir nicht besser als jede beliebige traditionelle Kosmetikfirma.

Solche Sozialverträglichkeitsprüfungen sind gut und schön. Aber noch ist nicht 100-prozentig geklärt, wie man das Wissen und die Beiträge der Stakeholder zum Wohl des Business und der Gemeinschaften am produktivsten umsetzen kann. Bis wir so weit sind, müssen wir noch viel lernen, unter anderem, wie die neuen und von Herzen kommenden ethischen Informationen auf nützliche und einleuchtende Weise zu vermitteln sind.

Unser Grundwertebericht

»Ethische Wirtschaftsprüfung« ist ein allumfassender Begriff, der Rechenschaft über Sozial- und Umweltverträglichkeit sowie alle anderen ethikrelevanten Prüfungen, denen wir uns unterziehen, einschließt, wie beispielsweise den Tierschutz. Angefangen hat das mit unabhängigen, beglaubigten Gutachten zur unserer Unternehmenspolitik im Vergleich zu unseren erklärten Zielen, und 1995 legten wir unseren ersten Grundwertebericht vor. Dieser enthielt aussagekräftige Umfragen und langfristige Studien unter allen unseren Stakeholdern, von einfachen Angestellten bis zu Aktionären, von Zulieferern bis zu Dorfgemeinschaften.

Wir nahmen diese enorme Anstrengung auf uns und machten die Ergebnisse publik, weil wir den Anspruch auf Transparenz und Verlässlichkeit ebenso ernst nehmen wie unser Engagement in diesen Bereichen. Wir wollten nicht bloß das Material an die Öffentlichkeit bringen und in den folgenden zwei Jahren nicht mehr darüber nachdenken, es ging auch um die öffentliche Akzeptanz unserer Grundwerte. Wir wollten zeigen, was wir alles unternehmen würden, um besser zu werden – 100-prozentige Saubermänner sind wir nämlich nicht. Es war keine Studie, die nur die Schokoladenseite zeigte; wir offenbarten, was Sache ist. »Wie ihr seht«, erklärten wir den Leuten, »legen wir keine Hochglanzbroschüre vor. So trocken es auf den ersten Blick scheint, hier steckt alles drin, was man über unsere Grundwerte wissen möchte.« Dass wir uns nicht als perfekt erwiesen und dass es Bereiche gab, in denen wir uns mehr Mühe geben mussten, war kein Wunder. Und damit es nicht bei guten Vorsätzen blieb, verpflichteten wir uns öffentlich zu bestimmten Zielen und dazu, regelmäßig über die Fortschritte zu berichten.

Mit unserem Grundwertebericht tragen wir dazu bei, neue Maßstäbe für eine vertretbare Unternehmenspolitik zu gewinnen. Unser Bericht legt öffentlich, manchmal bis zur Peinlichkeit wahrheitsgetreu, Rechenschaft über unsere Praktiken ab.

Ökobilanz

Noch vor zehn Jahren war der Gedanke einer Ökobilanz für die breite Öffentlichkeit allenfalls ein Hirngespinst. Inzwischen hat sich das Prinzip weltweit durchgesetzt, hauptsächlich auf Druck der öffentlichen Meinung.

Das International Institute for Sustainable Development erklärt, ein aussagekräftiger Bericht über nachhaltige Entwicklung müsse eine ehrliche Bilanz der Leistung der jeweiligen Institution ziehen – Erfolge und Ausrutscher, Stärken und Schwächen. Es fällt nicht in den Verantwortungsbereich eines Unternehmens, den Stellenwert von natürlichen Rohstoffen zu evaluieren; das ist Aufgabe der Öffentlichkeit. Doch um dieses Recht auszuüben, muss die Öffentlichkeit Informationen erhalten, und Unternehmen sollten es sich zur Pflicht machen, diese Informationen zu liefern. Daher geben wir auch eine Stellungnahme zu unseren Umweltmaßnahmen heraus, mit denen wir einen Beitrag zur Einführung neuer Kriterien des Fortschritts hin zu einer nachhaltigen Politik leisten wollen. Sie ist eine allgemein zugängliche Quelle und fördert den Informationsfluss, der entscheidend dazu beiträgt, unsere um die Zukunft besorgten Stakeholder an uns zu binden.

> Zehn Prozent Strom einzusparen ist nicht die vorrangige Aufgabe. Kostenbewusstsein ist ein guter Anfang, doch es ist viel aufregender, wenn wir selbst dazu beitragen, dass Kohlendioxidausstoß und Atommüll verringert werden.

Dass wir beschlossen haben, eine ethische Position zur Umwelt einzunehmen und ihre Bewahrung über den Konsum zu stellen, blieb nicht ohne Konsequenzen. Erstens müssen diese Ideale von allen geteilt werden, die mit uns in Verbindung stehen, darunter Mitarbeiter, Tochtergesellschaften, Franchisenehmer, Zulieferer und Kunden. Zweitens sind wir nicht nur an guter Haushaltung interessiert, sondern fordern politischen Wandel: auf lokaler, nationaler und internationaler Ebene.

Zunehmend greifen wir bei Rohstoffen auf erneuerbare Ressourcen und bei Maschinenpark und Transporten auf endlos recyclingfähige Komponenten zurück. Das heißt, wir bewegen uns Schritt für Schritt auf die »Nullemission« von Abfällen zu – sowohl bei unserer eigenen Entsorgung als auch bei der unserer Zulieferer und bei deren Zulieferern.

Wir nehmen uns die Grundwerte zum Vorbild, die wir in unserer Umweltcharta formuliert haben, und seitdem arbeiten wir einhellig und erfolgreich daran, bei all unseren Aktivitäten den sparsamsten Energieverbrauch anzustreben. Eine logische Schlussfolgerung war, in erneuerbare Energien zu investieren, weshalb wir 1994 15 Prozent Anteile eines Windstromenergieproduzenten in Wales kauften, wo 26 windbetriebene Generatoren ungefähr ein Viertel unseres derzeitigen Energiebedarfs – oder all unserer großen englischen Filialen – ins nationale Netz speisen. Wir haben akzeptiert, dass die Windenergiefarm im Augenblick nur einen Teil unseres Stroms liefern kann und nicht den für unsere Lieferanten und Kunden, doch ein Anfang ist immerhin gemacht.

Zu unserem Hauptsitz gehört ein Netz von Umweltberatern, die allen Abteilungen zu Diensten stehen – und all unseren Filialen. Auf internationaler Ebene steckt das System noch in den Kinderschuhen, wird aber bereits angenommen und ausprobiert. Es wird noch ein weiter Weg sein, bis wir die im Mutterland gewohnten hohen Standards weltweit durchgesetzt haben, aber wir sind entschlossen, ihn so rasch wie möglich zurückzulegen.

Empowerment und Experiment

Wie bereits erwähnt, glaube ich, dass alles Leben der Ausdruck einer einzigen spirituellen Einheit ist. Wir können es uns nicht länger leisten, zwischen Arbeit und Gemeinschaft, Ethik und Ökonomie falsche Grenzen zu ziehen. Aber wie verwandeln wir ein System, das unbegrenzte Gewinnzuwächse und Materialismus gutheißt, in eines, dessen Grundwerte Gemeinsinn, Bewahrung der Umwelt, natürliches Wachstum und persönliche Entwicklung sind? Die Antwort: Wir stärken die Menschen. Empowerment heißt nicht nur, dass jedes Mitglied selbstverantwortlich handelt, sondern auch, dass es an der Schaffung der Unternehmenskultur mitwirkt.

Eine der großen Legenden der 60er Jahre war, dass die Rebellion das Privileg der Jungen und Ohnmächtigen ist und sich die Alten und Mächtigen mit dem Bestehenden abfinden. Wir können uns nicht leisten, diesen Fehler zu wiederholen – wir *alle* müssen den grundlegenden Wandel bewirken. Alles, worum wir uns kümmern, hängt davon ab.

Es gibt kaum etwas Motivierenderes, als wenn Sie Ihren Mitarbeitern die Chance geben, ihren Idealismus zu erproben und zum Ausdruck zu bringen.

Betrachte ich mein eigenes Unternehmen, so will mir scheinen, als gebe es gar keine Regeln. Das verleiht uns die enorme Freiheit, zu experimentieren, bis wir da sind, wo wir sein wollen.

Glauben Sie mir, es ist eine verrückte und komplizierte Reise. Und da heißt's wirklich experimentieren, experimentieren und noch mal experimentieren.

Schwerstarbeit ist es auch, die überkommenen Barrieren der Arbeitsorganisation einzureißen – da wird ständig probiert und verworfen, auf gut Glück und manchmal wortwörtlich nach dem Muster: »Lass uns alles mögliche Zeugs versuchen und schauen, wie's funktioniert!«

Sozial sensible Unternehmen sind oft mit stärkeren Zwängen und Widersprüchen konfrontiert als die anderen. Ich nenne nur die Diktatur des

Altruismus, die Diktatur des Zeitdrucks, die Diktatur der Selbstüberschätzung, die Diktatur der Unzweckmäßigkeit und die Diktatur des »Oder«. Doch trotz dieser Liste der Diktaturen ziehen wir es vor, uns an einem alternativen Standard zu messen, denn wir müssen immer wieder untersuchen, ob wir eine Alternative bieten. Wir wollen prüfen, welche Fortschritte wir beim Unterstützen der Gemeinschaften und Familien und beim Schutz der Umwelt machen. Wenn wir das tun, haben wir größere Chancen, eine Businesskultur zu schaffen, die Staaten dazu ermutigt, Kinder zu erziehen, Krankheiten zu heilen, die Arbeit der Frau anzuerkennen und die Menschenrechte zu respektieren. Mit einem Wort, wir dringen auf das, was früher einmal wesentlich zum Menschsein dazugehörte.

Business, das mit Herz und Seele betrieben wird, kann Großartiges leisten. Was mich wieder an einen tollen Slogan erinnert: Engagement ist die Miete, die wir als Bewohner des Planeten zahlen müssen.

Der Laden hier wird wie ein KZ-Lager geführt!

Wenn dir hier was nicht passt, weißt du ja, was du zu tun hast, oder?

Anita hat nicht alle Tassen im Schrank.

Wählt Anita zum Premier!

Wer hat Anita gestern Abend auf BBC 2 gesehen? War sie nicht klasse?

So viel Schwachsinn auf einem Haufen!

Mitreißende Leidenschaft

Toiletten sind ein einzigartiges Kommunikationsforum. Jeder muss irgendwann am Tag mal dorthin, und es ist *der* Ort, wo man Leute aus anderen Abteilungen trifft, Kollegen, denen man normalerweise während der Arbeitszeit kaum begegnet. Irgendwann sind wir in unserer Littlehampton-Zentrale auf die Idee gekommen, die Klos förmlich zu Kommunikationszentren zu erklären, indem wir die Belegschaft aufforderten, ihre Einfälle als Graffiti zu hinterlassen. In jedem Toilettenabteil kamen ein Kugelschreiber und ein Schreibblock an die Wand, ein Verfahren, das wir »Aussitzen« nannten – und es war ein äußerst wirksames Mittel, um ein unverfälschtes Feedback zu bekommen. Hier ein paar typische Dialoge:

»Ihr könnt meinetwegen noch so politisch sein, aber man darf nicht vergessen, dass diese Firma in erster Linie ein Shampoohersteller ist. Die meisten arbeiten hier, weil sie Geld verdienen wollen; man sollte sie nicht zwingen, auch noch im täglichen Stress am Arbeitsplatz all den politischen Hickhack auszuhalten. Die Politik sollte draußen im Freien gemacht werden, und die Shampoofabrik sollte sich an Shampoos halten.«

»Unabhängig von The Body Shop eine Bürgerinitiative gründen, die von The Body Shop finanziert wird. Auf diese Weise wird weder die Politik von der Firma korrumpiert noch umgekehrt.«

»Ganz meine Meinung.«

»Wir arbeiten, um zu leben – und leben nicht, um zu arbeiten.«

»Mag sein, aber lass uns beim Thema bleiben!«

»Der Typ kapiert nicht, worum es geht; Business und ›Politik‹ sind – wenn es das ist, was ihr durch eure Aktionen ändern wollt – nicht voneinander zu trennen. Ich für mein Teil bin davon felsenfest überzeugt und fordere mehr ›Freiheit für die Ellbogen‹!«

»Stimmt. Wenn du im täglichen Stress am Arbeitsplatz vom politischen Hickhack verschont bleiben willst, bist du hier fehl am Platz. Werd doch Beamter!«

»Ihr dämlichen, bescheuerten Arschgeigen! Was ich sagen will, ist doch bloß, dass die Politik selbst etwas tun muss, um stärker auftreten zu können, unabhängig vom Büroschlaf. Ich meine das ernst! Wo zum Teufel kommt ihr eigentlich her – aus Rotchina? Verdammte Bande von Heuchlern!«

Graffiti der »Aussitzen«-Kommunikationssession
in den Toiletten der Zentrale von The Body Shop in Littlehampton.

Nach meiner Schätzung waren rund zehn Prozent der Klosprüche belanglos, doch mit der großen Mehrzahl konnte man wirklich etwas anfangen, erst recht, nachdem wir sie drucken ließen, zusammen mit Stellungnahmen des Vorstands. Ob das Unternehmen wichtige Entscheidungen aufgrund solcher »Aussitzen«-Sessions getroffen hat, sei dahingestellt, aber wir machten deutlich, dass wir bereit sind, auf die Basis zu hören. Aus dieser Perspektive war es ein unschätzbares Training, und außerdem hat es viel Spaß gemacht.

Spaß muss sein bei jeder Kommunikation, ebenso wie Leidenschaft. Kommunikation ist das wichtigste Werkzeug der Führung, und Leidenschaft das wichtigste Element der Kommunikation. Schließlich ist es vor allem die Leidenschaft, die andere überzeugt. Obwohl so oft von Kommunikation die Rede ist, wird dieser Aspekt im Business erschreckend vernachlässigt.

Kommunikation ist der Türöffner für alle globalen Geschäfte.

Als junges Mädchen habe ich mal eine Schlagzeile in der Zeitung gesehen, die mich im Innersten traf, und rund vier Jahrzehnte später spüre ich die Erschütterung noch immer. Es war das Titelblatt des *Daily Mirror*, seinerzeit das in England angesehenste politische Boulevardblatt, als die Sowjetunion vor den Vereinten Nationen den Einmarsch in Ungarn verteidigte. Die Schlagzeile nahm die gesamte erste und letzte Seite ein und lautete: »Haben Sie Erbarmen, Mr. Chruschtschow!« Und darunter, in einem kleineren Kasten, stand als nachdenklicher Zusatz: »Für wen halten Sie sich? Für Stalin?« Es war eine hervorragende Art, seine Empörung zum Ausdruck zu bringen, und damals begriff ich die ganze Macht der leidenschaftlichen Kommunikation.

Unternehmensführer müssen durch ihre Ausdrucksweise andere zum Handeln veranlassen. Doch sollte ihrer Kompetenz ein Quäntchen Leidenschaft beigemischt sein, wenn sie Erfolg haben wollen, denn egal wie heftig man Anteil an der Sache nimmt, wenn sich die Anteilnahme nicht vermitteln lässt, kann man ebenso gut wegbleiben.

Als Unternehmen sollte man seinen Kunden genau zuhören, *während* man ihnen erzählt, woher man kommt. Man muss das kommunikative Spielbein des Business immer wieder trainieren und darf doch nie vergessen, weshalb man auf dem Platz angetreten ist. Der größte Fehler für ein

Leidenschaften sind die einzigen Fürsprecher, die immer überzeugen. Der Ungebildete wird, wenn er mit Leidenschaft auftritt, stets mehr überzeugen als der größte Redner ohne solche.

René Descartes

Unternehmen wäre, sich von der eigenen Geschichte abzukoppeln, selbst wenn es erst seit zehn oder 20 Jahren existiert. In vielen Fällen verlieren Händler den Schwung, sobald sie vergessen, was sie bei der Gründung ihrer Existenz beseelt hat.

Während hektisch um globale Perspektiven gerungen wird, sollten Wirtschaftsführer besser einmal innehalten und Fragen stellen: nicht nur, weshalb sie ins Business eingestiegen sind, sondern auch, womit es ihnen heute noch gelingt, Alternativen zu bieten. Streben sie nach Wachstum um des Wachstums willen, oder wollen sie noch andere Ziele erreichen? Und was noch wichtiger ist, haben sie Besseres zu bieten? Wenn ja, hat es dann auch der Markt verstanden? Sprechen sie noch mit ihren Kunden?

In der Welt des Business werde ich ständig von Mythen heimgesucht und verwirrt. Besonders hartnäckig ist der Mythos, die Kommunikation fiele desto schwerer, je mehr man expandiert. Das mag hier und da zutreffen, aber ich finde nicht, dass es notwendigerweise so sein *muss*.

Das Unternehmen, das ich 1976 gegründet habe, ist mittlerweile mit knapp 1800 Shops in 49 Märkten vertreten, quer über zwölf Zeitzonen hinweg und in 24 Sprachgebieten. Es bemüht sich, Mitarbeiter und Franchisenehmer zu motivieren und auf dem Laufenden zu halten, während es neue Konzepte, eine neue Ausstattung der Läden, neue Produkte und neue Möglichkeiten der Kommunikation einbringt. Kommunikation ist lebenswichtig.

Früher träumte ich davon, dass wir zur Jahrtausendwende keine Kosmetikfirma mit kommunikativem Spielbein mehr wären, sondern eine Kommunikationsfirma mit einem Kosmetikspielbein. Aber so weit sind wir noch nicht. Es gab eine Phase, in der wir jährlich eine Sturzflut von Plakaten, Pamphleten, Zeitschriften, Flugblättern, Aufklebern, Videos und Papieren über alle erdenklichen Themen auf den Markt brachten – von der Unvermeidlichkeit des Alterns bis hin zu den Schandtaten der nigerianischen Diktatur. Noch immer pflastern wir unsere Mitarbeiter mit breit gestreuten Informationen über alles Mögliche zu. Zu unserem kommunikativen Netzwerk gehören Hausmitteilungen, die an all unsere Leute versandt werden, um sie mit neuen Ideen, neuen Entwicklungen und neuen Produkten vertraut zu machen. Angestellte gehören bei The Body Shop zur Familie. Wir fördern Diskussionen, ermutigen den Einzelnen, kein Blatt vor den Mund zu nehmen und seine Meinung zu sagen. Ich werde nie vergessen, was ein langjähriger Mitarbeiter einmal zu mir gesagt hat: »An keinem Arbeitsplatz habe ich mich so wohl gefühlt wie hier, weil jeder in alles einbezogen wird, was wir machen.« Und dabei soll es bleiben.

Werbung ist sinnlos

Jahr für Jahr werden wir mit Zehntausenden von Anzeigen behelligt – Frauen mehr als Männer, und das Getöse der Werbung ist so markerschütternd geworden, dass es immer schwerer fällt, einzelne Stimmen herauszuhören. Daher glaube ich, dass konventionelle Marketingtechniken zunehmend an Wirkung verlieren. Konsumenten werden übertölpelt. Sie werden im Übermaß agitiert. Heutzutage reagieren sie nur noch zynisch auf den gesamten Anzeigen- und Marketingprozess. Zudem wissen wir: Im heutigen Businessklima bedarf es wagemutiger, anregender, außergewöhnlicher und risikofreudiger Formen der Erziehung und Kommunikation. Wir wissen auch, dass Marketing imstande sein muss, den Konsumenten sensibler und überzeugender anzusprechen.

Die Kosmetikbranche ist nicht gerade dafür bekannt, Frauen mit Respekt zu begegnen: ob sie nun Antialterungscreme an die Frau bringen will, sinnlose Tierversuche durchführt oder ihre Produkte in überflüssigen, nicht recyclingfähigen Verpackungen anbietet. Die Leute wissen aber, wie der Hase läuft, und wollen sich vor dem Kauf zunehmend informieren. Bedauerlicherweise sind Fakten, die für eine kompetente Kaufentscheidung nötig wären, oft verschleiert, unklar oder schwer zugänglich. Konsumenten dürsten nach Wissen und verlangen wahrheitsgetreue Auskünfte. Und wir müssen mit unserer Botschaft durchdringen.

The Body Shop begann mit einer Kampagne, um die Phantasie und die Empörung Einzelner aufzufangen und zu kanalisieren, damit sie sich gemeinsam gegen mangelhafte Informationen der Unternehmen zur Wehr setzen. Dabei wenden wir verschiedene Mittel an – von der Schaufenstergestaltung bis zu Plakattafeln, von den Planen unserer LKWs bis zur Einheitskleidung unserer Mitarbeiter. Bloß Anzeigenwerbung im herkömmlichen Sinn betreiben wir selten. Wir informieren, bieten Aufklärung – über Inhaltsstoffe ebenso wie über unsere Grundwerte – und überlassen es dann den Kunden, souverän zu entscheiden, ob sie mit uns Geschäfte machen wollen.

Vielen erscheint es unfassbar, dass The Body Shop ohne massive Werbung Kosmetika verkauft, zumal in einem Business, in dem selbst Supermärkte regelmäßig Millionenbeträge für pompöse Werbekampagnen ausgeben. Wir bezweifeln aber, dass sich die Nachfrage für ein Produkt steigern lässt, indem man Unsummen in die Werbung steckt. Man hat das oft als Nähen ohne Nadel oder Predigen ohne Kanzel bezeichnet – wie auch immer, die Analogie spielt keine Rolle.

Das Wachstum von The Body Shop ist ein Beleg dafür, dass man kein Geld für kostspielige Werbefeldzüge zu verschwenden braucht, um erfolgreich zu sein. Stattdessen verlassen wir uns seit jeher auf Mundpropaganda und unsere Geschichten.

Einige unserer Produkte sind mit Geschichten befrachtet – wie sie entwickelt wurden, woher die Inhaltsstoffe stammen, wie sie hergestellt werden und vieles mehr, was die Kunden vielleicht wissen wollen. Woran werden Sie sich wohl länger erinnern? An irgendwelche haarsträubende Werbeslogans, bei denen Sie merken, dass Sie betuppt werden? Oder daran, dass die Hautcreme, die Sie kaufen, aus Nüssen hergestellt wird, die Frauen in einer afrikanischen Kooperative ernten? Deshalb können wir es uns leisten, Kosmetika mit einem Minimum an Werbeaufwand und Verpackung zu verkaufen, Gesundheit statt Luxus in den Mittelpunkt zu stellen, die Wirklichkeit statt des »Versprechens der ewigen Jugend«.

Guerilla-Marketing

Dieses Vorgehen pflege ich unser »Guerilla-Marketing« zu nennen. Es ist die unkonventionelle, Kosten sparende Taktik, auf uns aufmerksam zu machen. Beispielsweise, indem wir unsere Shops in Aktionsbüros für Menschenrechte verwandeln oder den Kunden Gelegenheit geben, sich über Themen auszusprechen, die sie angehen.

Ich bin überzeugt, dass sich Produkte durchsetzen, wenn ich sie mit politischen und sozialen Botschaften verknüpfe.

Ich hasse weiße Flächen. Eine Leerstelle ist für mich eine Chance, Atmosphäre zu schaffen, eine Botschaft zu vermitteln, meine Meinung zu sagen. Was könnte langweiliger sein als eine weiße Papiertüte? Schreibt eine Botschaft darauf!

Wir haben einen Fuhrpark mit zwölf Transportern, die kreuz und quer durch England unterwegs sind. Sie dienen uns als mobile Plakatwände und bringen auf der Autobahn informative, agitierende oder unterhaltsame Botschaften unter die Leute. Die Rede ist hier nicht von unserem Firmenlogo, ich spreche von Themen, die wirklich wichtig sind – wie die Vermissten. Als wir uns das erste Mal damit befassten, ließen wir die Gesichter von vier Vermissten auf unsere LKWs malen, neben den Namen von einem guten Dutzend ebenfalls verschwundener Personen sowie einer Telefonnummer. Die Hotline erhielt über 30 000 Anrufe, und einige Vermisste wurden dadurch entdeckt. Ein Mädchen, das sich seit über zwei Jahren nicht mehr bei seinen Eltern gemeldet hatte, wurde in Marseilles entdeckt, weil sein Konterfei einen unserer LKWs schmückte. Auf diese Weise tritt man mit der Gemeinschaft in Kontakt.

Diese Initiativen sind deshalb so eindrucksvoll, weil dadurch viele Menschen spüren, dass sie als Teil der großen Menschheitsfamilie betroffen sind. Wir geben ihnen das Gefühl, ihren Beitrag leisten zu können, und sei er noch so gering. Wir ebnen Leuten den Weg, die darauf reagieren und sich einmischen wollen. Eine Telefonnummer zu verbreiten, um der Vermisstenstelle zu helfen, kurbelt nicht den Verkauf einzelner Produkte an, aber es schafft ein Symbol für unsere Grundwerte. Es verknüpft uns mit der Gemeinschaft und lässt uns spüren, dass wir dazugehören.

Eine unserer Aktionen, die wir in Indien durchführten, zählt die Weltgesundheitsorganisation WHO zu den bisher effektivsten Basiserziehungsprogrammen in der AIDS-Bekämpfung. Wir benutzen einen Elefanten. Der Elefant wandert durch die Straßen von Tirumangalam in Tamil Nadu und trägt auf beiden Flanken Transparente, auf denen in Tamil und Englisch zu lesen steht, wo man sich über Geschlechtskrankheiten informieren und Gratiskondome beziehen kann.

In einem anderen Teil des indischen Subkontinents führen wir eine Verhütungskampagne mit Mitteln der »direkten Aktion« durch. Wenn LKW-Fahrer an einem der größeren Rastplätze auf der Fernstraße nach Madras anhalten, um zu tanken, zahlen sie die wartenden Prostituierten und gehen mit ihnen hinter eine Absperrung. Unsere Mitarbeiter, von denen die meisten junge Medizinstudenten sind, springen über die Absperrung, tippen den Freiern im richtigen Moment auf die Schulter und bieten ihnen Gratiskondome an.

Ich will nicht behaupten, dass jedes Unternehmen solche Kampagnen durchführen könnte, aber es wird deutlich, dass es von Vorteil fürs Geschäft ist, etwas Neues zu versuchen, statt die Konkurrenz nachzuäffen. Und ich bin fest davon überzeugt, dass nachdrückliche Profilierung in der Gemeinschaft eine weit bessere Marketingstrategie darstellt als das Überbieten der Konkurrenz durch Werbemaßnahmen – und sei es nur wegen des positiven Einflusses auf die Arbeitsmoral der Beschäftigten.

Führung durch Geschichtenerzählen

Die Menschen, mit denen ich zusammenarbeite, suchen etwas mehr als bloß einen Job. Sie möchten auch etwas lernen und einen Lebenssinn finden. Sie stehen einer Unternehmensführung aufgeschlossen gegenüber, die eine Vision vertritt, wenn diese Vision klar und überzeugend vermittelt wird, und zwar immer wieder mit Leidenschaft. Diese Kommunikation erschöpft sich nicht in verbaler oder visueller Sprache, auch die Körpersprache gehört dazu – zum Beispiel, wie Mitarbeiter umarmt und gedrückt werden.

Will eine Führungskraft ihre Leute motivieren, Vertrauen und Loyalität gewinnen, reicht es nicht, eine Botschaft über E-Mail loszujagen. Auch ein Kummerkasten tut's nicht. Umfragen der Personalabteilung auch nicht. Ebenso wenig das Graffiti-Zubehör in Toilettenabteilen. Nichts, aber auch gar nichts ersetzt den Vorgesetzten, der leibhaftig da ist, zuhört und antwortet.

Trotz des Wunders der modernen Telekommunikation haben es Führungskräfte nicht leicht, für eine ernsthafte Botschaft zu werben. Wir leben in einer großen, lautstarken Gesellschaft. Eine Führungskraft muss mit der populären Unterhaltungsindustrie konkurrieren, mit raffinierter Werbung und dem

Drama der täglichen Nachrichten. Meiner Meinung nach ist das wirksamste Mittel der Kommunikation das Geschichtenerzählen. Für die Vermittlung und das Erfassen von Tatsachen sind Geschichten das älteste Medium, das die Menschheit kennt. Die meisten von uns werden als Kinder Märchen oder Fabeln gehört haben, sei es daheim oder in der Schule, und eben darum ist Geschichtenerzählen die beste Lernmethode.

Geschichten »regen die Einbildungskraft der Zuhörer an und versetzen sie in einen Zustand des Staunens, der Erleuchtung und Betroffenheit«, urteilt ein Rhetorikexperte. »Der Zuhörer ist nicht bloß passiver Empfänger der Information, sondern wird zu aktivem Denken angehalten.« Ich weiß das aus meiner Erfahrung mit Stammesvölkern, die oft das Erzählen von Geschichten mit übersinnlichen Kräften in Verbindung bringen.

Erzählungen haben mich von frühester Kindheit an geprägt. Für uns gab es keine Kinderreime oder Rätsel. Stattdessen erzählte uns meine Mutter Geschichten von romantischer Liebe und großer Leidenschaft, vom Alltag auf ihrem Bauerngut in Süditalien, wie wir gezeugt worden sind und miteinander verwandt sind. Wir hörten Unmengen von Familienanekdoten und respektlose Histörchen über die Kirche. Doch die Geschichten, die meine Mutter uns vortrug, waren mit mehr Erhabenheit und Würde gesättigt als alle organisierte Religion.

Noch heute betrachte ich das Geschichtenerzählen in The Body Shop als wichtiges internes Kommunikationsmittel – sowohl Geschichten über die Produkte als auch solche über das Unternehmen. Das Erzählen, wie und wo wir die Zutaten gefunden haben, verleiht unseren eigentlich unbedeutenden Produkten einen Sinn, während das Erzählen von der Firma unsere eigene Geschichte und den Sinn für die gemeinsame Sache zusammenhält und tradiert.

Irgendwo habe ich gelesen, dass hinter jedem Unternehmen ein unsichtbares Netzwerk von Vermittlern steht. Sie sind wichtig, weil sie Informationen nicht allein weitertragen, sondern auch deuten. Gliedern wir dieses Netzwerk auf in Geschichtenerzähler, Schamanen, Flüsterer, Klatschbasen und Spitzel:

– *Geschichtenerzähler* bewahren Geist und Bedeutung der Geschichten über das Unternehmen und geben die Legenden an neue Mitarbeiter weiter. Wie in den Stammeskulturen dienen die über ein Unternehmen kursierenden Geschichten vor allem zum Erschaffen und Wiederbeleben dessen, was dem Angestellten wichtig ist.

Das Universum setzt sich aus Geschichten zusammen, nicht aus Atomen.

Muriel Ruketser

– *Schamanen* sind die Wächter des Geistes einer Firma, ihres Images und ihrer Grundwerte. In einem gedeihlichen Arbeitsverhältnis werden solche Grundwerte diskutiert. Grundwerte, die man nicht formuliert, werden als naturgegeben hingenommen und nur unzureichend an Neulinge vermittelt.

– *Flüsterer* sind diejenigen, die Informationen insgeheim verbreiten.

– *Klatschbasen* wissen alles, gelten aber nicht als verlässliche Übermittler und werden daher nie ernst genommen.

– *Spitzel* sind, wie mir scheint, unverzichtbar; keine gute Führungskraft kann ohne sie auskommen, um sich über alles auf dem Laufenden zu halten.

Wir haben erkannt, dass wir von unseren Geschichtenerzählern innerhalb des Unternehmens lernen müssen. Wer den Geschichten nicht mehr zuhört, läuft nämlich Gefahr, seine eigene Geschichte zu verlieren – und damit auch die Grundwerte, für die wir so hart kämpfen. Während wir expandierten, haben die wieder und wieder über The Body Shop erzählten Geschichten Eingang in die Firmenchronik gefunden, doch unser Wachstum hatte eine unausweichliche Konsequenz: dass die guten alten Unter-uns-Gespräche mit der Zeit verebbten. Wir versuchten gegenzusteuern, indem wir einen unbegrenzten Dialog in Gang setzten, den wir weltweit führen: zwischen Unternehmen und Mitarbeitern, Shops und Kunden, Business und Gemeinschaft.

Kommunikation jenseits der Hierarchien

Fast alle großen Konzerne werden wie militärische Einheiten geführt: Es gibt eine strenge Hierarchie. Niemand von den unteren Chargen wird je mit einem der Spitzenleute sprechen, und Gott gnade dir, wenn du den Wagen auf dem Vorstandsparkplatz abstellst. Dass sich in The Body Shop eine ähnliche Struktur ergibt, wollten wir verhindern und erfanden das System der »Roten Briefe«, um die Kommunikation über alle Ebenen der Firma hinweg zu verbessern. Jeder Mitarbeiter weltweit, der unzufrieden ist oder sich ärgert oder sich etwas von der Seele reden muss, kann seine Gedanken zu

Papier bringen und in einen roten Umschlag stecken. Damit ist sichergestellt, dass der Brief mich oder ein anderes Vorstandsmitglied erreicht und wir innerhalb von 24 Stunden antworten.

Außerdem haben wir in der ganzen Firma zwölf »Ideenbretter« installiert. Jedes Vorstandsmitglied erhält eine Auswahl solcher Vorschläge. Wir versuchen, die verschiedenen Ebenen des Unternehmens zu integrieren, um den unmittelbaren Kontakt zu fördern. **In unseren Büros gibt es keine Tabuzonen, für niemanden – die Leute vom Reinigungsdienst dürfen ohne weiteres die Vorstandsetage für ihre Versammlungen nutzen.** Zu Anfang haben wir beflügelnde Mitternachtsgespräche mit den Mitarbeitern angeregt, wie wir alle sie seit der Uni nicht mehr kannten. Dabei wurden die Barrieren zwischen Chefs und Angestellten ebenso abgeschafft wie ungeschriebene Gesetze, wer mit wem über was sprechen durfte. Wir führten Familientage durch und Firmenfeste, um den Angestellten nicht nur ihre Kollegen näher zu bringen, sondern auch Aktivitäten in anderen Bereichen des Unternehmens.

Probleme und Konflikte innerhalb einer Organisation lassen sich am besten meistern, wenn man die Kommunikationswege weit öffnet.

Neben anderen Spielwiesen richteten wir eine Vorlesungsreihe in der Mittagspause ein. Die Themen reichten von der Frage, ob The Body Shop die gewerkschaftliche Mitbestimmung einführen sollte, bis hin zur Schöpfungstheologie. Einmal luden wir einen Violinisten ein, der unseren Mitarbeitern eine Musiktherapie anbot.

Gordon und ich sind eher unbekümmert. Hätten wir eine Firma in der erstickenden, traditionellen Businesskultur zu leiten, wären wir längst auf der Suche nach einem Fluchtweg über den Zaun geklettert. So aber war es leicht für uns, den Mitarbeitern ein klares und eindeutiges Signal zu senden, dass wir zur freien Meinungsäußerung stehen, einen Daseinszweck außerhalb der engen Geschäfts- und Branchengrenzen suchen und eine eher spielerische Haltung zur Arbeit einnehmen. Wir sind für jeden ansprechbar und gehen locker mit allen um – nicht etwa, weil eine gute Strategie dahinter steckt, sondern weil wir es anders nicht aushalten würden.

Die Augen weit offen halten

Eines unserer erfolgreichsten Kommunikationsmittel war das Video. Die meisten unserer Mitarbeiter sind jünger als 30 und mit audiovisuellen Medien aufgewachsen. Sie erwarten, dass man sie über solche Medien anspricht. Alle Unternehmen wissen das, und doch produzieren sie im Allgemeinen Videos, die stinklangweilig sind, niemanden motivieren und deshalb ihren Zweck verfehlen.

Zehn Jahre lang produzierten wir ein wöchentliches Programm für unsere britischen Filialen und monatlich eines in 21 Sprachen für die Shops in aller Welt. Soviel ich weiß, war dies die größte Investition in Businessvideos auf britischem Boden. Video eignet sich gut für die Motivation, anders als Printmedien, die besser Informationen vermitteln können, aber sonst nichts. Die Videos halfen uns, den Mitarbeitern auf der ganzen Welt unsere Botschaften und Haltungen nahe zu bringen. Eine Menschenmenge, die hinter einem Transparent marschiert und Forderungen stellt, wird von allen verstanden. Über zehn Jahre lang haben unsere Videos Tausende von Mitarbeitern in aller Welt motiviert. Zu meinem Schrecken wurde diese Maßnahme kürzlich eingestellt, weil sie nicht als Investition in die Unternehmenskultur gilt, sondern als Kostenfaktor.

Außerdem habe ich versucht, Schönheit, Stil und Sinnlichkeit in die Büros zu bringen. Mir gefällt es, Arbeitsplätze zu konzipieren, die auch visuell möglichst reizvoll gestaltet sind. Bei uns hängen Kunstwerke nicht nur im Konferenzsaal, sondern überall. Die Wände in der Zentrale von The Body Shop sind voller Fotografien, bombastischer Zitate, Schaubilder und Illustrationen. Acht lebensgroße Männer fliegen dicht unter der Decke, und in unserem Kaufhaus finden sich dreieinhalb Meter lange Flaschen und Bananen. Auf der Wiese vor unseren Büros in Littlehampton sitzen lebensgroße Figuren als Nachbildung von Manets *Dejeuner sur l'herbe*. Es sieht verrückt aus und bezaubernd. In unserer Eingangshalle begegnet man der skurrilen Attrappe einer

Putzfrau mit Mop und Eimer. An die Wände ließen wir meterhoch Zitate von Oscar Wilde pinseln; in den Fluren ist eine Ausstellung zum Thema Menschenrechte zu sehen. Und im Child Development Centre geht es nicht anders zu als im Büro: Kreative Aktionen sind wesentlicher Bestandteil des Spielprogramms.

Ganz wesentlich ist die Sprache des Designs bei The Body Shop. Unsere Botschaften sind tendenziell eher visuell als sprachlich zu vermitteln und nur selten wortlastig. Ein Franchise-Unternehmen sollte besonders darauf achten, einen Stil zu finden, der prägend wird für die Unternehmenskultur. Das mag aufgesetzt erscheinen, aber in jedem Fall bleibt der Eindruck haften, dass wir uns von anderen unterscheiden und etwas bieten, das niemand je zuvor gemacht hat.

Wir halten Schaufenster für die wichtigsten Faktoren bei der Verbreitung des Firmenimages, das nach meiner Überzeugung frech und aufregend sein sollte. Wir können es uns nicht leisten, dass unser Image verwässert oder getrübt wird durch einzelne Franchisenehmer, die ihr Fenster nachlässig dekorieren, oder durch neue Markenmanager und Designer, die uns als »visuelle Störenfriede« betrachten und lieber in eine »zeitgenössische, gepflegte Kosmetikfirma« verwandeln wollen.

Die Kunden einbeziehen

Natürlich ist das alles sinnlos, wenn man sich nicht mit den Kunden selbst unterhält. Vermutlich können nicht allzu viele Firmen auf der Welt von sich behaupten, dass sie sich einer vergleichbar starken, nachhaltigen Kundenbindung erfreuen wie wir. Bei uns stehen die Kunden im Mittelpunkt des Unternehmens, wir betrachten sie als unsere Familie, wir laden sie ein und ermuntern sie zur Beteiligung an allem, was wir unternehmen. Darin konnte bisher kein Konkurrent mit uns gleichziehen.

Doch unser bei weitem effektivstes Kommunikationsmittel mit den Kunden ist, nachdem wir jahrelang Ideenbörsen und Bezugsgruppen unterhalten haben, das neue, aufstrebende Modell »The Body Shop Direct«. Rund 3000 Berater halten durchschnittlich 100 000 gesellige Treffen mit über einer Million Kunden ab und sammeln Anekdoten, spontane Reaktionen und Geschichten. Nichts, aber auch gar nichts, was wir bisher versucht haben, war je so tiefgründig und fokussiert wie die Gespräche bei den Kunden daheim, die uns Aufschluss geben, ob wir den Bedürfnissen unserer Kunden eigentlich noch gerecht werden.

»Stoppt den Krieg!«

Ich muss mich nicht rechtfertigen, weil ich die Kommunikation in The Body Shop vorantreibe, aber selbstverständlich bin ich für sie verantwortlich, und es gab einen Moment, da hätte sie mich beinahe das Unternehmen gekostet. Zumindest hat sie meine Stellung ernsthaft gefährdet.

Als der Golfkrieg ausbrach, hielt ich mich gerade in Boston auf, und was mich besonders beeindruckte, war die Reaktion von Gewerkschaften und Kirchen, die auf Plakatwänden für die sofortige Beendigung der Kämpfe eintraten. Überall wurden nur drei Worte plakatiert: »Stoppt den Krieg!« Als überzeugte Pazifistin war ich unmittelbar betroffen. Ich hasste das Militär, seit ich ein Teenager war, und im Golfkrieg sah ich nichts als einen sinnlosen Waffengang. **Der Gedanke war entsetzlich, dass es Krieg geben würde, besonders weil es wegen eines diktatorischen Regimes war – und letztlich nur um die ökonomischen Aspekte der Ölförderung in Kuwait ging.** Als ich wieder in Littlehampton war, mobilisierte ich alle verfügbaren Kräfte, um eine Antikriegskampagne ins Leben zu rufen. Wir nahmen alle Plakatwände, deren wir habhaft werden konnten, in Beschlag und verbreiteten einschlägige Stellungnahmen zum Frieden und zur Sinnlosigkeit des Krieges. Die Zitate reichten von Jesus Christus über Mahatma Gandhi bis Winston Churchill. Ich ließ sie ohne Druckgenehmigung plakatieren. Wir brachten sogar einen Spruch der Kriegsdienstverweigerer an mit dem Wortlaut: »Eines schönen Tages werden unsere Schulen alles Geld kriegen, was sie brauchen, und wenn die Luftwaffe neue Bomber braucht, muss sie halt einen Flohmarkt organisieren…« In allen unseren Filialen lagen Unterschriftenlisten aus, und wir forderten unsere Kunden auf, an US-Präsident Bush und Saddam Hussein zu faxen und auf ein Ende der Kampfhandlungen zu dringen.

Durch die englische Presse schwappte eine Welle der Begeisterung für den Krieg, und ich fühlte mich zum ersten Mal höchst autokratisch und gutsherrlich mit dem, was wir machten. Immer war ich für Frieden eingetreten und gegen Gewalt in jeglicher Form, und mir schien, dass diesbezüglich die Grundwerte unseres Unternehmens unverrückbar feststanden. Als mich eines unserer amerikanischen Vorstandsmitglieder anrief und mir erklärte, wir müssten die Plakate abhängen, antwortete ich: »Nur über meine Leiche.«

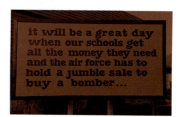

Das Einzige, was zählt, ist die Frage, wie man die Menschen rührt. Habe ich jemandem Einsichten vermittelt? Das ist es, was ich erreichen wollte. Einsichten halten auf Dauer, Theorien nicht.

Peter F. Drucker

Die Gemeinde Littlehampton reagierte bestürzt auf unsere Stellungnahmen. Littlehampton ist eine Arbeiterstadt an der englischen Südküste. Vermutlich hatten die meisten der Großväter den Weltkrieg mitgemacht, doch ihre Enkel hatten keinen Begriff davon, und mit meinen Aktivitäten stand ich offenbar im Gegensatz zum herrschenden Meinungsbild. Zugleich ging ein Riss mitten durch das Unternehmen.

Etwa eine Woche nach Beginn der Kampagne kehrte ich in die Vereinigten Staaten zurück, und während ich dort war, hörte ich von einer Vorstandssitzung, in der man beschlossen habe, die Kampagne abzublasen, alle Plakate abzuhängen und die Unterschriftenlisten aus den Shops zu nehmen. Meine Empörung kannte keine Grenzen. Für mich war es ein Musterbeispiel für das, was im Business nicht stimmt. Im konventionellen Businessdenken gilt als ausgemacht: Jemand wie ich gehört nicht in die Vorstandsetage eines Unternehmens, dessen vorrangiges Ziel es ist, Gewinne zu machen, weil ich »überall anecke«. Ich handle stets, als ob ich für eine Non-profit-Organisation tätig wäre. Ich führe Kampagnen zu Themen durch, die absolut nichts mit der Kosmetikbranche zu tun haben. Doch meine Stärke ist, dass ich mich um das konventionelle Businessdenken einen Dreck schere. Wenn wir wie jeder andere Konzern enden und unsere Grundsätze und unsere Geschichte ignorieren, gehe ich mit Hunderten anderer im Unternehmen an Langeweile zugrunde.

Die Entscheidung, die Kampagne einzustellen, ging in erster Linie auf das Betreiben unseres Vorstandsvorsitzenden in England zurück. **Er glaubte, sie könnte den Ruf des Unternehmens und dessen Marktposition schädigen. Ich hielt uns für moralisch verpflichtet, klar und entschieden Stellung zu nehmen.** Er hatte die anderen Vorstandsmitglieder bekniet und überzeugt, dass wir uns auf Themen wie den Golfkrieg nicht einlassen dürften. Ich glaube, es war ein erster Vorstoß, um aus The Body Shop ein »normales« Unternehmen zu machen. Das wollte ich unter keinen Umständen dulden.

Ich musste Gelegenheit finden, alle davon zu überzeugen, dass meine Position richtig war, und es schien nur noch einen Ausweg zu geben: die Debatte so breit wie möglich zu führen, unter Einbeziehung aller Mitarbeiter unseres Hauptquartiers. Öffentlich war bisher kaum diskutiert worden; die Medien hatten sich auf den Krieg gestürzt, und alle waren wie besessen davon. Ich war, wie mir schien, allein auf weiter Flur. Dann machten wir das Unternehmen für einen Tag dicht, schalteten eine Videokonferenz zu unserem Londoner Büro und hockten uns hin, um darüber zu reden, ob The Body Shop für das Ende des Golfkriegs eintreten soll oder nicht.

Wes das Herz voll ist, des läuft der Mund über. Und wenn nun das ganze Unternehmen befand: Anita, lass uns aufhören damit – wir müssen uns hinter die Regierung stellen? Ich wusste, dass es ein demokratischer Beschluss wäre, dem ich mich zu beugen hätte, aber ich war bereit, dieser Grundsatzfrage wegen das Unternehmen aufzugeben. Mir blieb keine Wahl.

Doch ich hatte auch einen Trumpf im Ärmel. Ein paar Monate zuvor hatte ich einen Querschnitt der Mitarbeiter – vom leitenden Manager bis hinunter zum Gabelstapelfahrer – nach Schottland in mein Haus eingeladen, um ein paar Tage über das Unternehmen zu reden: Was es ist, was wir wollten, dass es ist, und welche Vision wir verfolgen sollten. Wir verlebten eine schöne Zeit, kochten zusammen, wanderten durch die Felder und redeten viel. Eines Tages erwähnten zwei von den Jungs, dass sie beim Militär gewesen waren – einer hatte in Nordirland gedient, der andere im Falklandkrieg –, und sie fingen an, sehr leise und erschütternd von der Wirklichkeit des Kriegsgeschehens zu berichten, von namenlosem Schrecken und tödlichen Gefahren in einer Schlacht.

Eines war mir klar: Wenn ich vor die Versammlung treten und versuchen würde, die anderen auf meine Seite zu ziehen, würde ich nicht halb so viel Wirkung erzielen wie diese beiden – obwohl ich Kommunikation zu meinen Stärken zähle. Die meiste Zeit überließ ich daher den beiden das Wort. Und vor 500 Angestellten packten sie Kriegserlebnisse aus, die ihr Leben verändert hatten. Sie berichteten von den Gräueln und vom Schmutz des Krieges, von ihren Kameraden, deren Tod sie mit ansehen mussten, von all dem Furchtbaren, das mit dieser Erfahrung verbunden ist. Sie plädierten dafür, mein Anliegen zu unterstützen – und das war meine Rettung. Als es zur Abstimmung kam, lag mein Schicksal ganz in ihren Händen, aber ich hätte mir keine Sorgen machen müssen. Die überwältigende Mehrheit war dafür, die Kampagne fortzusetzen. Ich stieß einen tiefen, erleichterten Seufzer aus und fühlte mich wieder als Teil meines Unternehmens. Dass ich kurz vor dem Abgrund gestanden hatte, war klar.

Oft hatte ich mir das Hirn zermartert und mir vorgestellt, was ich tun sollte, wenn die Wahl anders ausgegangen wäre – wenn sie mir zu verstehen gegeben hätten: »Lass gut sein, Anita, komm wieder auf den Teppich, es wird Zeit, dass wir diesen Quatsch einstellen.« Die schlimmstmögliche Folge wäre eine völlige Entfremdung von meinem Unternehmen gewesen und allem, was es verkörpert. Bestenfalls hätte ich mich in Ehren zurückziehen und erklären können: »Tut mir Leid, aber dieses Unternehmen unterstützt nicht mehr das, wofür ich einstehe.« Irgendwie – und ich habe das Szenario wieder und wieder durchgespielt – kam ich letztlich zu dem Ergebnis, dass ich allen Widrigkeiten zum Trotz dabeigeblieben wäre. Wenn ich mir die Frage stelle, weshalb, fällt mir nur ein, dass ich nirgendwo sonst hingehöre. Und es wäre ebenso, als wolle ich ein Baby im Stich lassen, das von mir zur Welt gebracht und in all den Jahren geformt worden war, ohne noch all das, was ich mit ihm vorhatte, verwirklichen zu können.

Als Ergebnis dieser Episode beschlossen wir, dass die elementaren Grundsätze der Unternehmenspolitik, wenn schon nicht in Marmor gemeißelt, so doch wenigstens schwarz auf weiß dokumentiert werden müssten. So kam es zur Niederschrift der Charta von The Body Shop. Wir brauchten anderthalb Jahre, um sie fertigzustellen, aber es wurde ein leuchtendes Symbol der Verankerung unserer Basis im Management und brachte die Prozedur der »Roten Briefe« auf den Weg. Schon die Präambel bringt unsere Entschlossenheit zum Ausdruck, Profit und Prinzipien in Einklang zu bringen: »Ziele und Grundwerte von The Body Shop sind von gleichrangiger Bedeutung wie unsere Produkte und Unternehmensgewinne.« Und es blieb nicht bei leeren Worten. Acht Arbeitsgruppen wurden ins Leben gerufen, die auf Einhaltung der Grundwerte achten und dafür sorgen, dass sie jeden Winkel unseres Unternehmens durchdringen.

The Big Issue

Unsere kommunikativen Anstrengungen gipfelten in einem Projekt, auf das ich am meisten stolz bin, obwohl es The Body Shop gar nicht direkt einbezieht, wenigstens jetzt noch nicht. Im Juli 1990 hielt sich Gordon in New York auf und kaufte eine Zeitschrift, die auf der Straße zugunsten der Obdachlosen von Obdachlosen verkauft wird. Gordon fand, das sei eine tolle Idee, und war von der Qualität der Zeitschrift und von dem Menschen, der sie ihm verkauft hatte, tief beeindruckt. Bei seiner Rückkehr betraute er seinen Freund John Bird mit einer Marktforschungsstudie. Er sollte herausfinden, ob es sich lohnte, ein ähnliches Zeitschriftenprojekt in London aufzuziehen.

John ist ein alter Freund von uns, eingefleischter Marxist obendrein; er zog los, ging unter die Obdachlosen in London und erkundigte sich, was sie davon hielten, eine Zeitschrift auf der Straße zu verkaufen. Die eindeutige Botschaft, die er zurückbrachte, hieß: Alles wäre besser als Betteln. Als John berichtete, dass er es für aussichtsreich hielt, stellte Gordon das Projekt den Gutachtern der The Body Shop Foundation vor, damit sie Startkapital zur Verfügung stellten. So entstand das Obdachlosenblatt The Big Issue, und John Bird übernahm den Posten des Chefredakteurs.

Das war mit erheblichen Risiken verbunden. Niemand hatte in England je versucht, Obdachlose und sozial Benachteiligte zu solchen Aktionen heranzuziehen. Es hätte schlimm enden können, und es bestand die Gefahr, dass man uns vorwarf, wir würden die Ärmsten der Armen ausbeuten oder Drogenmissbrauch, Gewalt, Missbrauch der Sozialhilfe und was sonst alles fördern.

Doch nichts dergleichen geschah. Nach anfänglichen Turbulenzen galt The Big Issue bald schon als Erfolg, vor allem, weil es gut geschrieben und gestaltet war und nicht bloß aus schlechtem Gewissen gekauft wurde. Nach zwei Jahren wurde von der monatlichen auf wöchentliche Erscheinungsweise umgestellt. Bis dahin hatte man rund 1,5 Millionen Pfund gesammelt und gut 1000 Obdachlose als Verkäufer registriert. The Big Issue verhalf den Straßenverkäufern zu einem bescheidenen Einkommen und gab ihnen die Menschenwürde zurück. Die Beschäftigung gab ihnen ein Gefühl der Sicherheit, und mit der Sicherheit kam auch die Freiheit wieder. Heute sind manche Straßenverkäufer bei der Zeitschrift fest angestellt oder arbeiten für eine der zahlreichen Schulungs- und Beratungsstellen, die aus ihr hervorgegangen sind und den Gestrauchelten bei der Suche nach Arbeit, festem Wohnsitz, bei Drogen- oder Alkoholproblemen unter die Arme greifen.

Mit Verstand, Herz und Seele gelang es uns, eine gut funktionierende Partnerschaft mit The Big Issue herzustellen. Es übertraf unsere kühnsten Träume, als wir 1995 erfuhren, dass die Zeitschrift ein eigenes Zentrum gründen wollte, um die kreativen Talente der Verkäufer zu schulen und Ausbildungs-, Erziehungs-, Wiederansiedlungs- und Hilfsprogramme anzubieten.

Hierzulande ist *The Big Issue* heute das Blatt mit dem stärksten Wachstum, bei einer Auflage von immerhin 250000 Exemplaren – eine absolute Spitzenleistung –, die in allen Städten Großbritanniens angeboten werden. Tochterausgaben erscheinen in Leningrad, Kapstadt, Melbourne und Los Angeles, wo sie über den Buchhandel und in Cafés vertrieben werden.

> Subventionspläne der Regierung beziehen selten Finanzhilfen für die Ärmsten, Schwächsten und sozialen Randgruppen ein. Wenn sich die Regierung nicht für sie interessiert, muss die Wirtschaft – die Reichen, Mächtigen und Kreativen – die Verantwortung übernehmen. Wer sonst, wenn nicht wir?

Als wir das Startkapital bereitstellten – The Body Shop stiftete rund 500000 Pfund, um die Zeitschrift zu gründen und auf dem Markt einzuführen –, geschah es ohne jegliche Gegenleistung, die wir auch nie erwartet haben. Doch glaube ich, wir haben damit für andere Branchen ein Zeichen gesetzt. The Body Shop leistet immer noch substanzielle Hilfe, indem das Unternehmen bei Verlusten den Kontostand ausgleicht und für Kredite bürgt, damit *The Big Issue* eigene Redaktionsräume unterhalten kann.

Full Voice

Inzwischen entwickeln wir eine Kommunikationsstrategie, die zu einer regelrechten Verlagstätigkeit geführt hat. Dies betrifft nicht bloß Gesundheits- und Schönheitspflege, sondern eine ganze Reihe von Einzelthemen, die für Kunden von The Body Shop von Interesse sind.

Am Anfang stand eine Serie kleiner Broschüren, die wir unter dem Impressum Full Voice herausgaben. Das erste Full-Voice-Heft war ursprünglich als einmalige Flugschrift gedacht, die unsere Belegschaft mit unserem Ziel vertraut machen sollte, die Selbstachtung zu fördern. Unsere Botschaft lautete: »Mag dich so, wie du bist!«

In den USA hatte ich gelesen, dass Magersucht und Bulimie schon unter ganz jungen Frauen zunehmend verbreitet sind; manche leiden schon mit zwölf daran. Und jedes Mal, wenn sie in einer Frauenzeitschrift blättern und gertenschlanke Supermodels auf jeder Seite finden, bricht ihr Selbstgefühl ein, was ihren Zustand verschlimmert.

Eine Studie aus dem Jahr 1995 ergab, dass 70 Prozent aller Frauen auf Fotos von Supermodels mit Depressionen, Scham- und Schuldgefühlen reagieren.

Mich bestürzte das, und dieses Problem würde mit Sicherheit auch bei unseren Kunden Anklang finden. So kam es, dass wir unser erstes Full Voice produzierten – ein 28-seitiges Heft mit dem Titel *Mein Körper und mein Selbstwertgefühl*. Unsere Botschaft steckte in der herausnehmbaren Doppelseite in der Mitte, unter einem Pin-up-Bild von Ruby – der Anziehpuppe mit normalem weiblichen Körperbau. Es war der Spruch: »Drei Milliarden Frauen sehen nicht wie Supermodels aus, nur acht tun es.« Wir hatten eine Fülle von Daten und Fakten zusammengetragen, mit denen wir aufzeigten, wie wichtig physische und kulturelle Vielfalt und der Unterschied zwischen Ideal und Wirklichkeit sind. Wir stellten fest, dass Fotomodelle noch vor 20 Jahren höchstens acht Prozent weniger auf die Waage brachten als der Durchschnitt aller Frauen, während sie heute 23 Prozent weniger wiegen.

Die erste Ausgabe von Full Voice gefiel mir ausgezeichnet; desto größer war meine Enttäuschung, als sie in den Shops auslag und nur mageres Interesse fand. In unserer Verzweiflung beschlossen wir, das Heft der Zeitung *Independent on Sunday* beilegen zu lassen – und die Reaktion war überwältigend. Plötzlich verlangten alle ein Exemplar – von Frauengruppen über weibliche Strafgefangene bis zu Pfadfinderinnen. Fast über Nacht, so schien es, rückte die weibliche Selbstachtung in den Mittelpunkt, und alle wollten mitreden. Illustrierte, Leitartikler und Politiker nahmen sich des Themas an, zahlreiche Kurse zur »Selbstachtung in der Gemeinschaft« wurden angeboten. In den USA wurde die Broschüre der feministisch-jüdischen Zeitschrift *Lilith* beigelegt, die viel von Medienleuten gelesen wird. Dadurch fand sie auch dort große Beachtung. Später mussten wir das Heft fast in alle Länder der Welt verschicken, und noch heute hört man viel davon reden.

Full Voice war so erfolgreich, dass wir beschlossen, daraus eine Serie zu machen. Die folgende Ausgabe widmete sich dem politischen Engagement, und nacheinander brachten wir Themen wie »Gefahren der Globalisierung«, »Hanf hat's in sich«, die Notwendigkeit von Hilfe durch Handel, die Schrecken der Kinderarbeit in der Dritten Welt. Wie schon gesagt: Leidenschaft ist ein wichtiger Ansporn zur Kommunikation – doch zur Leidenschaft kommt noch hinzu, dass man bereit sein muss, aus Fehlern zu lernen und sich nicht allzu ernst zu nehmen.

> **Full Voice bringt uns dem Augenblick ein Stück näher, an dem wir uns einst von innen nach außen lieben können.**
> Aus einem Brief von The Body Shop in Pleasanton, USA

Führungsstärke gründet wesentlich auf Kommunikations- und Dialogfähigkeit, doch hängt sie auch davon ab, ob man träumen kann und einer Vision folgt – ein klares Bewusstsein seiner Bestimmung hat und anderen aufzeigt, wie sie ihre eigenen Hoffnungen und Wünsche in dieser Vision wiederfinden. Zugleich möchte ich nicht, dass The Body Shop je seinen Sinn für Spaß verliert: Leidenschaft, Spaß und Vision – zur Kommunikation sind alle drei vonnöten.

FÜNFUNDDREISSIG JAHRE UND EIN PAAR ZERQUETSCHTE NACH BEGINN **DER FRAUENBEWEGUNG,** UND NOCH IMMER WIMMELT ES IN **FRAUENZEITSCHRIFTEN** UND IM SCHÖNHEITSBUSINESS VON WERBUNG, DIE UNS MIT BILDERN LÄCHELNDER, PASSIVER FRAUEN BOMBARDIERT, DEREN EINZIGE BOTSCHAFT ZU SEIN SCHEINT:

„HALT'S MAUL, LASS DICH LIFTEN UND ISS KEINEN KRÜMEL MEHR."

Die Diktatur der Schönheitsindustrie

Ruby, das wohlproportionierte Supermodel, das erstmals 1998 in Full Voice erschien, lag noch im selben Jahr in den Schaufenstern unserer Filialen. Seitdem ist sie in Illustrierten, Zeitungen und Fernsehsendern in ganz Europa aufgetaucht und hat auch Australien, Asien und Nordamerika im Sturm erobert.

Ruby war eigentlich eine Schnapsidee, doch dahinter steckte eine ernsthafte Botschaft. The Body Shop hat sie geschaffen, um die Stereotype der Schönheit zu hinterfragen und dem allgegenwärtigen Einfluss der Kosmetikbranche etwas entgegenzusetzen. Damit brachen wir eine weltweite Diskussion über Selbstachtung und Körperbilder vom Zaun. Ruby wollte uns sagen: »Wenn du dich großartig *fühlst, siehst* du auch großartig *aus!*«

> Rubys Anblick sollte die Menschen daran erinnern, dass Schönheit mehr mit Selbstachtung zu tun hat als mit dem Umfang der Oberschenkel.

Rubys Schmäher ließen nicht lange auf sich warten. In den Vereinigten Staaten drohte uns die Spielzeugfirma Mattel mit einer Klage, weil sie behauptete, Ruby sei dem guten Ruf ihres gertenschlanken Verkaufsschlagers, der Barbie-Puppe, abträglich. Es erschütterte mich, dass Ruby als Beleidigung für Barbie aufgefasst werden konnte – die bloße Vorstellung, eine seelenlose Puppe könne den Ruf einer anderen schädigen, erschien mir aberwitzig. Doch dann fing man in Hongkong an, Ruby-Plakate aus den Nahverkehrs-

Notizen für meinen Artikel in der *Daily Mail*, Februar 2000.

zügen zu verbannen, weil die Behörden meinten, sie könne die Gefühle der Passagiere »verletzen«. Dass in den Abteilen die weit verletzenderen Fotos blonder, silikonverstärkter Busenwunder vor aller Augen hängen blieben, versteht sich von selbst.

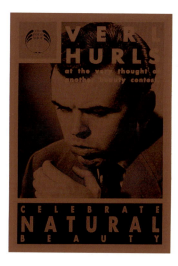

Da haben Sie, auf eine kurze Formel gebracht, meine Beziehung zur Schönheitsindustrie: Sie macht mich wütend. Nicht bloß, weil es eine Branche ist, die von Männern dominiert wird und Bedürfnisse weckt, die eigentlich nicht existieren, sondern wegen dem, was sie schlimmstenfalls anrichtet. Es scheint, als habe die Schönheitsindustrie irgendwann beschlossen, Frauen müssten unglücklich mit ihrem Aussehen sein. Sie spielt mit Unsicherheit und Selbstzweifeln über ihr Image und Alter, indem sie ihnen unerreichbare Ideale der Schönheit und Jugend vorgaukelt. Sie blendet uns mit Wissenschaft, ohne uns praktische Informationen zu geben, die wir benötigen. Und für Frauen außerhalb der weißen, mitteleuropäischen Rasse hat sie selten etwas übrig. Aber ich glaube, eine Branche, von der sich so viele verunsichern lassen, darf sowieso nicht von sich sagen, dass sie die Frauen hege und pflege, *egal* welcher Kultur sie entstammen.

Leonard Lauder, der Sohn von Estée, hat sich einmal geweigert, in der feministischen Illustrierten *Ms* zu inserieren und dies damit begründet, dass seine Produkte eher etwas für »die gepflegte Weiblichkeit« seien. Was für ein bizarres Signal an potenzielle Kundinnen! Sicherlich hat er den Spott längst bereut, doch ein unguter Nachgeschmack bleibt. Dies und vieles andere erhärtet bis heute meinen Argwohn gegen die Industrie der Schönheit.

Traumhafte Körper...

Zu den faustdicken Lügen der Schönheitsindustrie gehört, es ließen sich mithilfe einer Gesichtscreme die Zeiger der biologischen Uhr zurückdrehen. Und obwohl dies dem gesunden Menschenverstand Hohn spricht, haben sich Millionen Frauen – und nicht zu vergessen Männer – davon blenden lassen. Wer möchte wohl nicht gern an Patentlösungen wie die Verheißung im Tiegel glau-

Ehrlichkeit ist das beste Image.

Ziggy (Tom Wilson)

ben? Es gibt keine Hautcreme der Welt, die einer 50-Jährigen den Schmelz der Jugend zurückgibt. Doch aus irgendeinem Grund schafft es die Schönheitsindustrie, uns diesen Schwindel einzureden. Aus irgendeinem Grund lassen wir es uns gefallen, wenn unser Fleisch als aufgeschwemmt und reparaturbedürftig hingestellt wird. Aus irgendeinem Grund lassen wir zu, dass man uns Jugendlichkeit als Ideal entgegenhält. Wir akzeptieren, dass diese Branche Millionen und Abermillionen verschleudert, um zweifelhafte Elixiere anzurühren, die uns von Phänomenen wie Zellulitis und Alterung – natürlichen Prozessen, denen alle Frauen unterworfen sind – »heilen« sollen, ohne dass die *wahren* Lektionen der Gesundheitspflege verbreitet würden. **Wieso widmen Wellnessmagazine der Zellulitis endlose Kolumnen, statt endlich die Bemühungen der Tabakindustrie anzuprangern, ihre weibliche Kundschaft zu vergiften?**

... hübsches Fleisch

Dass heutzutage viele Frauen ihren Körper als unzulänglich empfinden, belegt zweifelsfrei, dass die Strategie der Schönheitsbranche aufgegangen ist. In unserer Welt kann etwas nicht stimmen, wenn die Hälfte aller elfjährigen Mädchen mit ihrer Figur unzufrieden ist, wenn schon Acht- und Neunjährige Symptome von Magersucht zeigen und wenn Spaßvögel in den Medien auftreten wie dieser Doktor aus Manhattan, der kürzlich den zynischen Spruch losließ, es sei »wichtiger, schlank zu sein als am Leben«. Ich will nicht behaupten, die Schönheitsindustrie sei unmittelbar verantwortlich für die epidemische Ausbreitung von Essstörungen – ganz so einfach liegen die Dinge nicht. Doch mir scheint, sie will sich der Verantwortung gegenüber ihrer Kundschaft nicht stellen.

Die Statistiken nehmen sich beunruhigend aus. Die US-Diätindustrie ist jährlich 77 Milliarden Dollar wert. Über die Hälfte der weiblichen Bevölkerung der USA kauft ihre Produkte, und bei einer Umfrage unter zehnjährigen Mädchen wurde festgestellt, dass schon 80 Prozent von ihnen auf Diät sind. Und doch verfehlen 98 Prozent all derer, die Produkte und Dienstleistungen dieser Industrie in Anspruch nehmen, ihr »Idealgewicht«. Mit anderen Worten, diese Produkte und Dienstleistungen sind unzweckmäßig. Die Diätbranche ist die fünftgrößte in Amerika und vermutlich einer der größten Marketingtriumphe der Geschichte. Dennoch verkauft sie nichts als Selbstzweifel. Unablässig und mit wachsendem Erfolg hat sie die Seelen und Körper von Millionen Frauen in allen Welt erobert.

… hübsche Falten

Die allgegenwärtige Dominanz von Jugend und herkömmlichem Glamour schafft eine herzlose Gesellschaft, in der Frauen mit zunehmendem Alter ihren Status verlieren. Hand in Hand haben uns die Medien und die Schönheitsindustrie unseren eigenen Körpern entfremdet – unserem Leben ebenfalls. Stressspuren und Falten zeigen, wie hart wir gearbeitet haben, zu Hause und im Beruf, dass wir Kinder großgezogen haben, gern gut essen und ab und zu ein Gläschen trinken, dass wir gelacht, geweint und uns durchgesetzt haben. Sie sind nur Symptome dessen, was unserem Leben erst Sinn gibt. Und doch soll die *Weisheit*, die wir gewonnen haben, verglichen mit dem Aussehen nichts wert sein?

Ich halte es für meine Aufgabe und für die Aufgabe aller Frauen meines Alters, den Begriff der Schönheit neu zu definieren. Auch der Prozess des Alterns fordert sein Recht. Wir müssen eine neue Botschaft verbreiten.

Wir müssen uns selbst sagen: »Wenn du wirklich nie Falten haben wolltest, hättest du schon vor Jahren mit dem Lächeln aufhören müssen!«

In meiner Idealwelt wäre es ein Grund zu feiern, wenn man alt wird, denn es gehört zu den wichtigsten Elementen, die unser Menschsein ausmachen.

Sollte unsere Kultur auf einen Kult der ewigen Jugend hinauslaufen, wäre es ein sonderbares Ziel. Denn im Jahr 2025 wird fast ein Viertel der britischen Bevölkerung über 65 Jahre sein. In England sind Frauen mit 65 und darüber die am schnellsten wachsende Bevölkerungsgruppe. Mir scheint, wir sollten keine Vorurteile gegen das Altern züchten, sondern nach dem Silberstreif am Horizont suchen – oder nach dem Goldenen Plan, wie in Japan die sozialen und medizinischen Forschungsprogramme heißen, mit denen die Gesellschaft sich darauf einstellt, dass länger leben künftig heißt, ein erfüllteres Leben zu führen.

Unerfüllbare Wünsche wecken

Heutzutage werden wir durch die Kosmetikbranche einem ständigen Ansturm von Firlefanz ausgesetzt, der uns in 30 000 Anzeigen pro Tag behelligt. Das meiste davon soll Frauen ansprechen. Und da fast jede Zeitung, jedes Magazin, jede Plakatwand mit Frauen wirbt, kann man schon von Manipulation sprechen. Wer den Körper der Frauen manipulieren kann, beeinflusst auch ihr Denken. Auf jeder Ebene bemüht sich die Kosmetikbranche um Perfektion, doch die verhaltene Botschaft lautet: »Wir bestimmen über dein Aussehen!« Wenn wir aussehen wie wir selbst, sehen wir alle verschieden aus; doch unter dem Diktat der Schönheitsbranche gleichen wir uns einander an. Jede Nasenkorrektur, jedes Facelifting ähnelt wie ein Ei dem anderen; alle scheinen von der Homogenität inspiriert und vom uniformierten Erscheinungsbild. Wo bleibt da die zu rühmende Schönheit?

Für Schönheitsprodukte zu werben ist kinderleicht. Hier eine Schritt-für-Schritt-Anleitung:

1. Sie erfinden eine Lotion, die sich auf der Haut gut anfühlt. (Dass sie eigentlich nutzlos ist, spielt keine Rolle. Hauptsache, man tut, als könne sie Wunder wirken.)
2. Fotografieren Sie eine schlanke, athletische Frau mit hohen Wangenknochen und retuschieren Sie den Abzug so, dass keine Falten, Zellulitis oder anderes unangenehmes Beiwerk mehr zu erkennen sind.
3. Platzieren Sie das Produkt neben der Frau und überlassen Sie dem arglosen Betrachter die Schlussfolgerung, das eine hinge ursächlich mit dem anderen zusammen.
4. Den Einwand, dem weiblichen Teil der Bevölkerung werde damit suggeriert, sich klein und hässlich zu fühlen, weisen Sie als unsachlich zurück. Rückschlüsse von Ihrer Werbung auf das seelische Wohlbefinden junger Frauen tun Sie als absurde Verdächtigung durchgedrehter Emanzen ab.

Der Fluch des Supermodels

Die Inhaberin einer amerikanischen Modelagentur Eileen Ford wird mit den Worten zitiert: »Models haben keinen negativen Einfluss auf Frauen. Sie haben einen positiven Einfluss, weil sie Maßstäbe setzen. Natürlich wird dadurch nicht jede Frau zum Fotomodell, aber sie wird versuchen, das Beste aus sich zu machen. Denn Models setzen Maßstäbe. Wer glaubt, erstklassig auszusehen, sich erstklassig zu fühlen, umgibt sich mit einer Aura von Selbstsicherheit und Selbstvertrauen. Das ist es, was Models für Frauen leisten.«

Das, was Eileen mit der Aura meint, könnte ich gerade noch unterschreiben. Aber was ist mit all dem Übrigen? Hier liegt Eileen vollkommen daneben. Ihre Monstrosität ist alles, was »Super«-Models auszeichnet. Wenn man bei einer Modenschau im Publikum sitzt und zum Laufsteg emporblickt, beginnt man zu verstehen, weshalb die normalen menschlichen Proportionen in der Modebranche nicht ausreichen. Designer, Fotografen, Kameraleute und wer sonst noch alles brauchen diese unnatürlich langen Gliedmaßen, um die Illusion harmonischer Proportionen zu erzeugen. Ich weiß noch, wie vor einigen Jahren die Schauspielerin Sharon Stone die Kreationen des Designers Valentino in Paris vorführte. Sie ist eine durchschnittliche, relativ attraktive Frau, doch nach den unmenschlichen Maßstäben der großen Modenschau wirkte sie wie grausam verstümmelt. Was haben die Modezaren gelacht!

Natürlich wollen uns die Werbefritzen glauben machen, ihr exotisches Schönheitsmodell sei im Handumdrehen mit einem Klacks Creme im Gesicht für jeden erreichbar. Das ist zwar nur ein Hirngespinst, aber keineswegs harmlos, denn es kann zur Obsession werden. Und dann zerstört dieser ganze idealisierte Schönheitsblödsinn eben die Leute, die angeblich verherrlicht werden sollen. **Vielleicht ist das ein weiterer Grund, weshalb es in England heute 3,5 Millionen Magersüchtige und Bulimiekranke gibt.** Kein Wunder, dass Frauen heute weit eher Gefahr laufen, psychische Probleme zu kriegen. Und weshalb das alles? Für ein enges und einengendes Schönheitsideal, das unsere Eigenart verdrängt und unsere persönliche Entwicklung behindert?

Die englische Medizinerzeitschrift *Lancet* berichtete kürzlich, dass zwischen Körperselbstbild und Essstörungen ein direkter Zusammenhang besteht, und brachte erschreckende Statistiken: Von 250 Mädchen in der Pubertät entwickelt eines Symptome der Magersucht. 48 Millionen Amerikanerinnen leben auf Diät, ebenso wie 30 Prozent der weiblichen Bevölkerung Australiens. Wenn sie gefragt werden, was ihre Selbstachtung ausmacht, sprechen viele Frauen von ihrem Körperbild als Faktor, der weit vor Intelligenz, interessanter Biographie, Unabhängigkeit und Begabung rangiert. Magersucht und Bulimie sind inzwischen ein Medienstoff von eigenem perversem Reiz geworden. Hätte die Presse so lüstern von der Krankheit Prinzessin Dianas berichtet, wenn es etwas anderes gewesen wäre als medienwirksame Essstörungen?

Die junge Generation von heute ist vertrauter mit Reklame, erfahrener mit den Medien und mehr von Bildern gesättigt als jede andere zuvor. Die durchschnittliche Frau von 35 Jahren hat zu ihren Lebzeiten rund 150 000 Anzeigen gesehen – und vermutlich ist sie deshalb unzufrieden mit sich selbst. Und wenn man bedenkt, dass ein Fünftel der Weltbevölkerung regelmäßig die Folgen der TV-Serie *Baywatch* verfolgt, kann kaum noch überraschen, dass Frauen ihren Körpern entfremdet sind.

Den Mut aufbringen, anders zu sein

Bei The Body Shop ist das Thema Schönheit kein müßiger Zeitvertreib elitärer Perfektionisten. **Für uns ist Schönheit ein Faktor der gesunden Lebensführung. Sie hat in erster Linie mit Charakter zu tun, mit Neugier, Phantasie und Humor – kurz, sie ist aktiver, weltläufiger Ausdruck all dessen, was wir an uns selbst mögen.** Immer wieder haben wir uns bemüht, den Tendenzen der Industrie gegenzusteuern. Wir wollen Frauen um ihrer selbst willen würdigen, statt sie zum Idol zu erheben. Beim Verkauf von Kosmetika beschränken wir uns auf ein Minimum an Aufmachung und Reklame und favorisieren Gesundheit stärker als Glamour, bieten Wirklichkeit statt des zweifelhaften Versprechens einer Jungbrunnenkur im Instantverfahren. Von Anfang an haben wir uns bemüht, offen zu legen, welche Produkte wir verkaufen und welche Vorteile sie bieten. Wir lassen uns nicht zwingen, dem Rest der Branche nachzueifern und mit den üblichen faulen Tricks zu operieren.

Wir tun alles, was in unseren Kräften steht, um das Konzept der Weiblichkeit infrage zu stellen, das die Schönheitsindustrie propagiert. Demgegenüber treten wir für mehr Selbstachtung und Aufgeschlossenheit ein, für kulturelle und physische Vielfalt, und fordern dazu auf, die einzigartige Beschaffenheit zu akzeptieren, die jeden von uns unverwechselbar macht. Unsere Kultur verkümmert, wenn die Schönheitsindustrie Produkte anpreist, die vergessen machen sollen, wie Frauen aussehen – anstatt die Frauen selbst zu preisen. Es fällt auf, dass Frauen in unserer modernen Gesellschaft kaum noch bewundert werden; man gewöhnt sie daran, sich selbst unscheinbar zu fühlen. In der Geschichte fanden herausragende Frauen nicht selten ein schreckliches Ende. Drei Millionen wurden zur Zeit des Hexenwahns auf dem Scheiterhaufen verbrannt, bloß weil sie Heilkräuter

Ich bin es leid, mir den Blödsinn anzuhören, wonach meine Schönheit nur oberflächlich sei und nicht unter die Haut gehe. Die Haut reicht doch wohl. Was wollen Sie denn noch? Eine attraktive Bauchspeicheldrüse?

Jean Kerr

sammelten, Hebammendienste leisteten oder als weise galten. Was hat die Kosmetikbranche bisher getan, um diesen Teil der Kulturgeschichte aufzuarbeiten?

Das Schönheitsgeschäft neigt dazu, Produkte zu verklären, als handle es sich um das heilige Fleisch und Blut des Erlösers. Und sie rechtfertigen ihre Taktik mit den Mitteln des pseudomedizinischen Marketings. Immer müssen sie so tun, als wären sie ein Nebenzweig der pharmazeutischen Industrie. Sie könnten es machen wie wir und erklären, dass jede herkömmliche Creme vor dem Austrocknen schützt. Sie könnten wie wir die Leute zum Kauf von Produkten ermuntern, weil sie gute Bestandteile haben oder aus der Dritten Welt kommen. Aber nein, sie bieten uns pseudomedizinische »Beweise« für lachhafte, maßlos übertriebene Behauptungen.

> Egal, welche chemische Formel auf dem Etikett steht: Keine Creme kann Ihren Busen vergrößern oder Ihre Schenkel dünner machen. Kein Shampoo der Welt hilft gegen Spliss, was immer die Hersteller vorgeben. Wenn Sie Spliss loswerden wollen, lassen Sie sich am besten das Haar schneiden. Ein Shampoo taugt nur zum Haarewaschen. Und zu sonst gar nichts.

Weltweit werden über zehn Milliarden Pfund im Jahr für Pflegemittel und Kosmetika ausgegeben. Ein wesentlicher Anteil davon geht in Hautcremes und -reiniger. Feuchtigkeitscremes sind tatsächlich die einzigen Hautpflegemittel, die zu etwas gut sind – sie verhindern, dass die Haut austrocknet. Doch jünger aussehen werden Sie dadurch nicht. Wir erklären das auch unserer Kundschaft. Hilft uns das beim Verkaufen von Hautcremes? Vermutlich nicht. Hilft es dabei, Fältchen ins richtige Licht zu rücken, den Prozess des Alterns besser zu verstehen? Ich hoffe doch.

In unseren Shops in Kalifornien gehen wir sogar einen Schritt weiter und werben dafür, dass man die eigenen Altersfältchen annimmt und würdigt. Das meiste, was wir mit Alterungsprozess meinen, hängt mit der Einwirkung des Sonnenlichts zusammen. Deshalb ist das wirksamste Anti-Ageing-Produkt ein Sonnenhut. **Das ist gemeint, wenn wir sagen: Unsere Verantwortung für die Kunden geht über die reine Schönheitspflege hinaus. Wir möchten ihre gesamte Persönlichkeit würdigen.**

Dem Instinkt alle Ehre

Wenn ich mit Frauen in anderen Teilen der Welt zusammen bin, finde ich schnelleren Zugang zu ihnen durch das Erzählen von Ritualen, die allen gemeinsam sind; die großen – Geburt, Heirat und Tod – und die kleineren, wie Reinigen und Pflege von Körper und Haut. Frauen in Polynesien, Frauen in Afrika, Frauen auf Sri Lanka: sie alle nutzen Haut- und Haarpflege als Vorwand, sich zu treffen, in fröhlicher Runde zu sitzen und Geschichten auszutauschen, denn Frauen sind geborene Erzählerinnen. In manchen Kulturen ist das ihre Hauptaufgabe, wenn sie älter werden.

Solche Rituale sind Stationen einer Reise, auf der wir fast alle Schönheitsbegriffe unserer westlichen Kultur infrage stellen müssen. Es zeigt sich, dass nichts weniger als das Überleben unserer Gattung davon abhängt, ob wir Vielfalt anerkennen und billigen – in der Kultur, der Biologie oder wie wir es sonst nennen mögen. Deshalb sind die Rituale der Schönheit eigentlich wichtiger als die Produkte. Sie geben uns einen Mittelpunkt, bringen unsere Selbstachtung zum Ausdruck und helfen uns, soziale Bindungen einzugehen.

Ähnliche Impulse finden wir auch in unserer eigenen Kultur. Als ich noch jung war, borgte man sich gegenseitig den Lidschatten oder kämmte sich die Haare, und solche Intimität führte naturgemäß zum Austausch von Erlebnissen und Geschichten. Von der Wahl eines Produkts über das Ritual des Auftragens bis zum prüfenden Blick in den Spiegel war alles dazu angetan, sich mit der Pflege etwas ganz Besonderes zu gönnen. Das Ergebnis war, gut auszusehen und sich besser zu fühlen, zufriedener mit sich selbst. Dabei werden spirituelle Kräfte freigesetzt. Und wenn ich ehrlich sein soll, es kotzt mich an, dass die Schönheitsindustrie diese Magie missbraucht.

Im Auge des Betrachters
So merkwürdig es klingt: Die Vorstellung, dass Schönheit durch die äußere Erscheinung definiert wird, ist erst 200 Jahre alt.

> Die Vorstellung, Schönheit sei nichts als eine bestimmte Anordnung äußerer Merkmale, ist hanebüchen: Schönheit ist Vitalität, Lebhaftigkeit, Mut, Energie und Mitgefühl dazu – alles, was Frauen positiv auszeichnet. Sie ist keine passive Eigenschaft und mehr als die Kombination von hohen Wangenknochen und Bienenstichlippen.

Eigentlich müsste das sofort einleuchten, wenn man sich einmal umhört, was in anderen Teilen der Welt für schön gehalten wird. Schönheit ist alles andere als universell. Beispielsweise schwärmen die Maoris für wulstige Schamlippen, während die Padung bei Hängebusen Stielaugen kriegen. In Kenia habe ich gesehen, wie hübsche Hände und Füße die Swahili-Männer verrückt machen – einfach deshalb, weil sie von ihren verschleierten Frauen nicht viel anderes zu sehen kriegen. Die Ashanti schätzen Frauen als besonders verlockend, die man in unseren Breiten zumindest drall nennen würde. Dasselbe lässt sich von vielen westafrikanischen Stämmen sagen, wo Korpulenz zu den wichtigsten weiblichen Reizen zählt, mit ausladenden Brüsten und Fettsteiß. Und es ist die angesammelte Weisheit des weit vorgeschrittenen Alters, die junge Aborigines an Frauen attraktiv finden.

Die Mode- und die Schönheitsbranche haben, wie ich finde, nie die Chance ergriffen, solche kulturelle Vielfalt zu würdigen. Sie machen Geschäfte damit, Hoffnungen und Sehnsüchte auf leicht vermarktbare Formeln zu beschränken. Deshalb begnügen sie sich mit oberflächlichen oder überflüssigen Aspekten. Sie müssen einen Idealtypus der Figur, der Größe und der Haut als Maßstab durchsetzen, an dem sie ihre Produkte messen. Dass ihr Urteil verbürgt oder für moderne Frauen überhaupt von Belang ist, möchte ich stark bezweifeln.

Nicht aufhören!
Die Schönheitsindustrie hat uns allen einen Bärendienst erwiesen, indem sie nur zwei Elemente hervorhebt: die äußere Erscheinung und den Zeitfaktor. Dabei wissen wir nur zu gut, wie schnell die Ansprüche der Jugend und der äußeren Erscheinung in Tyrannei enden. Frauen glauben oft, Eindruck mit ihrem Aussehen schinden zu müssen, denn danach werden sie beurteilt. Doch inzwischen lassen immer mehr Frauen in meinem Alter dieses Denken hinter sich. Von ihnen höre ich: »Wir möchten nicht bloß nach dem ersten Augenschein eingeschätzt werden; berücksichtigt auch unseren Geist, unseren Humor, unseren realistischen Sinn für das, was im Leben zählt!«

**Wir verlangen von der Schönheitsindustrie eine Neudefinition der Schönheit – eine, die Eigenart und Mannigfaltigkeit berücksichtigt, statt einen körperlichen Idealzustand zu propagieren.
Es wird Zeit für eine ganzheitliche Betrachtung, die zugleich Körper *und* Seele, Geist *und* Charakter gelten lässt.**

Das Konzept der »Reife«, wie es uns verkauft wird, ist deshalb so problematisch, weil es einen festen Zustand des Seins voraussetzt. Es wird zur Ent-

Je älter ich werde, desto mehr scheint mir die Kraft gegeben, der Welt zu helfen; ich bin wie ein Schneeball: Je weiter ich gerollt werde, desto mehr gewinne ich dazu.

Susan B. Anthony

schuldigung dafür, stehen zu bleiben. In Wahrheit bleiben wir nicht stehen und könnten all die Chancen wahrnehmen, uns zu verändern und über uns hinauszuwachsen. Die Senioren von heute werden sich dessen zunehmend bewusst. Wie immer sprechen Statistiken für sich. In England gehen heutzutage 55 Prozent mehr Frauen im Alter von 45 bis 55 ins Kino als noch vor fünf Jahren. Die Beliebtheit der Fitnessclubs ist in den letzten zehn Jahren bei den 45- bis 49-Jährigen um 55 Prozent gestiegen (verglichen mit einer Steigerung von nur 25 Prozent bei den 25- bis 29-Jährigen).

Dies alles stützt meine These, dass richtig verstandene Schönheit mit Selbstachtung, Freude, Staunenkönnen und innerer Festigkeit eng verbunden ist. Der Augenschein allein macht es nicht. Man kann sich in Gesellschaft der schönsten Frauen der Welt befinden und sich trotzdem nach fünf Minuten zu Tode langweilen. Dagegen wird bei einer lebhaften Frau, die nicht hübsch zu sein braucht, der Charme und der Charakter ihrer Persönlichkeit stets zur Geltung kommen. Ich glaube, wahre Schönheit hat mehr mit innerer Harmonie zu tun als mit einem idealen Arrangement körperlicher Eigenschaften.

Ich bin jetzt 57 und sehe aus, wie man mit 57 aussieht. Mein Haar ist dünner geworden. Meine Figur hat sich verändert, Falten durchziehen mein Gesicht. Das Älterwerden hat mich ganz unverhofft erwischt, was eigentlich merkwürdig ist, wo ich mich doch seit jeher vor dem »letzten Vorhang« fürchte. Doch zugleich habe ich Veränderungen immer geliebt, und mit zunehmendem Alter gab es eine kleine Serie von Neuanfängen für mich. Wagemut und Neugier, die einem als Kind so nützlich sind, halten unvermindert an, wenn man älter wird. Manchmal kommt es mir vor, als hätte ich mit meinen Enkelkindern mehr gemein als mit vielen »reifen« Erwachsenen meines Jahrgangs. So bleibt mir die zwanghafte Beschäftigung mit dem Altwerden erspart: Ich möchte in jeder Phase meines Lebens lieben und geliebt werden. Auch Frauen meines Alters wollen als sexuelle Wesen gesehen werden, wobei wir nicht blindlings der Jugend verfallen. Wie die meisten Frauen in den Fünfzigern interessiert es mich mehr, dass man mir zuhört, als dass man mich anglotzt. Ich bin nicht hier, um optisch zu überzeugen, sondern mit dem, was ich zu sagen habe.

Was die Leute wirklich denken
Die Stellungnahme von The Body Shop zum Schönheitsthema wurde von einer Gallup-Umfrage in Großbritannien flankiert. Über die Hälfte aller

Frauen (53 Prozent) gaben an, sie hielten »Sinn für Humor« für die attraktivste weibliche Eigenschaft; gefolgt von »Temperament« (15 Prozent) und »Intelligenz« (12 Prozent). Selbstachtung, Sinn für Humor, Weisheit und Intelligenz lagen deutlich vor gutem Aussehen und guter Figur. Diese Zahlen machen deutlich, weshalb sich immer mehr Frauen – junge wie alte – gegen Geschlechterstereotype zur Wehr setzen und sich aktiver für Basisbewegungen engagieren, beispielsweise in der Lokalpolitik, beim Umweltschutz, im Kampf gegen Missbrauch und Vergewaltigung, für Obdachlose oder in anderen sozialen Problembereichen.

Neben der Haltung, die Frauen zu sich selbst einnehmen, wurde in dieser Studie auch untersucht, wie sie zur Kosmetikbranche stehen. Die Ergebnisse legen den Schluss nahe, dass die Schönheitsindustrie von Frauen einfach nichts versteht. **Die Frauen sprachen sich klar für Ehrlichkeit als beste Strategie der Kosmetikunternehmen aus, nicht bloß hinsichtlich der Inhaltsstoffe, sondern auch, was realistische Produkterwartungen angeht.** Das Bedürfnis nach Ehrlichkeit wurde noch dadurch unterstrichen, dass 70 Prozent der Befragten überzeugt waren, dass Fotomodelle in der Kosmetikwerbung dazu da sind, Verbraucher über die Wirkung der Produkte zu täuschen.

Eine strahlende Zukunft?

Die US-Regierung steckte zwei Milliarden Dollar in das Humangenom-Projekt, das sich die Entschlüsselung der 100 000 menschlichen Gene zur Aufgabe gemacht hatte. Die Forscher, die den Ursachen von Krankheiten und Abnormitäten auf die Spur kommen wollen, haben bereits rund 250 genetische »Defekte« ausgemacht. Wir haben das Jahrhundert der Physik hinter uns und kommen in das neue Zeitalter der Biologie, das uns prophezeit, den Körper des Menschen zu verwandeln, medizinische und physische Probleme auszumerzen – wobei nach wie vor die innere Sphäre vernachlässigt wird.

Schon jetzt leben wir in einer Welt voller gestylter Träume und Sehnsüchte, sodass wir Leib und Seele mit Drogen, Fitnessprogrammen und Schönheitsoperationen aufmotzen müssen. In Kalifornien belohnen Väter ihre minderjährigen Töchter mit einer Nasen- oder Kinnkorrektur, und man kann die Körpergröße des Kindes durch Verabreichung von Wachstumshormonen beeinflussen. Doch das erschreckendste Phänomen ist für mich die Umfrage der Zeitschrift *Newsweek*, bei der elf Prozent der Eltern meinten, sie würden abtreiben lassen, wenn sie wüssten, dass sie ein zur Korpulenz neigendes Kind erwarten.

> Der so genannte Fortschritt hat uns neue Erkenntnisse über unser körperliches Selbst gebracht. Aber wissen wir jetzt eigentlich mehr über die Seele?

Ich zweifle nicht daran, dass es Wissenschaftlern eines Tages gelingen wird, den Alterungsprozess aufzuhalten. Arthur C. Clarke schätzt, dass wir gegen Ende dieses Jahrhunderts das Geheimnis der Unsterblichkeit entdeckt haben. Der Autor von *2001: Odyssee im Weltraum* kann auf eine ganze Reihe von Prognosen zurückblicken, die minutiös eingetroffen sind. Ich wäre also bereit, ihm aufs Wort zu glauben, auch wenn ich nicht gelesen hätte, was die Zeitschrift *Wired* kürzlich in einem aufrüttelnden Artikel über den neuesten Forschungsstand zur Lebensverlängerung veröffentlichte. Aber eines werde ich niemals glauben: dass das Mittel gegen das Altern – ob wir nun 100 oder 1000 Jahre alt werden sollten – in der »wundersamen« Zutat einer Traumcreme entdeckt wird.

Selbst wenn die Anti-Ageing-Technologie dafür sorgt, dass uns mehr Zeit zur Verfügung steht – beispielsweise für die Entscheidung, einen Job aufzugeben, unseren Partner zu verlassen oder ein Kind großzuziehen –, werden sich vermutlich doch die meisten Menschen nach wie vor fragen: Wie gehe ich am besten mit dem Altwerden um? Soll ich es bekämpfen oder mich darüber freuen? Und wenn ich mich umhöre, stelle ich fest, dass Frauen in den Vierzigern und Fünfzigern schon heute bessere Antworten darauf haben als Facelifting.

Im Rückblick auf das 20. Jahrhundert scheint diese Epoche von einem Zwiespalt geprägt. Vom Zwiespalt zwischen Verstand und Gefühl, Leib und Seele. Vielleicht wird das neue Jahrhundert deshalb von Sehnsucht ergriffen, alles wieder zusammenzufügen, zu den alten Bindungen zurückzukehren, die Gemeinschaften wiederherzustellen. Ich höre oft vom Heraufdämmern einer neuen, integrativen Kultur, die Mensch und Umwelt, Fleisch und Geist, Gemeinschaften mit anderen Gemeinschaften in aller Welt miteinander aussöhnt. Ich wäre auf jeden Fall dafür. Kann sein, dass wir dann wieder neugieriger werden auf das, was in unserem Inneren vorgeht, statt am Äußeren des Körpers zu kleben, und Antworten auf das Altern suchen, die kreativer sind als das, was die Kosmetik bietet.

Lasst uns das Geld also lieber für eine gute Flasche Wein ausgeben, Freundinnen zum Gespräch einladen – mit denen wir lachen können. Das Lachen der Frauen untereinander kann so lehrreich sein. Es ist das Wiedererkennen von Freiheit und Freundschaft.

Und wenn wir alt sind, werden wir noch radikaler werden – wie es unserer Bestimmung entspricht. Vergessen wir nicht, was Dorothy Sayers gesagt hat: »Eine Frau in fortgeschrittenem Alter lässt sich von keiner irdischen Macht unterkriegen!«

Eine Gutenachtgeschichte

Es war im Jahr 1997. Ich wartete auf dem Flughafen Denver auf einen Anschlussflug nach Santa Barbara und verschwand auf der Toilette, wo mir eine Frau mit Bart begegnete. Nicht bloß ein bisschen Flaum an der Oberlippe, bewahre – im ganzen Gesicht spross das Barthaar. Meine natürliche Reaktion war, sie zuerst für einen Mann zu halten, der sich in der Tür vertan hatte. In meiner Einbildung liegen bärtige Damen und Zirkus dicht beieinander, und so war es denn auch: Jennifer arbeitete im Zirkus, ihrem eigenen – zwölf Akrobaten, eine kleine Manege. Doch das war das Einzige an ihrer Geschichte, was ich mir im Vorhinein denken konnte.

Jennifer war bei Mutter und Großmutter aufgewachsen, und beide waren flexible, unkonventionelle Erziehungsberechtigte gewesen. Man brachte ihr bei, wie wichtig und schön es sei, sich nicht anders zu geben, als man ist. Deshalb unternahm sie zunächst nichts gegen das bisschen Flaum an Wangen und Oberlippe, das sie als Teenager bekam. Mit Anfang 20 versuchte sie es mit einer ätzenden Spezialbürste, was ihr wie eine Selbstverstümmelung vorkam und sie nur in der Überzeugung bestärkte, ihr Bart sei kein Fluch, sondern eine Prüfung. Als ich sie kennen lernte, war sie Mitte 30. Keine Frage, dass ihr Leben nicht leicht gewesen ist. Als Twen hatte sie sich von der bösen Welt zurückgezogen, sowohl dem College als auch einer Berufsausbildung den Rücken gekehrt. Daher war sie schlecht gerüstet, nach dem Vorbild ihrer Mutter Lehrerin zu werden, sosehr sie es sich gewünscht hätte. Freilich hätte ihr der Bart, der jeden ihrer Schritte in die Öffentlichkeit zur Tortur machte, den Beruf nicht gerade erleichtert. Jennifer gewöhnte sich an, aufs Herrenklo zu gehen, um dummen Fragen auszuweichen. Oder sie ging mit einer Freundin zu den »Damen«, damit man sie sprechen hörte und dadurch als Frau identifizierte.

Sie werden vielleicht fragen, was soll's? Soll sie das Ding abrasieren und basta! Mir fielen die Japanerinnen ein, die ich kennen gelernt hatte und die sich das Gesicht tagtäglich mit winzigen rosafarbenen Nassrasierern glätten, womit sie dafür sorgen, dass die Haarwurzeln erst recht Fuß fassen. Auch Jennifer hatte sich ein- oder zweimal rasiert, aber gerade dann fühlte sie sich verunsichert, als könnten die Leute glauben, sie wolle Unvollkommenheiten verbergen, was ihr sowieso nie gelingen würde. Ohne Rasur fühlte sich Jennifer unbezweifelbar eins mit sich – so, wie Gott sie geschaffen hatte, im Innersten unabhängig und einmalig. Sie lernte, humorvoll mit ihrem besonderen Merkmal umzugehen.

Mir gefiel ihre Haltung zum Leben, und ich war beglückt, dass ich noch mit 50 etwas dazulernen konnte – nämlich, unter welch widrigen Umständen Jennifer den Entschluss gefasst hatte, Feministin zu werden.

Begegnungen wie diese, bei denen mir Menschen erzählen, wie sie mit ihren unabänderlichen Körpereigenschaften zurechtkommen, können sehr erhebend sein. Mir scheint, dieser Geist ist das Gegenteil von dem, was die Schönheitsindustrie will.

WEIL FRAUENARBEIT NIE FERTIG WIRD

UND UNTERBEZAHLT ODER UNBEZAHLT ODER LANGWEILIG ODER GLEICHFÖRMIG IST UND UNS ALS ERSTEN GEKÜNDIGT WIRD UND WIE WIR AUSSEHEN WICHTIGER IST ALS DAS, WAS WIR LEISTEN, UND ES, WENN WIR VERGEWALTIGT WERDEN,

UNSERE EIGENE SCHULD

IST, UND WENN WIR VERPRÜGELT WERDEN, HABEN WIR ES PROVOZIERT, UND WENN WIR WIDERSPRECHEN, SIND WIR **NERVENSÄGEN**, UND WENN WIR SEX GENIESSEN, SIND WIR **LÜSTERN**, UND WENN NICHT, SIND WIR **FRIGIDE**, UND WENN WIR ANDERE FRAUEN LIEBEN, DANN NUR, WEIL WIR KEINEN »RICHTIGEN« KERL ABGEKRIEGT HABEN, UND WENN WIR UNSEREN ÄRZTEN ZU VIELE FRAGEN STELLEN, SIND WIR **NEUROTISCH** ODER LÄSTIG, UND WENN WIR FÜR ÖFFENTLICHE KINDERGÄRTEN DEMONSTRIEREN, SIND WIR **AGGRESSIV** UND VERHALTEN UNS »UNWEIBLICH«, UND WENN NICHT, SIND WIR TYPISCH FÜR DAS SCHWACHE GESCHLECHT, UND WENN WIR HEIRATEN WOLLEN, LOCKEN WIR MÄNNER IN DIE FALLE, UND WENN NICHT, SIND WIR **ABARTIG**, UND WEIL ES NOCH IMMER KEIN VERLÄSSLICHES, ANGEMESSENES VERHÜTUNGSMITTEL GIBT, OBWOHL MÄNNER AUF DEM MOND SPAZIEREN GEHEN, UND WENN WIR IM LEBEN NICHT ZURECHTKOMMEN ODER KEINE SCHWANGERSCHAFT WÜNSCHEN, SOLLEN WIR UNS WEGEN EINER ABTREIBUNG WIE **VERBRECHERINNEN** FÜHLEN UND ...

AUS DIESEN UND VIELEN ANDEREN GRÜNDEN GEHÖREN WIR ZUM

WOMEN'S LIBERATION MOVEMENT...

Als Frau Erfolg haben

Ende 1999 erhielt ich einen ungewöhnlichen, sehr persönlichen Brief von einer Mitarbeiterin bei The Body Shop Direct, unserer neuen Direktverkaufsabteilung. Sie erzählte mir die herzzerreißende Geschichte, wie ihr Leben zerbrach, nachdem ihre Tochter von ihrem Lebensgefährten umgebracht worden war. Inzwischen war der Mann wieder aus dem Gefängnis entlassen worden und lebte nur ein paar Kilometer weiter. Kein Wunder, dass diese traumatische Erfahrung zu Angstzuständen geführt hatte, Selbstvertrauen und Sicherheit zerstört waren und dass sie immer mehr den Lebenswillen verlor. Dieser Brief war mir sehr wichtig – nicht nur, weil die Anstellung bei The Body Shop Direct der Frau aus ihrem Tief herausgeholfen hatte, sondern weil ich wieder daran erinnert wurde, wie der Verlust der Selbstachtung lähmen kann und alles infrage stellt, was das Leben lebenswert macht.

Dem Himmel sei Dank, dass den meisten von uns eine derart brutale Zerstörung aller Lebensverhältnisse erspart bleibt. Verlust der Selbstachtung ist jedoch ein Problem, das heutzutage weit verbreitet ist und unter dem ganz besonders Frauen leiden. Im schlimmsten Fall kann er tödlich sein. Selbst in den harmloseren Formen wird uns alle Freude genommen; die Menschen sind nicht mehr fähig, ihr Leben selbst in die Hand zu nehmen.

»Ich werde nie wissen, ob mich die Vorsehung geleitet hat oder ob ich einfach durchgedreht bin«, schrieb mir die Frau, schilderte einen misslungenen Selbstmordversuch und eine The-Body-Shop-Party, auf der sie unversehens gelandet war.

Keine vier Wochen später hatte ich die Formulare unterschrieben, um mich als Beraterin anzumelden, und für mein Vorführpaket bezahlt. Plötzlich kriegte ich es mit der Angst. Was hatte ich vor? Diesen Job konnte ich unmöglich schaffen, mir fehlte der Mut dazu. Was war mit meinen Panikattacken? Trotzdem habe ich es versucht. Nach einem halben Jahr merkte ich, wie ich wieder zu mir selbst fand – zu meinem <u>alten</u> Selbst. Ich war überrascht, als ich an einem Abend bei der Party merkte, wie ich lachen

Wandbild in der Empfangshalle der Zentrale von The Body Shop in Littlehampton, unter der Überschrift *Weil wir Frauen sind*.

musste, herzhaft lachen – ich hatte ganz vergessen, wie sich das anfühlt. Innerhalb eines Jahres glaubte ich wieder an mich, hatte meine Selbstachtung, meinen Humor wiedergefunden. Die innere Kraft kehrte zurück, und mein alter Ehrgeiz meldete sich.

Geschichten wie diese sind es, die meinem Beruf einen Sinn geben. Doch das eigentliche Fazit ist nicht nur, eine Arbeit zu leisten, die Spaß macht, die den Menschen hilft, wieder zu sich zu finden, sondern auch, dass Selbstachtung ein kostbares Gut ist und das Leben insgesamt verbessert.

In der Geschichte der zurückliegenden Jahrhunderte ist nur wenig geschehen, um weibliche Selbstachtung zu fördern, und heute wird sie fast vereitelt durch die Zwänge, denen meine Generation ausgesetzt ist: eine Schönheitsindustrie, die Frauen ihren Körper entfremdet, ein Wirtschaftssystem, das oft genug gegen sie arbeitet, autoritäre Traditionen, die dazu tendieren, sie auszugrenzen. Paradoxerweise sieht es aber aus, als wäre Weiblichkeit – und zwar gerade ihre als »feministisch« verteufelten Stärken – nötiger denn je.

Ich schätze die Gesellschaft von Frauen. Ich liebe ihr Lachen. Ihre Fähigkeit, überall auf der Welt Gemeinschaften zusammenzuhalten, verblüfft mich immer wieder.

Meine Ehrfurcht und mein Respekt vor der Macht der Frauen sind stark biographisch bedingt und rühren daher, dass ich eine großartige Mutter hatte, die mich gelehrt hat, niemals klein beizugeben. Solche Weisheiten, die von Eltern auf Kinder übergehen, lassen sich durchaus mit Bibelsprüchen vergleichen. Von Anfang an wurde mir beigebracht, tapfer zu sein und mir eine Welt zu erschaffen, in der ich meinen Geist zur Entfaltung bringen kann.

Vielen Frauen werden solche Werte nicht genügend vermittelt, und wenn sie sich kühn oder enthusiastisch verhalten, gelten sie als widerspenstig oder exzentrisch. Naomi Wolf, eine beeindruckende junge Frau, gut aussehend, intelligent und hellwach, wurde in der Presse niedergemacht, weil sie attraktiv war und es wagte, der Kosmetikbranche die Stirn zu bieten. Offensichtlich gibt man uns keine Chance – wer unansehnlich wirkt, wird kritisiert, und wer attraktiv aussieht, wird erst recht kritisiert. Und was das Allertraurigste ist, die schlimmsten Anwürfe kommen nicht selten von anderen Frauen.

Ebendies hat die hervorragende britische Journalistin Bel Mooney von ihren Schwestern im Medienbereich erfahren müssen, als sie gegen das Bauvorhaben einer Schnellstraße protestierte. Vor ein paar Jahren sagte sie zu mir: »Ich will doch bloß verhindern, dass eine dämliche Betonpiste quer durch Bath gebaut wird, und wer unterstützt mich dabei? Niemand!« Diejenigen, fuhr sie fort, von denen sie den geringsten Rückhalt bekommen habe, sogar angegriffen und lächerlich gemacht worden sei, seien weibliche Kollegen gewesen. Sie tat mir zutiefst Leid. Es scheint fast, als wollten ausgerechnet Frauen, um sich besser zu profilieren, typisch männliches Konkurrenzgehabe an den Tag legen.

Weit verbreiteten Klischees gemäß sind weibliche Chefs einfühlsamer und kooperativer, doch, wie schon erwähnt, hat eine Studie der Manchester Business School das Gegenteil erwiesen. Dieser Umfrage zufolge sind Frauen in Spitzenpositionen knallhart. Ihre autokratische Führung gründet in der Angst. Mag sein, dass hier unabhängig vom Geschlecht ein fehlgeleiteter Unternehmergeist vorherrscht, doch möglicherweise müssen diese Frauen überkompensieren.

Allen Bemühungen zum Trotz glaube ich nicht, dass die in den Führungsetagen sprichwörtlich »zementierte« Männerherrschaft noch zu meinen Lebzeiten zerschlagen wird. In manchen Studien heißt es, wenn der Vormarsch der Frauen im Business im gleichen Schneckentempo weitergehe wie jetzt, werde es noch 500 Jahre dauern, bis sie weltweit den gleichen Managerstatus erreicht haben, und weitere 475 Jahre, bis die politische und wirtschaftliche Gleichheit mit den Männern durchgesetzt sei. Wo bleibt da der Fortschritt, wenn wir noch knapp 1000 Jahre warten müssen? Dennoch glaube ich nach wie vor, dass sich das Problem umgehen lässt, und meine eigene Karriere zeigt, wie es geht – selbst wenn die herkömmliche männlich dominierte Struktur stets droht, wieder zum Status quo zu werden.

Gut 30 Jahre nach dem Aufbruch der Frauenbewegung – von allen historischen Bewegungen die wohl am wenigsten beachtete – wimmelt es in den Frauenmagazinen von Anzeigen mit lächelnden, fügsamen Weibchen, deren Botschaft zu sein scheint: »Ich kenne meinen Platz, er ist hinter dem Herd, wo ich dem männlichen Ernährer und Familienoberhaupt weiblichen Beistand leiste, brav und ohne Widerworte.«

Wenn zu allem Unglück dann auch noch der »Hausmann« kommt und sich als liebevoller, hilfsbereiter Gönner aufspielt, der für seine Einfühlsamkeit gegenüber der Ehefrau und für seine Gewissenhaftigkeit als Vater überschwänglich gelobt wird, kann ich nur lachen. Wie kommt es bloß, dass die so genannten neuen Männer in dieser Funktion mit mehr Romantik und Glamour umkränzt werden, als Frauen je zugebilligt wurde?

Warum die Welt Frauen braucht

Aus wirtschaftlichen Gründen, Blödmann!

Mit der legalen Diskriminierung der Frau in der Arbeitswelt war es 1976 in Großbritannien vorbei. Damit wurde zwar die sichtbare Ungleichheit größtenteils abgebaut, doch die Ideologie des weiblichen Nebenverdienstes besteht noch immer fort. Dahinter steckt die Vorstellung, Frauen bräuchten nicht wirklich zu arbeiten; aus ihrem Einkommen werde nicht der Lebensunterhalt bestritten wie Miete oder Essen, sondern nur überflüssige Extras wie Urlaub oder Friseur. Auf diesem Vorurteil fußt eine ganze Arbeitsmarktstruktur, die in unserer Gesellschaft Frauen die Karrieren verbaut.

Und doch war die Arbeit, die Frauen leisten, seit jeher von fundamentaler Bedeutung für die Weltwirtschaft. Seit Tausenden von Jahren sind Frauen in aller Welt als Händlerinnen, Bäuerinnen, Unternehmerinnen aufgetreten – in allen Berufen, die auszuüben waren. Doch wurde ihr Beitrag von herkömmlichen Wirtschaftsinstitutionen schon deshalb nicht gewürdigt, weil er größtenteils nichtmonetär war. Jene weiblichen Ökonomen, die nach dem Zweiten Weltkrieg neue Methoden der Bemessung entwickelt hatten, wurden nicht einmal in Danksagungen erwähnt. Heutzutage ist ein gebräuchlicher Ausdruck für nichtmonetäre Arbeit »Inaktivität«. Wenn kein Geld aus der einen Tasche in die andere fließt, geht unser Staatshaushalt davon aus, dass nichts dahinter steckt. Diese Einstellung führt dazu, dass Frauenarbeit unsichtbar geworden ist. Kein Wunder, dass »Gleichbehandlung« zum Schlachtruf der Frauenbewegung wurde!

Wenn von Menschenrechten die Rede ist, sind meist politische Freiheiten und Bürgerrechte gemeint – beispielsweise Redefreiheit, Religionsfreiheit, Unverletzlichkeit des Eigentums und so weiter. Das sind elementare Grundrechte, zugegeben, und in unseren Kampagnen bei The Body Shop weisen wir regelmäßig darauf hin. Doch muss ich zugleich anmerken, dass diese Grundrechte der Tendenz nach maskuline Rechte sind. **Lesen Sie einmal die UNO-Charta der Menschenrechte, und Ihnen werden andere Paragraphen auffallen, die nicht so häufig zitiert werden. Zu ihnen gehört das Recht auf eine eigene Familie, das Recht auf Entspannung und Freizeit, das Recht auf einen adäquaten Lebensstandard, das Recht auf eine Kulturgemeinschaft.** Diese ökonomischen, sozialen und kulturellen Grundrechte sprechen die besonderen Bedürfnisse der Frau an. Sie sind nicht weniger bedeutsam als die Freiheit der Rede. Wie wichtig sie für die Gesellschaft sind, zeigt sich schon daran, dass es im Allgemeinen Frauen sind, die eine Gemeinschaft zusammenhalten, die Holz und Wasser suchen gehen, die das Essen kochen und die Kinder großziehen.

> Um die Gleichheit von Mann und Frau auf der ganzen Linie durchzusetzen, müssen wir Druck ausüben.

Und das Leben dieser Frauen ist keineswegs leichter geworden. Seit der Allgemeinen Erklärung der Menschenrechte von 1948 hat sich die Not in der Dritten Welt verschärft, die soziale Ausgrenzung schreitet voran, und die Kluft zwischen Arm und Reich wird ständig größer. Überall kommen politische und religiöse Fundamentalisten an die Macht, die Feminismus und Empfängnisverhütung als ein und dasselbe Teufelswerk ansehen. Und während sich die globale Armut durch die Entfesselung des Freihandels immer weiter ausbreitet, trifft es Frauen und Kinder am härtesten.

Unsere Ressourcen reichen aus. Ich spüre den guten Willen in der wachsenden Bewegung engagierter Verbraucher. Und der Himmel weiß, dass es auch den Basisgruppen an Ideen nicht mangelt, mit denen Frauen sich weltweit gegen die Übermacht behaupten.

Babassu als Beispiel
Lassen Sie mich das an einem Beispiel erklären. Seit mehreren Generationen hat die brasilianische Regierung Not leidende Bevölkerungsgruppen in den Nordosten des Landes umgesiedelt, wo sie sich durch Aufsammeln von

Babassunüssen im Urwald notdürftig den Lebensunterhalt sichern konnten. Dann kamen Viehzüchter, zäunten riesige Flächen ein und vertrieben die Siedler mit Gewalt. Hunderte ihrer Männer wurden getötet, doch die Frauen reagierten klug und beherzt. Sie zählten auf den Macho-Ehrenkodex, der den Viehbaronen verbietet, sie oder ihre Kinder anzugreifen. So riefen sie ihre eigene, gewaltlose Widerstandsbewegung ins Leben: Freiheit für Babassu. Sie bildeten Menschenketten rund um Babassubäume, und nach jahrzehntelangem Ringen bekamen sie schließlich Recht, durften wieder den Urwald betreten und Babassunüsse ernten.

Warum muss Business so sein, wie es ist? Warum dürfen dem Markt keine Zügel angelegt werden, um die Armut zu bekämpfen? Warum verbessern wir nicht zuallererst die Lebensumstände der Ärmsten dieser Welt? Ist es wirklich unmöglich, Business vom Eigennutz abzubringen und auf das Gemeinwohl einzuschwören?

Früher bezog mein Unternehmen das Babassuöl, das wir in unseren Kosmetika verwenden, über einen Zwischenhändler. Doch als wir von diesen Frauen hörten, wollten wir mit ihnen selbst in Verbindung treten und ihnen die eingesparte Handelsspanne zugute kommen lassen. Ihnen fehlte es an Einrichtungen, um Öl zu gewinnen, doch seit 1994 beziehen wir mithilfe einer brasilianischen NGO-Gruppe das Öl direkt von einer Frauenkooperative im Nordosten Brasiliens. Der Erfolg stellte sich im Handumdrehen ein. Erstmals konnten örtliche Kommissare die Vorratslager mit Rohstoffen und Lebensmitteln füllen, und was noch wichtiger ist: Die Handelsbeziehungen mit uns führten zu einer Aufwertung der Frauen in der Gemeinschaft, nicht nur als Ernährerinnen, sondern auch als politische Kraft.

… und zum Erhalt der Gemeinschaften

Mit den notwendigen Mitteln versehen, sind Frauen imstande, Gemeinschaften wiederherzustellen. Daher wiederhole ich unermüdlich, dass die stärksten Vorteile weiblicher Führung auf der Ebene der Basisgruppen liegen. Gemeinsinn gehört zu den »weiblichen« Werten, die von Vordenkern einer ethisch orientierten Wirtschaft für den anstehenden Paradigmenwechsel gefordert werden. In diesen Werten sind vertraute persönliche und kulturelle Merkmale erkennbar. Oft stehen sie in scharfem Kontrast zur Globalisierung der Märkte, die mit Symptomen wie Distanz, Unpersönlichkeit und Kapitalbewegungen ohne Rücksicht auf die Folgen für Mitmenschen einhergeht.

Wir müssen Regierungen und Unternehmen drängen, Frauen in Not, die sich zu Basisinitiativen und -gruppen zusammenschließen, zu helfen. Wir sollten sie ernst nehmen, als Berater und aktiv Beteiligte. Auf ihre Erfahrungen sollten wir hören. Globalisierung ist eine Pokerrunde, die in einer Männerwelt gespielt wird. Wie wäre es denn, wenn eines Tages Mitgefühl unter dem Strich nicht weniger zählte als Cashflow? Die Herausforderungen, mit denen die Wirtschaft heutzutage konfrontiert ist, verlangen längst nach einer ganzheitlichen Perspektive – und gerade Frauen sind für diese Zukunftsvision bestens gerüstet.

Als Frau und als Berufstätige habe ich zwei universelle Erfahrungen mit allen Frauen dieser Welt gemeinsam – und zwei Erkenntnisse:

– Es sind nach wie vor Frauen, die eine Doppelbelastung schultern. In den meisten Gesellschaften, auch in der unsrigen, tragen Frauen die Verantwortung für die Familie, sorgen sich um den Haushalt und sind diejenigen, die gezwungenermaßen alles andere liegen lassen, wenn ein Kind krank wird. In der Dritten Welt bauen sie überdies die Nahrungsmittel an, sorgen für Brennholz und kümmern sich um die Bewässerung.
– Nahezu in allen Gesellschaften fallen Frauen einer Diskriminierung oder wirtschaftlichen Benachteiligung zum Opfer.

Stellen wir diese beiden Tatsachen nebeneinander, ergibt sich unweigerlich die schon geschilderte Lage, wonach Frauenarbeit als unbedeutend abqualifiziert wird. Daher ignorieren selbst Dritte-Welt-Politiker, Banken für Entwicklungsförderung und Hilfsorganisationen die Arbeit der Frauen und verleugnen ihren wesentlichen ökonomischen Beitrag, der ihre Ernährung und die ihrer Kinder sicherstellt. Damit lässt man diejenigen außer Betracht, die *wirklich* zählen. Wir müssen den Wert der von Frauen geleisteten Arbeit

Wieso sollten Frauen keine guten Trainer abgeben? Schließlich werden wir von Kind auf dazu erzogen, zuzuhören, großzuziehen und zu beobachten.

Billie Jean King

höher einschätzen, besonders den unschätzbaren Wert der Hausarbeit. Wir brauchen neue Kriterien, um den Beitrag der Frauen zum Nationaleinkommen, sowohl in den Industrienationen als auch in der Dritten Welt, in seinem ganzen Ausmaß zu würdigen.

Vielleicht sollten wir uns ein Beispiel an den Gabra nehmen, einem nomadisierenden Hirten- und Bauernvolk in Ostafrika. Bei den Gabra ist es üblich, dass ein Mann, der ein bestimmtes Alter erreicht, die Geschlechtergrenze überschreitet und Rituale und Funktionen der älteren Frauen in dieser Kultur übernimmt. Er hört zu, erzählt Geschichten und knüpft das emotionale und spirituelle Gewebe seiner Gemeinschaft fort, was traditionell den Frauen obliegt. Es ist zugleich die höchste Ehre, die er erlangen kann.

Bei meinen Reisen in Entwicklungsländer habe ich immer wieder festgestellt, wie beschränkt der Zugang der Menschen zu Informationen ist, die ihnen aus dem Elend heraushelfen könnten. Meist sind es auch hier die Frauen, besonders in den Randgebieten der Städte, die niedriger bezahlt werden und härter arbeiten. Frauen erhalten nur ein Zehntel der weltweit gezahlten Löhne, dafür werden zwei Drittel aller Arbeitsstunden von ihnen geleistet. Überdies erwartet man von ihnen, dass sie möglichst viel Nachwuchs austragen, großziehen und ernähren, was an ihren Kräften zehrt und immer ein Risiko für die Gesundheit darstellt. Oft werden sie auch noch missbraucht und verprügelt, rechtlich benachteiligt und beim Eigentum schlechter gestellt als Männer. Sogar bei The Body Shop ergaben anonyme Umfragen zum Thema »häusliche Gewalt«, dass ihr 16 Prozent unserer Mitarbeiterinnen zum Opfer fallen; 60 Prozent kennen andere Frauen, die geschlagen werden.

Doch trotz alledem sind es die Frauen, die eine Gemeinschaft zusammenhalten, und ich bin überzeugt, dass eine Renaissance der Gemeinschaften bevorsteht. Sie werden nicht mehr sein, wie unsere Großeltern sie kannten, doch nach wie vor stehen sie für die Weitergabe von Wissen und für gemeinsames verantwortungsvolles Handeln.

... und bei der Arbeit

Als Frauen zur Lohnarbeit übergingen, wurde ihre Stellung – zumindest in den reichen Ländern – sichtbarer als zuvor. In manchen Industrien taucht jetzt eine neue Klasse weiblicher Manager auf und verändert die Arbeitsplätze. Weibliche Manager ergreifen wirksame soziale Initiativen. Zu ihren größten Stärken gehört die Kommunikation. Frauen schließen Bündnisse, bringen Menschen zueinander und, wichtiger noch, entwickeln private,

Für mich war und ist die Arbeit eine Erlösung, für die ich dem Schöpfer danke.
Louisa May Alcott

informelle Netzwerke. Solche Netzwerke gehen an herkömmlichen Hierarchien vorbei, indem sie ungewöhnliche Anknüpfungspunkte suchen. Sie fördern das Denken in multilateralen Zusammenhängen und den Austausch von Informationen.

Und dennoch glaube ich kaum, dass man die Gleichstellung von Frauen und Männern am Arbeitsplatz bereits als gegeben annehmen darf. Die Medien lieben weibliche Überflieger, diese handverlesene Gruppe von Firmenchefinnen und Geschäftsführerinnen, die immer wieder als Beweis für die großen Fortschritte der Frauen herhalten müssen. In Wahrheit sind sie kaum repräsentativ für den Durchschnitt der berufstätigen Frauen, die ihre Doppelbelastung im Job und in der Rolle als Hausfrau und Mutter bewältigen müssen.

Fast scheint es, als seien Frauen darauf getrimmt, zu glauben, dass sie im Business eh nie eine Rolle spielen werden. Wir Geschäftsfrauen werden eigentlich daran gemessen, ob wir genügend »männliche« Eigenschaften angenommen haben. All das reflektiert stereotypes maskulines Denken, wonach unsere Gefühle, Sorgen und Empfindlichkeiten und unsere Intuition am Arbeitsplatz nichts verloren hätten. Und doch sind es gerade diese Elemente, die den herkömmlichen Begriff des Business verändern werden.

Das deutlichste Indiz für die Annahme, dass künftig mehr Frauen in verantwortlichen Positionen zu finden sein werden, ist eine verbissen konkurrierende Wirtschaft, in der es sich kein Unternehmen mehr leisten kann, auf hochrangige Kapazitäten zu verzichten, nur weil sie im Büstenhalter daherkommen. Problematisch ist nur, dass die meisten Frauen nicht wissen, wie brillant sie sind, weil ihnen das Selbstvertrauen fehlt. Frauen meines Alters entstammen noch einer Ära, in der wir uns zurücknehmen sollten und im Schatten der Erfolge unserer Ehemänner standen. Daher musste jede Frau, die ins Business kam, sich selbst neu definieren. Das gelingt gerade Frauen erstaunlich gut, was allerdings nie gebührend anerkannt wird. Nichtsdestotrotz haben wir die gleitende Arbeitszeit durchgesetzt, die Arbeitswelt humanisiert, für die Einrichtung von Kindertagesstätten gesorgt und einen Hauch Menschlichkeit eingebracht, den Begriff der Liebe. **Wir haben als Erste legitimiert, dass am Arbeitsplatz über Liebe gesprochen wird.** Uns ist auch der Begriff der Kreativität zu verdanken. Und doch wird all das nicht bemerkt, weil zumindest im Verständnis der Männer Business allein mit Finanzen zu tun hat.

Ich rede hier nicht von höherer Mathematik. Es geht mir bloß darum, die Sprache des Business zu erweitern, bis eines Tages Begriffe wie Hingabe, Liebe, Kreativität, Mitgefühl und Verständnis im Wörterbuch der Ökonomie stehen.

Wir müssen von unseren eigenen Werten ausgehen und deren Einfluss auf die der Männer verstärken.

Petra Kelly, Feministin und Mitgründerin der Grünen

Es gibt diesen Mythos, wonach Frauen nur dann Erfolg haben können, wenn sie männliches Verhalten imitieren. Doch das ist eben nur ein Mythos, mehr nicht. Neue Forschungen in den USA zeigen, dass sich ein neues Profil abzeichnet: von weiblichen Managern, die sozial wirksame Initiativen ergreifen, Probleme vorwegnehmen und mögliche Lösungen anbieten.

Wir müssen die gesamte Managementausbildung neu überdenken und dabei Geschlechterfragen aus dem Zwielicht ans helle Licht des Tages bringen. Wohin ich auch gereist bin, treffe ich Menschen, Frauen zumeist, die instinktiv wissen, wie man den Blauen Planeten managen könnte – aber sie sind zum Schweigen verurteilt durch eine zutiefst unbarmherzige Weltanschauung, die Weißen, Männern und Gebildeten den Vorzug gibt. Wahrhaft global orientierte unternehmerische Nachwuchsförderung wird dazu beitragen, dass wir mit allen Kulturen in einen freundschaftlichen und respektvollen Dialog eintreten.

... und als Unternehmerinnen

Wir brauchen mehr Frauen, die freiberuflich tätig werden und ihre eigenen Unternehmen gründen. Solche Gründerinnen müssten dringend unterstützt werden, damit sie ihre Geschäftstätigkeit ausweiten und Jobs für andere schaffen können. In jedem westlichen Land, das ich besucht habe, sind es die alten, großen Konzerne, die vor Langeweile dahinsiechen und millionenfach Arbeitsplätze vernichten. Betriebe, wie wir sie bisher kennen, wurden von Männern für Männer geschaffen. Oft sind sie nach dem Vorbild des Militärs organisiert und arbeiten mit komplizierten und hierarchischen Strukturen, werden nach einer autoritären Hackordnung geführt und kapseln sich zugleich stur gegen jede Veränderung ab.

Wenn ich Unternehmen betrachte, die heute von Frauen geführt werden, fällt mir auf, dass sie völlig ohne Vorbild sind, denn niemand hat je zuvor ausprobiert, was sie machen. All das verschafft uns enorme Freiheit zum Experimentieren.

... und als intellektuelle Vordenkerinnen

Was das betrifft, gibt es schon eine Fülle von Beispielen für femininen Einfluss. Ich denke an die Pionierleistung der weiblichen Intellektuellen, die aus Sorge um die Gesellschaft, wie wir sie den Kindern hinterlassen werden, den fundamentalen Wandel der Weltwirtschaft schon jetzt antizipie-

Man hat Frauen einst keine Führungspositionen zugetraut, weil sie »zu gefühlsbetont« seien; nun stellt sich heraus, dass sie exzellente Chefs sind, gerade weil sie »spezielle« emotionale Qualitäten aufweisen.

Harvard Business Review

ren. Ich denke an Frauen wie Alice Tepper Marlin, Autorin von *Shopping for a Better World*, die als Erste den sozialen und ökologischen Einfluss der Multis grundlegend erforscht hat. Oder an Amy Domini, Anwältin und Autorin von *Challenge of Wealth*, der Bibel des sozial verantwortlichen Investments. Oder an Vandana Shiva, Physikerin, Philosophin und prominenteste Umweltschützerin Indiens, die aus der Sicht des Südens die ökologische und soziale Kritik an der weltweiten Globalisierung der Wirtschaft formuliert. Oder, wo wir gerade dabei sind, an die Zukunftsforscherin und Ökonomin Hazel Henderson, deren Bücher zeigen, wie es besser werden könnte (und sollte), und die für Leser beiderlei Geschlechts die Grundprobleme des ethischen Business erörtern. **Was der finanzielle Sektor an innovativen Thesen zu sozial verantwortlichem Investment hervorgebracht hat, stammt größtenteils von Frauen. Merkwürdigerweise überrascht mich das gar nicht!** Und es sind Frauen, die weit öfter als Männer die Avantgarde des internationalen Kampfes gegen Armut und Umweltzerstörung bilden – mit kleinen Basisgruppen und Bürgerinitiativen in aller Welt. Manche konnte ich aus eigener Anschauung kennen lernen, wie die Chipko-Bewegung im indischen Bundesstaat Uttar Pradesh: Sie ging von Frauen aus, die gegen das Abholzen der Regenwälder protestierten, indem sie sich schützend vor die Bäume stellten, und die heute die landesweit größte Basisumweltinitiative bilden.

> Aber hinter dem großen Experiment wartet die eigentliche Aufgabe auf uns: Es geht nicht bloß um Gleichberechtigung der Frau nach maskulinem Vorbild, sondern darum, eine neue Partnerschaft von Mann und Frau zu verwirklichen, in der die besten Eigenschaften beider Geschlechter zur Geltung kommen.

Alex Elliot
future prime minister, inventor, entrepreneur, philanthropist.

(shown here with her Brother Chris)

love **your** body

Frauen sind nicht von ungefähr die aktivsten Vorkämpfer der Umweltbewegung. Eine der Veränderungen, die sich nach meinem Eindruck schon jetzt abzeichnen, ist die wachsende Akzeptanz für das, was Frauen zu geben vermögen.

> Ihre Aufgabe als Lebensspenderin verleiht Frauen einen intuitiven Sinn für die Realitäten menschlicher Existenz.

Mutterschaft

Als meine Tochter Justine ihr erstes Baby bekam, glaubte sie anfangs, ich wollte sie ermahnen, so bald wie möglich wieder zur Arbeit zu gehen. Das war ein großer Irrtum. Stattdessen erklärte ich, die ersten Jahre seien die schönsten mit ihrem Kind, und sie solle diese Zeit möglichst genießen. Das war bei mir ja nicht anders gewesen – ich hatte Gordon, der von zu Hause aus arbeitete, und den Rückhalt meiner Großfamilie, die bei Italienern nun mal zum Dasein gehört. Außerdem fand ich, es sei keine schlechte Idee, wenn Babys schon früh an den Anblick und die Zuneigung anderer Menschen als der eigenen Eltern gewöhnt werden, weshalb die Gründung von The Body Shop kein Dilemma für mich war.

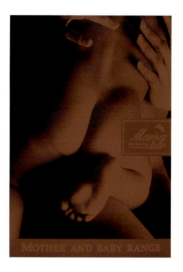

Ich konnte mich voll und ganz auf meine Mutter verlassen, die mir bei den Kindern half – als Gordon zu seiner mehrjährigen Auslandsreise aufbrach, um das Heldenstück zu vollbringen, von Buenos Aires nach New York zu reiten.

Es gibt eine Theorie, wonach die Kinder berufstätiger Mütter Verhaltensstörungen entwickeln würden: Demnach würde die Zeit, die man mit ihnen verbringt, nur quantitativ zählen, nicht qualitativ. Aber ich kenne keine einzige Frau, die nicht arbeiten müsste. Deshalb können Mütter arbei-

163

ten oder nicht, sie werden in jedem Fall verteufelt – eine altbekannte und trostlose Situation. Mama die Schuld geben ist bei Männern ein Zeichen fehlender Reife. Dazu passt vorzüglich, dass unsere männerdominierte Gesellschaft stets bereit ist, die Mütter zu bezichtigen, ob sie nun Alleinerziehende sind oder einen Lebenspartner haben. Solange Männer rund siebenmal weniger Zeit mit ihren Kindern verbringen als Frauen, bleibt Gleichberechtigung im Haushalt und am Arbeitsplatz nur ein schöner Traum.

Deshalb gibt es in England noch immer einen nach Geschlechtern aufgeteilten Arbeitsmarkt. Generell gilt: Frauen gehen schlecht bezahlten, hauswirtschaftlichen oder mit Kundenkontakt verbundenen Tätigkeiten nach, wobei sie im Durchschnitt nur drei Viertel des Stundenlohns erhalten, der Männern gezahlt wird. Viele Frauen arbeiten notgedrungen auf Teilzeitbasis, weil sie anders ihren familiären Verpflichtungen und Bedürfnissen nicht nachkommen könnten. Und Teilzeitjobs sind per se weniger anspruchsvoll, schlecht bezahlt und bieten kaum Aufstiegschancen.

Für dieses Problem gibt es meines Erachtens drei mögliche Lösungen, die wir alle drei viel stärker wahrnehmen sollten als bisher. Sie lauten:

– Kinderbetreuung am Arbeitsplatz,
– Höherbewertung der Teilzeitarbeit,
– Schaffung einer familienfreundlicheren Arbeitswelt.

Wir müssen eine Zukunft entwerfen, in der Mutterschaft als integraler Bestandteil des Arbeitslebens akzeptiert wird. In meinen kühnsten Visionen wird das Business seine Verantwortung für den Schutz der Familien anerkennen. Sodass, wenn die Regierung nicht in der Lage ist, berufstätige Eltern durch die Einrichtung von Kindertagesstätten zu unterstützen, das Business spezielle Zentren schaffen wird, in denen Eltern beraten und Kinder betreut werden, Familien willkommen sind und familiäre Werte erforscht und geschützt werden.

Qualifizierte Kinderbetreuung ist schon jetzt vonnöten. Berufstätige Eltern wollen sichergehen, dass, während sie den Lebensunterhalt verdienen, ihre Kinder gut ausgebildet und in der Gruppe sozialisiert werden. Kinderbetreuung ist nicht nur hierzulande eine Tätigkeit von geringem Status, und doch hängt – wie manche Ökonomen sagen – unser aller Zukunft von der nächsten Generation ab. Mit anderen Worten: Wer immer an ihrer Aufzucht und Erziehung beteiligt ist, hat erheblichen Einfluss, und wir sind moralisch verpflichtet, Kinderbetreuung als eine der wichtigsten Aufgaben der Gegenwart wahrzunehmen.

Als Arbeitgeber hat The Body Shop schon 1990 zur Lösung dieses Problems erste Neuerungen eingeführt, als wir unser Child Development Centre in Littlehampton eröffneten. Es hat über eine Million Pfund gekostet, nimmt Kinder im Alter von drei Monaten bis fünf Jahren auf und kann 240 Kinder in der Woche betreuen. Zusätzlich bietet es Nachmittagsbetreuung für Schulkinder. Die Schüler werden von den Betreuern nach der Schule abgeholt, und es wird ihnen eine breite Palette an Aktivitäten angeboten, bis die Eltern Feierabend haben. Während der Schulferien werden Tagescamps für Kinder von fünf bis elf Jahren organisiert. Außerdem halten wir auch Plätze für Angestellte anderer Firmen und eine Notfallbetreuung für Sozialdienste vor. Über ein Gutscheinsystem können die gleichen Leistungen auch von unseren Mitarbeitern außerhalb Littlehamptons wahrgenommen werden.

> Alle, für die das öffentliche Erziehungswesen nur ein teurer Luxus ist, sollten sich einen Slogan merken, der auf unseren Lastwagen steht: »Wenn Ihnen Ausbildungskosten zu teuer sind, probieren Sie's doch mit Unverstand!«

Unser Child Development Centre ist das Herzstück unserer betrieblichen Familienpolitik und steht repräsentativ für die Richtung, die wir als Arbeitgeber ansteuern wollen. Unseren Mitarbeitern signalisiert es, wie wichtig uns ihre Kinder sind und dass wir auch dann hinter ihnen – Männern und Frauen – stehen, wenn sie Eltern werden. Ich glaube, auch Besucher halten es für die faszinierendste Abteilung unseres Unternehmens, weil von diesem Zentrum so viel Energie, Liebe und Vitalität ausstrahlt.

Die Politik der Religion

Wenn wir uns die subtilen Methoden vergegenwärtigen, mit denen Frauen manipuliert werden, dürfen wir die religiösen Institutionen nicht außer Betracht lassen. Heutzutage hat Religion weniger mit Glauben oder mit der Verehrung des Göttlichen in der lebendigen Kreatur zu tun als vielmehr mit Kontrolle.

> Jedes Mal, wenn wir uns Gott als männlich vorstellen, statt Gott ins uns allen zu erkennen, zementieren wir überkommene Vorstellungen.

Die Machtpolitik, die heutzutage im Namen der Religion betrieben wird, muss als solche erkannt und unterbunden werden. Als wir Poster mit der Aufschrift »Gott kann nicht überall sein, deshalb erschuf sie Mütter« in die Schaufenster hängten, kam es in den Einkaufszentren von New Hampshire zu Tumulten. New Hampshire gehört immerhin zu den US-Bundesstaaten, in denen viele Schulen von religiösen Fanatikern kontrolliert werden, die das Wort »Phantasie« aus dem Unterricht verbannt sehen möchten. Hinzu kommt, dass hier eine rechtslastige Lebensschützerlobby entschlossen ist, nicht zuletzt die weibliche Fortpflanzung unter ihre Kontrolle zu bringen.

Was wir über Amerikanerinnen wissen

In den USA beteiligte sich The Body Shop an einer umfassenden, bahnbrechenden Studie, die berufstätige Frauen in über 50 Bundesstaaten untersuchte. Frauengruppen, Unternehmen und das US-Arbeitsministerium befragten Arbeitnehmerinnen nach ihrem Berufsleben und danach, was an ihrem Job und in ihrem Arbeitsumfeld verbessert werden könnte. Über seine 200 Niederlassungen in den Vereinigten Staaten half The Body Shop bei der Verteilung des Fragebogens *Working Women Count*. Der Rücklauf und die Reaktionen waren überwältigend. Was dabei herauskam, waren einzigartige Informationen aus erster Hand über Sorgen, Probleme und Ideen zum Thema weibliche Arbeit, die für die Zukunft der US-Beschäftigungspolitik entscheidend sind.

Es wurde schnell klar, dass die Umfrage einen tiefen Akkord in den Frauen anschlug, und sie nahmen sie zum willkommenen Anlass, die Realität ihres Berufsalltags zu schildern.

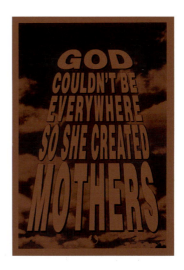

In die Zeile des Fragebogens, in der es galt, in wenigen Worten eine Botschaft an den damaligen US-Präsidenten Clinton zu senden, schrieb eine Frau bloß: »Ich bin's leid.« Damit lässt sich kurz und bündig zusammenfassen, was ein Viertel der zuerst eingetroffenen Antworten übereinstimmend belegt: Amerikanerinnen wollten der US-Regierung mitteilen, dass sie die Schnauze voll haben von der unerträglichen Anstrengung, ohne nennenswerte Hilfen mit Berufs- und Familienpflichten zu jonglieren.

Ich bin sicher, dass Millionen Menschen in England ähnlich denken – einschließlich der arbeitenden Männer, deren Arbeitszeiten im Durchschnitt die längsten in der Europäischen Union sind und von denen viele liebend gern kürzer arbeiten und die Chance eines Vaterschaftsurlaubs wahrnehmen würden. Dabei zeigte sich ein schockierender Kontrast: Während sich die US-Regierung der Kritik und den Kommentaren der arbeitenden Frauen nicht verschloss, ist die britische Regierung außerstande, ein so elementares Problem wie die flächendeckende Versorgung mit Kindergärten zu lösen.

Förderung und Stärkung

The Body Shop unterstützt Frauengruppen unablässig in ihren Forderungen nach rechtlichen und praktischen Verbesserungen am Arbeitsplatz, nach angemessener Kinderbetreuung, nach Gleichbehandlung und Fairness in jedem Aspekt ihres Alltags und in der Politik. Unser fundamentaler Ansatz bei dieser Sache lässt sich mit dem Begriff »Empowerment« zusammenfassen. In England können Frauen auf eine lange und substanzielle Geschichte des Kampfes um Gleichheit und Menschenrechte zurückblicken. Von uns erhalten sie jede erdenkliche Förderung; durch uns erreichen Frauengruppen ein breiteres Publikum. Daher halfen wir auch bei der Veröffentlichung eines wichtigen Buches mit dem Titel *What Women Want*. Es versammelt politische Erklärungen von 70 Frauenorganisationen und Frauenrechtlerinnen in Großbritannien, die mit klaren, vernünftigen und einsichtigen Argumenten für einen Wandel eintreten.

Wir werden uns weiterhin an jeder für unsere Aktion maßgeblichen Debatte beteiligen, und wir fordern, dass alle Betroffenen gehört werden, sei es in Fragen der Ehe und Familie, der Politik, des solidarischen Miteinanders oder der Arbeit.

Bei meinen Überlegungen in dieser Sache gehe ich von meinen persönlichen Erfahrungen als Geschäftsfrau aus. Auch wenn ich mich nicht in der abstrakten Geheimsprache der Sozialpolitik, der Wirtschaftspläne, der Pro-Kopf-Einkommen, der Bevölkerungsstatistik und dem sonstigen Jargon auszudrücken vermag, spreche ich mit Empfinden und Sachkenntnis über die konkrete Wirklichkeit der Frauen von heute – im Alltag und in der Arbeitswelt, in westlichen Industrienationen ebenso wie in den Entwicklungsländern.

In einem früheren Kapitel war schon vom Programm »Hilfe durch Handel« die Rede, das beim internationalen Aufbau von Basisprojekten in wirtschaftlich benachteiligten Gemeinschaften eine wesentliche Rolle spielt. Eines der besten Beispiele ist vielleicht die Frauenkooperative in Ghana. Sie versorgt The Body Shop mit Nüssen, aus denen unser Pflegemittel

Sheabutter gewonnen wird. Der Direkthandel mit ökonomischen Randgruppen und Kooperativen in aller Welt hat mir gezeigt, wie Frauen Gemeinschaften zusammenhalten. Wirtschaftliche Entwicklungschancen bedeuten ihnen wesentlich mehr als Geld. Sie fördern auch die Selbstachtung und bilden die Grundlage für Erziehung, Gesundheitspflege, kulturelle Kontinuität und die Möglichkeit, Traditionen zu schützen, während man die Zukunft entwirft. **Man muss den Frauen nur zuhören.**

Die vierte Frauenkonferenz der Vereinten Nationen in Peking 1995 war zwar von schlampiger Organisation – und von miserablem Wetter – geprägt, aber dennoch weltweit ein Zeichen dafür, dass sich Frauen künftig mehr Gehör verschaffen. Viel hatte sich nicht getan seit der Vorläuferkonferenz, die zehn Jahre zuvor in Nairobi getagt hatte. Damals lautete die Forderung, bis zum Jahr 2000 die Gleichberechtigung durchzusetzen. Dass diese Phase für Frauen in aller Welt weitgehend ein vergeudetes Jahrzehnt war, lässt sich nicht leugnen.

Politiker und Menschenrechtler sollten sich dazu verpflichten, unsere berechtigten Forderungen zu erfüllen. Nutznießer wären nicht allein die englischen Frauen, die es in den letzten Jahren besonders schwer hatten. Kann man sich vorstellen, dass Großbritannien bei Frauenrechten eine weltweite Führungsrolle übernimmt? Ich sehne mich danach, dass sich unsere Nation auf irgendeinem Gebiet auszeichnet, ganz vorn in der Liga spielt und die übrigen Länder mitzieht. Hinsichtlich der Frauenrechte sollten wir nicht in der zweiten Reihe marschieren.

Zu den schmerzlichsten und verstörendsten Eindrücken des letzten Jahrzehnts zählen Fotos aus den »Sterbezimmern« in der Volksrepublik China. Wer kann die Bilder vergessen, die damals um die Welt gingen, auf denen kleine, hohlwangige Babys vor Hunger sterben, bloß weil sie Mädchen sind? Man lässt sie sterben, weil sie als Menschen keinen Wert haben und wirtschaftlich nur Verlust bringen.

Wir alle wissen, dass es immer noch geschieht, und das heißt, wir müssen etwas dagegen tun. Meine Empörung über diese Gräuel kennt keine Grenzen. Es ist an uns, das Thema ganz oben auf die Tagesordnung des Gewissens zu schreiben und alles Menschenmögliche zu tun, um dieser sinnlosen und barbarischen Praxis des Kindermords Einhalt zu gebieten. Bedrückend ist auch, dass solche Untaten symptomatisch sind für den anhaltend niedrigen Status der Frau in einem Großteil der angeblich so »zivilisierten« Welt.

Ein altbekannter Spruch lautet: »Wo die Macht ist, fehlen die Frauen.« Frauen müssen an die Macht wollen. Weil uns die Art und Weise, wie Männer ihre Macht über uns Frauen genutzt haben, Narben schlug, wollen wir oft keinen Anteil an der Macht.

Petra Kelly

Selbstachtung ist der Schlüssel

Der Schlüssel, um die Bestrebungen der Frauen zu realisieren, liegt in der Selbstachtung. Selbstachtung, das verketzerte und gefürchtete Wort, wird zu Unrecht mit Selbstsucht und Selbstgerechtigkeit verwechselt – oft durch jene, die am meisten von der Opferrolle der Frau profitieren. Denn es ist die kürzeste Strecke zur Revolution. Es mag seltsam erscheinen, Parallelen zwischen Selbstachtung und Demokratie, zwischen Würde, politischem Engagement und Geschlechterfreiheit zu ziehen, doch in Zukunft werden wir uns daran gewöhnen. Mit einem Wort: Selbstachtung liegt am Beginn des Weges in das neue Jahrtausend.

Selbstachtung fängt in der Kindheit an. Sie beginnt bei den jungen Mädchen, die unserer Förderung bedürfen; sie vertrauen darauf, dass wir unsere Weisheit und Lebenserfahrung weitergeben, die besser ist als alles, womit die Medien sie füttern. Spätestens wenn diese jungen Frauen und Männer in die Pubertät kommen, sollten wir sie gelehrt haben, mit eigener Stimme und Selbstachtung zu sprechen, und wer Geschlechterfragen vom Lehrplan streichen will, verübt ein großes Unrecht an ihnen. Ich glaube, die Schule sollte unseren Kindern auch etwas über Beziehungen, Respekt und gewaltloses Miteinander beibringen. Wir müssen die Kinder ermutigen, sich dem Diktat eines idealen Körpers zu widersetzen, ihre Rechte wahrzunehmen und Legenden und Stereotype rund um das menschliche Verhalten zu hinterfragen.

> Wie sollen wir uns selbst regieren, wenn uns das Selbstvertrauen fehlt, das die Wurzel von allem ist.

Dann gibt es noch die »unsichtbare« Erziehung – das, was jungen Mädchen über Organisationen wie Girls Guides oder den christlichen Verein YWCA vermittelt wird. Diese Erziehung wird oft übersehen, obwohl sie ungeheuerlichen Einfluss ausüben kann. Wenn junge Mädchen sich etwas trauen in der Welt, können sie auch eigene Prinzipien erkennen und geltend machen: Werte wie Freundlichkeit, Kooperation und Freigebigkeit; Werte, mit denen wir unsere Welt reformieren und umgestalten.

Und was ist mit der anderen unsichtbaren Erziehung: im Elternhaus, in der Familie? Wir wissen, dass das Verhalten der Eltern die Kinder ein Leben lang prägt. Wir wissen, dass Missbrauch an Kindern oft dazu führt, dass sie Schindluder mit sich selbst treiben, und wir wissen, dass der daraus geborene Mangel an Selbstachtung es den Medien ermöglicht, Mädchen und Jungen gleichermaßen ihrem eigenen Körper zu entfremden. Hier muss sich die Schönheitsindustrie unangenehme Fragen stellen lassen: Ein Wandel wäre dringender geboten denn je.

"No Shit!"

"Dear, it says right here that men and women are created equal."

EDGAR'S BIG REALIZATION.

THE BODY SHOP
'A Registered Attitude Company.'

Get Out of the U.S!

»Baden gegangen« in den USA

Ich hätte es mir denken können, als ein Kunde in New Hampshire beim Anblick eines unserer frecheren Plakate ohnmächtig wurde: Die Expansion von The Body Shop auf dem amerikanischen Markt würde uns noch Probleme bereiten. Das Plakat zeigte einen muskulösen, braunen Männertorso mit einer Flasche Melonen-Selbstbräunungsmilch – aus der Serie »Fake It!« (Schummeln erlaubt) –, die wie ein überdimensionaler Schniedelwutz aus der Badehose ragte. Ein bisschen platt, zugegeben, sah aber witzig aus und hatte, als es uns von unserer Graphikabteilung in London präsentiert wurde, schallendes Gelächter hervorgerufen. In Australien wurde das Motiv so populär, dass sogar T-Shirts damit bedruckt wurden, weshalb ich offen gestanden ziemlich erstaunt war, als es in Amerika eine Massenhysterie auslöste.

Im Fernsehen sollte ich das Plakat gegen den Vorwurf des Sexismus verteidigen. »In einer Zeit, in der in Amerika über die Doppelmoral der sexuellen Vorurteile offen diskutiert wird, geben Sie ein schlagendes Beispiel«, erwiderte ich. »Wohin man auch blickt, überall nutzt die Reklame weibliche Reize, um Produkte zu verkaufen. Doch kaum ist mal ein Mann auf dem Plakat zu sehen, verletzt es die guten Sitten. Vollkommen idiotisch ist das. Es handelt sich um eine lockere Parodie auf den momentanen Kult der Schönheitsikonen – nur weil es mit Männlichkeit zu tun hat, erregt es Interesse.« Vorsichtshalber ließ ich unerwähnt, dass wir während der anhaltenden Proteste eine weitere Auflage drucken ließen, um die steigende Nachfrage der Kunden nach einem Exemplar des Posters zu befriedigen.

Schließlich kam die Geschichte unter der Schlagzeile »Mae West hätte sich ins Fäustchen gelacht. Andere nicht!« sogar auf die Titelseite von *USA Today*. Ich hielt das für pure Heuchelei. Offenbar hat man nichts dagegen einzuwenden, wenn Brüste aus Push-up-Büstenhaltern quellen, aber so etwas – nein! Andererseits, so ist das nun mal in Amerika. Irgendwie anders.

Aus europäischer Perspektive sind die USA der Friedhof des europäischen Einzelhändlers. Ein Händler nach dem anderen hat frohgemut den Atlantik

Anonymer Drohbrief, der nach unserer »Fake It!«-Kampagne in den USA eintraf.

FAKE IT
Self-tan lotion

THE BODY SHOP

überquert und ist jenseits in den Einkaufszentren eingegangen wie ein Fisch in der Steppe. Auch The Body Shop wurde in Amerika beinahe untergepflügt. Wir haben eine ganze Reihe größerer Fehler gemacht, die teils unserer Arroganz geschuldet werden müssen und teils unserer bodenlosen Naivität. Wir sahen die Probleme nicht voraus, weil wir nicht im Voraus überlegten. Wir dachten noch immer wie Unternehmensgründer, trieben eine Idee nach der anderen voran und sahen zu, wie weit wir damit kamen. Wir dachten, wir wären ein Ladeneröffnungsunternehmen! In Amerika hatten wir Shops eröffnet, in Japan – was waren wir doch für tolldreiste Typen. Uns ging es wie Alice im Wunderland, wir wurden größer und größer – und nahmen uns nie die Zeit, mal über die Schulter zu schauen und uns zu orientieren. Kein Analyst konnte sich erklären, wieso wir Jahr für Jahr 160 Shops in aller Welt aufmachten, doch für uns war das ein Kinderspiel. Oder zumindest glaubten wir, dass es eines wäre.

Als wir 1988 in den US-Markt einstiegen, zogen wir es vor, Filialen zu eröffnen, statt direkt zum Franchising überzugehen, um uns dem ungewohnten Markt erst einmal anzupassen. Ladenlokale werden in den USA fast ausschließlich von Einkaufszentren kontrolliert, in denen auch das meiste Geschäft gemacht wird. Diese Entwicklung hat, glaube ich, mehr als irgendetwas sonst zum Niedergang der amerikanischen »Main Street«-Stadtkultur beigetragen – und damit den Gemeinschaftsgeist zerstört. Sie bieten einem ein gutes Lokal in einem Zentrum an, wenn man bereit ist, drei elende Buden in anderen Zentren zu nehmen. Dabei wollten wir nicht mitspielen, aber früher oder später kamen wir nicht mehr darum herum.

Ich finde es wenig erfreulich, wenn man Menschen vier bis fünf Stunden unter einem Dach zu bleiben zwingt – und die Einkaufszentren werden eher von großen Ladenketten kontrolliert als von kleinen Einzelhändlern. Wir fingen jedenfalls mit einer, wie ich damals fand, intelligenten Strategie an und ließen uns erst in New York und Umgebung nieder, um zu sehen, ob es sich auszahlte, was auch der Fall war. Dann aber bildeten wir uns ein, wir dürften glauben, was über uns geschrieben wurde, und es ginge für immer so weiter. Wir ahnten nicht, dass der amerikanische Handel in vielerlei Hinsicht völlig anders ist.

Da war die Konkurrenz…

Als wir nach Amerika gingen, hielten wir uns für begnadet, unverwundbar und meinten ernsthaft, ohne jede Vorüberlegung einen völlig neuen Markt

Amerika ist kein Schmelztiegel. Es ist ein siedender Hexenkessel.

Barbara Mikulski

erschließen zu können. Wie haben wir uns getäuscht! Was wir damals nicht absehen konnten, war das unglaubliche Tempo, mit der die Konkurrenz auf den Plan trat.

Im Herbst 1990 – im selben Jahr begannen wir mit dem Franchising – eröffnete der Händlermogul Leslie Wexner seine erste Bath-&-Body-Works-Filiale – die Kette, die wenig später als unser Hauptkonkurrent bezeichnet wurde. Binnen anderthalb Jahren gab es rund 30 verschiedene Imitate von The Body Shop, und wir rangen ums Überleben. Wettbewerber wie H20 Plus, Goodbodies, Origins und Garden Botanika sprangen auf den Naturkosmetikzug auf, entwickelten ihre eigene Produktlinie mit Fruchtaromen und boten sie billiger an. Jetzt erst ahnten wir, welch schwer wiegende Folgen die amerikanische Nachahmer-Marketingmethode mit sich brachte.

Doch andererseits *waren* wir letztlich ein Filialeröffnungsunternehmen. Was uns fehlte, war eine vernünftige Strategie, mit einer derart rasanten und gnadenlosen Konkurrenz fertig zu werden. Wir hatten uns nie ausgemalt, was passieren würde, wenn ein Branchenriese wie Wexner, der immens viele Ladenflächen in US-Einkaufszentren gemietet hat, sich plötzlich dazu entschließt, pro Zentrum einen Laden in ein Imitat von The Body Shop zu verwandeln. Im Handumdrehen gab es 500 konkurrierende Läden in direkter Nachbarschaft. An so etwas hatten wir nicht mal im Traum gedacht.

Wir bildeten uns ein, die Leute wären imstande, das Original von der Kopie, die Wirklichkeit vom Nichtigen zu unterscheiden.

… und das Marketing …

Die Freude darüber, dass wir so viele Shops aufmachten, überdeckte das tatsächliche Geschehen. Während generell die Verkäufe anzogen, kämpften viele unserer Shops mit stagnierendem oder sinkendem Umsatz.

In der Eile der Expansion hatten wir nicht genau genug auf Marketingdetails geachtet. Kleinere Irritationen erhielten plötzlich immense Bedeutung. Der Name unserer Männerserie, »Mostly Men«, bürgerte sich nicht ein; später entdeckten wir, dass »The Body Shop for Men« besser ankam. Hinzu kam, dass Amerikaner ihre Shampoos lieber in Flaschen mit Klappverschluss statt mit Drehverschluss kaufen. **Am meisten machte uns zu schaffen, dass unser gesamtes Ethos einfach nicht zu vermarkten war.** Umweltbewusstsein, der Verzicht auf mit Tierversuchen hergestellte Zutaten und die Entschlossenheit, »Hilfe durch Handel« zu leisten,

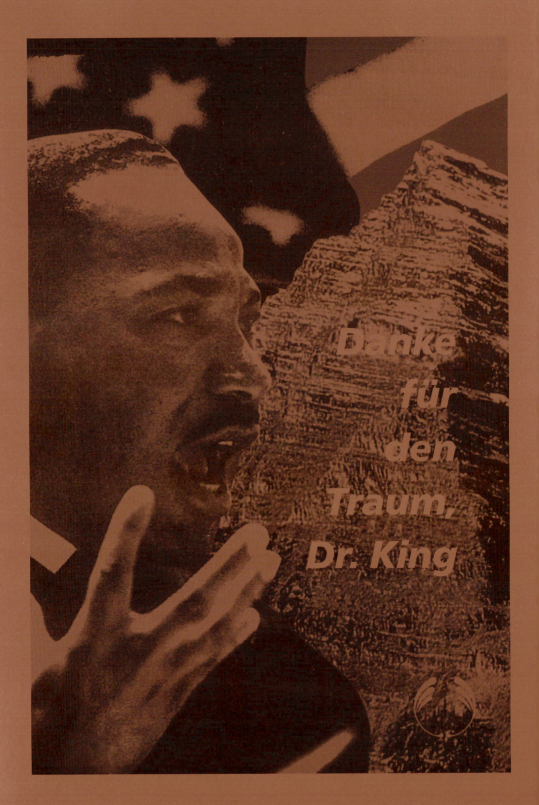

erwiesen sich in den Vereinigten Staaten als Klotz am Bein. Und vieles konnten wir gar nicht machen, von der Produktion bis zum Vertrieb. Über die Hälfte der erhältlichen Inhaltsstoffe kam für uns nicht infrage, weil sie an Tieren getestet wurden. Wir legten uns krumm bei der Entwicklung von Produkten, für die wir Rohstoffe aus der Dritten Welt, geerntet von Einheimischen, verwenden konnten, weshalb wir kaum in der Lage waren, die Nachfrage des Marktes zu decken. Amerika ist der größte Konsument von allen, und es gierte nach neuen Produkten, für deren Lieferung uns schlicht die Kapazitäten fehlten.

… und die Gewinnspannen …

Uns war auch nicht bewusst, dass sich in Amerika die riesigen Gewinnspannen bei Kosmetik- und Pflegeprodukten so nachteilig auswirken würden. Das Franchising fraß die Gewinnspannen auf. Unser Unternehmen ist so strukturiert, dass Hauptfranchisenehmer ein Netzwerk von Subfranchisenehmern unterhalten. Der Hauptfranchisenehmer braucht eine Gewinnspanne, um Subfranchisenehmer und andere Mitarbeiter trainieren zu können und um die Läden ins Laufen zu bringen, und die Subfranchisenehmer müssen ja auch von etwas leben.

Dieser Zwischenschritt brachte mit sich, dass unsere Gewinnspanne drastisch reduziert war, während unsere Wettbewerber Produkte im Großhandel für zehn Cents kauften, sie im Einzelhandel für einen Dollar anboten, 20 Prozent Rabatt gewährten und immer noch gut daran verdienten. Die US-Kundschaft rechnet fest mit Rabatten, die wir ihr nicht gewähren konnten. **Auch das Konzept der endlosen Ramschverkäufe hatten wir nicht begriffen – bei uns gab es keinen einzigen Ramschverkauf!** Und nie sind wir auf die weit verbreitete Strategie namens GWP (Gift With Purchase – für jeden Kauf ein Geschenk) verfallen. Besonders beliebt bei Amerikanern ist das Angebot »zwei zum Preis von einem«, was wir ebenfalls noch nie praktiziert hatten. Am Ende sahen wir ein, dass wir Handel in einer Discountkultur betrieben, die uns vollkommen fremd war.

Bald entdeckten wir, dass alles, was wir an The Body Shop für raffiniert und alternativ und clever gehalten hatten, in den Vereinigten Staaten kaum eine Rolle spielte. Mittlerweile waren wir gewohnt, politische Themen zu akzentuieren, und wir dachten uns nichts dabei, aus den Reden von Martin

Luther King zu zitieren, um den Martin-Luther-King-Gedenktag in unseren Filialen zu begehen. Darauf reagierten die Eigentümer der Einkaufszentren extrem unleidlich. Bauherren von US-Einkaufszentren mögen es nicht, wenn man Shopping mit Politik verbindet. Während unserer Wahlbeteiligungskampagne – und fast täglich im Verlauf der Menschenrechtskampagnen – machten sie uns die Hölle heiß.

… und der Humor …

Bevor die »Fake It!«-Hysterie ausbrach, hatten wir ein Plakat verbreitet, das den Weihnachtsmann mit einer umgedrehten Baseballkappe, in Turnschuhen und mit einem Walkman zeigt. Daraufhin wurden wir beschuldigt, wir förderten »Jugendkriminalität«. Eine Werbung für ein Herrendeodorant wurde als »Verführung zur Homosexualität«, andere Plakate wurden – namentlich von religiösen Fanatikern – als »Ekel erregend«, »unmoralisch« und »schlüpfrig« verteufelt. Und damit nicht genug, traten wir mit unserer Mutter-&-Baby-Serie, die wir unseligerweise »Mama Toto« nannten, voll ins Fettnäpfchen. Viel zu spät entdeckten wir, dass »Mama Toto« in einigen Gebieten von Mexiko dasselbe bedeutet wie »Motherfucker« in Nordamerika.

Als wir dann vor unserem Laden in der Castro Street in San Francisco ein großes Transparent mit dem Spruch

»Eins, zwei, drei, vier, nimm ein Kondom oder masturbier!«

aufzogen, teilte mir unser damaliger amerikanischer CEO mit, so etwas könnten wir nicht machen. Sein Abscheu war so groß, dass ich mich in meinem eigenen Unternehmen als Störfaktor fühlte. Das hätte mich furchtbar beunruhigt – wenn ich nicht schon vor Jahren zu der Erkenntnis gelangt wäre, dass Störungen immer dann auftauchen, wenn die geistigen »Kinder« von Unternehmensgründern heranwachsen und es schwerer fällt, sie mit den Ideen von einst zu identifizieren.

… und die Werbung …

Zu allem Unglück sind wir auch noch ein Unternehmen, das kaum Werbung betreibt. In Amerika, der Heimat der Werbung, hielt man das für vollkommen widersinnig. Daher brachen wir mit unserem Tabu und wagten uns mit ein paar Anzeigen vor. Aber es war hoffnungslos. Uns fehlte die Courage – oder die Erfahrung. Jedes Mal, wenn wir es versuchten, fiel das Ergebnis peinlicher aus als zuvor.

… von den Leuten gar nicht zu reden

Als wir uns 1990 zum Franchisegeschäft entschlossen, hatten wir über 2000 Bewerber. Auf den Fragebögen, die wir ihnen schickten, sollten sie ihren Literatur-, Film- und Musikgeschmack schildern und beispielsweise Auskunft geben, wie sie einst zu sterben wünschten. Standardisierte Vorstellungsgespräche fand ich furchtbar langweilig und wollte mit Menschen arbeiten, die politisch denken und nach einer wertorientierten Lebensweise streben. Man warf uns vor, einen Kult mit politisch Gleichgesinnten begründen zu wollen.

Zu den heikelsten Punkten gehörte, dass wir sagten, wir würden nicht in erster Linie Managementfähigkeiten verlangen. Diese Haltung mag herzerfrischend und harmlos gewesen sein, aber sie war mit Sicherheit naiv. Mir ging es nicht um strenges Businessdenken; ich wollte Menschen mit Leidenschaft und Hingabe für die Sache gewinnen. Damals schien es richtig zu sein, im Rückblick war es ein schwerer Fehler. Zahlreiche Fragebögen bekamen wir von Aktivisten, Lehrern und Umweltschützern, die an einer Filiale von The Body Shop interessiert waren, weil sie unsere Ziele guthießen. Manche von ihnen erwiesen sich als Glückstreffer, doch andere waren so fehl am Platz, dass wir eine Kabarettnummer daraus machen könnten. **Ich glaube nicht, dass in diesem ersten Jahr irgendwer zu uns kam, der sich auch nur im Entferntesten für den Umsatz interessierte. Was sie suchten, war eine moralisch vertretbare Existenz. Sie wollten die Verhältnisse ändern und sich an einem sozialen Experiment beteiligen.** Einerseits war das großartig, doch es hieß auch, dass wir Leute ohne jegliche geschäftliche Vorkenntnisse zu Managern machten. Dem amerikanischen Talent zur beredten Selbstdarstellung gingen wir vollends auf dem Leim. Sie kamen voller Energie und Herzlichkeit auf uns zu, doch oft blieb ihre Leistung weit hinter den schönen Versprechungen zurück. Oft genug hatten wir uns Maulhelden angelacht, oder gar Leute, die nur für uns arbeiten wollten, weil nebenan ein toller Golfplatz lag. Und wir mussten feststellen, dass unser Spitzenpersonal die stümperhaftesten Entscheidungen traf.

Das Maulheldenproblem

Eigentlich könnte ein Wirtschaftswissenschaftler mal eine Fallstudie über unsere Personalpolitik vorlegen. Er käme rasch dahinter, dass wir mit traumwandlerischer Sicherheit die falschen Leute einstellten. Wir hatten keine Ahnung, wie man Anzeichen für Aufschneiderei erkennt, für verbale Gewalt, für Mittelmäßigkeit oder für Gleichgültigkeit gegenüber unserem guten Ruf. Wir wussten nicht einmal, wie man erkennt, ob jemand gern hinter der Ladentheke steht. Das lag einfach daran, dass wir dem Auftreten der Bewerber nicht mehr die gleiche Aufmerksamkeit widmeten wie noch zu Anfang. Inzwischen überließen wir das den Personalberatern.

Ich denke an einen bestimmten Direktor, der mir Sorgen machte. Das Erste, womit er mich zur Weißglut reizte, war, dass er unser Marketing in eine ganze Serie von Formeln packen wollte. Er führte eine Standardkundin ein, die er Betty nannte. Alles sollten wir so hinbiegen, dass Betty zufrieden war. Ich bekam einen gehörigen Abscheu vor Betty und vor allem, was mit ihr zu tun hatte. Bis heute kriege ich bei dem Namen eine Gänsehaut. Während

ich mir das Geschwafel des Direktors anhörte, begann ich mich zu fragen, was es mit dieser Denkweise auf sich hat.

Ich selbst bin entzückt über jeden Kunden, der einen unserer Shops betritt – ob Tom, Dick oder Harry, jung oder alt, alle, denen wir unsere Geschichten erzählen können. Schon in den ersten Zeiten hatte ich mich mit den Mitarbeitern zusammengesetzt und erklärt, dass unsere Produkte von allen und jedem gekauft werden sollten.

Ich werde nie vergessen, wie wir in San Francisco mit zwei oder drei Angestellten, für die ich meine Hand ins Feuer legen würde, beim Dinner saßen. Sie waren mehr oder weniger schon als Teenager zu mir gekommen, und ich förderte sie seit über einem Jahrzehnt. Ich hatte sie aufwachsen sehen, und sie waren einfach erstklassige Leute. Wie The Body Shop sich anfühlt und riecht, wussten sie besser als irgendwer sonst, und sie forderten den Direktor, der uns

Betty aufzwingen wollte, ständig heraus. Zu meinem Entsetzen wandte er sich während des Essens plötzlich einem von ihnen zu und sagte: »Wenn Sie nicht endlich spuren, sorge ich verdammt noch mal dafür, dass der nächste Erste der Letzte für Sie ist!«

Ich kochte vor Wut. Als wir alleine waren, stellte ich ihn zur Rede: »Ich mag Sie nicht, ich mag nicht, wofür Sie stehen, und ich mag Ihre Protzerei nicht. Ob Sie sich daheim genauso mies benehmen, ist mir schnurzpiepegal, aber wenn Sie es hier tun, habe ich was dagegen. Ich will es nicht, nicht mal ansatzweise, denn es kotzt mich an!« Was glauben Sie, wie er reagiert hat? Bedankt hat er sich noch bei mir, weil ich so offen mit ihm sprach! Was soll man da machen? Danach hat er es noch zwei oder drei Monate bei uns ausgehalten.

Amerikas wahre Helden

Glücklicherweise ist der Betty-Direktor für Amerika nicht repräsentativ. Wer könnte das schon sein? Amerika hat mich seit jeher fasziniert, verlockt, abgestoßen und herausgefordert. Ich liebe den Enthusiasmus, der dort herrscht, die Bereitschaft zum Risiko, die Experimentierfreude, und einige unserer rührigsten und imponierendsten Franchisenehmer sind Amerikaner. Übrigens habe ich in den USA mehr Helden kennen gelernt als an jedem anderen Ort der Welt.

Ich denke dabei an Institutionen wie das Social Venture Network, investigative Zeitschriften wie *Mother Jones*, Leute wie Carl Jensen, den Gründer von Project Censored, der seit 20 Jahren daran arbeitet, Manipulationen der Medien durch die US-Regierung, das Militär und Konzerne aufzudecken. Jahr für Jahr veröffentlicht Carl Jensen ein Buch mit dem Titel *The News That Didn't Make News and Why*. Gestützt auf präzise Recherchen und lupenreine Quellen, entdeckte er als einer der Ersten den sauren Regen, die Probleme beim Stilllegen von Atomreaktoren und die Verwicklung der USA in die Ausbildung von Todesschwadronen in Mittelamerika. Doch meine spezielle Bewunderung gilt folgenden vier Amerikanern, auf deren Freundschaft ich stolz sein kann:

Ralph Nader

Ralph ist Amerikas bekanntester Verbraucheranwalt. Er ist ein Mann, vor dem ich größten Respekt habe. Mehr als jeder andere hat er meine Hal-

Das ist… ein Wesenszug, den keine andere Nation im gleichen Maß aufweist wie wir – nämlich das Gefühl der Schmach und der fast kindischen Verletztheit, weil die übrige Welt nicht erkennt, dass wir nur die großzügigsten und besten Vorsätze hegen.

Eleanor Roosevelt

tung gegenüber der Businesspolitik geprägt. Zeit seines Lebens spielte er den David, der sich den Goliaths der Konzerne in den Weg stellt und den Multis zeigt, wie sehr sie sich täuschen, wenn sie glauben, ihre Größe dazu nutzen zu können, Kritik im Keim zu ersticken. Überdies hat er bewiesen, wie viel selbst ein Einzelner ausrichten kann. US-Unternehmen fürchten ihn wie der Teufel das Weihwasser, und seine Besessenheit kann einen wirklich das Fürchten lehren. Doch dieser energische und verschlossene Mann ist nach Umfragen einer der wenigen in Washington, auf deren Wort die amerikanische Bevölkerung vertraut – aus einem ganz einfachen Grund. Er formuliert die simple Frage, die wir uns alle stellen sollten: Weshalb wird von der Wirtschaft nicht genauso viel Verantwortungsbewusstsein eingefordert wie von jedem Bürger? Die amoralische Haltung der Wirtschaft ist Ralph ein Gräuel, und seine unvermindert lodernde Empörung darüber macht mir Mut.

Was mich ebenfalls ermutigt, ist Ralphs Zutrauen zum einfachen Bürger. In ihm sieht er den Motor, der einen Wandel an Haupt und Gliedern der Politik bewirkt. Die Macht der Masse wird ausreichen. Wir haben sie in den letzten Jahren des 20. Jahrhunderts auf den Straßen zahlloser Länder erlebt. Und in der Unternehmenswelt ist die alles dominierende Bilanz die Achillesferse – eine Achillesferse, die durch die Macht der Verbraucher höchst verwundbar ist.

Matthew Fox

Matthew ist Theologe, und meine Besuche bei ihm sind der Höhepunkt jeder Reise, die ich nach Kalifornien unternehme. Kaltgestellt vom Vatikan, als gefährlich verketzert vom Papst – den er mit dem alkoholkranken Vater einer kaputten Familie vergleicht –, sitzt er heute im Direktorium der University of Creation Spirituality in Oakland. Berühmt ist dieses Institut für seinen ganzheitlichen Ansatz, der die Seele bildet, ohne den Körper zu verleugnen.

Matthew glaubt, das in unserer Gesellschaft grassierende Problem der mangelnden Selbstachtung habe vor allem mit unserer Distanz zur Welt der Rituale zu tun. Erst im Ritual, meint er, »vereinigen sich Gemeinschaften, um zu heilen, zu feiern, Talente ihrer Mitglieder zur Geltung zu bringen, um die Generationen auf eine gemeinsame Ursprungsgeschichte und daher auf eine gemeinsame Moral zu verpflichten«.

Die Seelenverwandtschaft mit Matthew, die ich schon 1993 bei unserer ersten Begegnung verspürte, liegt wohl in der Gemeinsamkeit unserer Berufung, für die wir berüchtigt sind – heilige Kühe schlachten zu wollen. Dabei war er auf die Seele spezialisiert und ich, Gründerin einer Kosmetikfirma, eindeutig auf das Fleisch. Doch Leuten wie uns gelingt es, Zusammenhänge zwischen vermeintlichen Gegensätzen herzustellen, und beide wollten wir den Geist des Lebens achten. Hatte mich das nicht schon meine Mutter zu lehren versucht?

Ich erinnere mich noch gut an den Vortrag, den Matthew in unserer Zentrale in Littlehampton hielt. Sein Besuch fiel mit den skandalösen Ereignissen um einen »Rave-Pfarrer« in Sheffield zusammen. Unter die Mitarbeiter, die sich zu diesem Vortrag in unseren Filmvorführsaal drängten, hatte sich eine Anzahl wiedergeborener Christen gemischt. Wahrscheinlich erwarteten sie mehr oder weniger, von einem Diener des Satans begrüßt zu werden. Stattdessen hob Matthew an, über die großen Mystiker zu sprechen, die Gott in allen Dingen schauten. Er hielt eine poetische, liebevolle Predigt, der das Publikum ergriffen und mucksmäuschenstill lauschte.

Matthew gehört heute zu den weltweit einflussreichsten Theologen, doch zugleich engagiert er sich auch in dieser Welt. Einmal standen wir gemeinsam auf der Bühne und sprachen über ein Thema, das an die Grundsätze von The Body Shop rührt: die Notwendigkeit, Arbeit neu zu erfinden, indem sie mit einem Wertesystem verknüpft wird. Matthew glaubt an den Sinn für die Gemeinschaft, der in den Sphären des Business und der Wissenschaften abhanden gekommen ist. Doch ist die »wertfreie« Objektivität dieser Sphären inzwischen längst erschüttert. »In den Wissenschaften selbst«, erklärte er, »erkennt man mehr und mehr, dass Anteilnahme dazugehört, wenn wir mit der Welt in Austausch treten. Daher kann auch das Business nicht länger Objektivität vorschützen und alles nur nach wenigen, ausgesuchten quantitativen Kriterien bewerten.« Wenn er uns zu irgendeiner geschäftlichen Vorgehensweise raten sollte, würde er empfehlen: Schaut in eure Herzen und Seelen. Dort muss heutzutage die eigentliche Arbeit des Business geleistet werden, denn es gehört zu dessen Verantwortung, sich der krisengeschüttelten Welt zuzuwenden.

Rebecca Hoffberger

Rebecca Hoffberger ist die Gründerin und Direktorin des American Visionary Art Museum in Baltimore. Außenseitern und ihrer Kunst gilt ihre ganze Leidenschaft, den Werken, die am Rand der Gesellschaft entstehen und von Armen, Entwurzelten oder einfach nur Besessenen geschaffen werden. Die im AVAM ausgestellten Objekte sind von einer Direktheit, die einem mitunter den Atem raubt. Gleichzeitig spürt man immer wieder echte Größe – die Größe des menschlichen Geistes im freien, souveränen Höhenflug.

Durch Rebecca habe ich Künstler wie Leonard Knight kennen gelernt, einen Veteranen des Koreakriegs, der einen Berg im kalifornischen Niland bemalt hat. Eigentlich hat er den Berg selbst gemacht – aus Tonziegeln. Von der Sonne gebacken, in viele Farbschichten gehüllt, dürfte Salvation Mountain alles überstehen, was die Natur ihm beschert. Das in den Grundfarben leuchtende Spektakel aus Wasserfällen, Blumen und biblischen Szenen ist wie von selbst zur Attraktion geworden. Hunderte von Besuchern kommen vorbei oder lassen sich in ihren Wohnmobilen auf Dauer nieder. Museumsleute, Kunstkritiker, Soziologen und Filmemacher geben sich ein Stelldichein, um eines der eindrucksvollsten Zeugnisse visionärer Kunst in Amerika zu besichtigen.

In Gesellschaft von Menschen wie Leonard verbringt Rebecca ihr Leben. Fast hätte ich sie darum beneidet, allerdings läge mir nichts ferner als Neid gegenüber einer so zupackenden, humorvollen Frau, die jeden mitreißt, der ihr begegnet. Ihr Charme war der wichtigste Verbündete in ihrem jahrzehntelangen Ringen um die Gründung des AVAM. Ebenso unwiderstehlich war ihre unglaubliche, nahezu stählerne Energie. Schon mit 17 erklärte sie einem Reporter, dass sie sich kreativen Dingen widmen wolle und wie sehr ihr die Menschen im Schatten der Gesellschaft am Herzen lägen. Deshalb ist das AVAM buchstäblich ihr Lebenswerk.

Rebecca hat einmal gesagt: »Kunst ist der Klebstoff der Zivilisation.« Sie glaubt, dass manche Städte – Rom und Paris beispielsweise – die Jahrhunderte nur überdauern, weil sie spirituelle und kulturelle Zentren sind. Ein Vermächtnis dieser Art will sie für Baltimore schaffen, die Stadt Edgar Allan Poes, der TV-Serie *Homicide* und der gebrochenen Zelluloidvisionen des Regisseurs John Waters. Eine riesige Herausforderung: Ich wüsste niemanden sonst, der ihr gewachsen wäre.

Gloria Steinem

Gloria beeinflusst mich noch heute wie ehedem, und sie ist in Person genauso inspirierend wie in ihren Schriften. Wenn ich bedenke, was sie für mein Leben bedeutet hat, ist es schon merkwürdig, dass mir nicht einfallen will, wann ich das erste Mal von ihr hörte. Vielleicht war es, als jemand ihren berühmten Schlachtruf der Feministinnen zitierte: »Eine Frau ohne Mann ist wie ein Fisch ohne Fahrrad!« Soziales Engagement *und* Humor: Kein Wunder, dass sie junge Frauen wie mich, die die befreiende Energie der frühen

60er Jahre aufsogen, unwiderstehlich anzog. Gloria fand damals die richtigen Worte für uns, wie seitdem immer wieder als glühende Verfechterin der Frauenrechte.

Als feministisch wird normalerweise jemand – Frau oder Mann – definiert, der für die vollständige soziale, ökonomische und politische Gleichheit der Geschlechter eintritt. Gloria fügte hinzu, dass Feminismus bedeute, sich gegenseitig die Macht einzuräumen, Entscheidungen zu treffen. Diese Faustregel der Freiheit lässt sich überall anwenden: von der globalen Wirtschaftspolitik bis hin zur persönlichen Politik des menschlichen Intimlebens. Dabei geht es nicht nur um Frauen. Gloria hat mit großer Einsicht von der Notwendigkeit gesprochen, Jungs zur Anteilnahme zu erziehen, ihnen zu zeigen, dass sie die »femininen« Eigenschaften wie Mitleid, Verletzlichkeit und Empathie nicht unterdrücken müssen. Im Prinzip sind das Probleme der Selbstachtung, und damit kommen wir dem Grundgedanken von The Body Shop wieder sehr nahe.

Aber ich freue mich, dass Gloria auch auf etwas hinweist, was nach meiner Meinung ausschlaggebend für unsere Selbstachtungskampagne war. Wenn es darum geht, andere so zu behandeln, wie sie behandelt werden möchten, sind Frauen echte Expertinnen. Nun müssten sie nur noch diese Faustregel umkehren und *sich selbst* ebenso gut behandeln wie andere. Passivität ist *kein* femininer Zug.

Niemand weiß besser als Gloria, was Frauen blüht, die sich für weibliche Selbstbestimmung stark machen. Von ihrem Optimismus können wir uns eine Scheibe abschneiden, und wir sollten auf ihren Rat hören: »Nichts passiert automatisch. Jede Veränderung hängt davon ab, was ich und du heute tun.«

Am Boden zerstört

In den ersten Jahren erwies sich unser Vorstoß in dieses Land der Helden als außerordentlich erfolgreich. Unsere US-Verkäufe kletterten um 47 Prozent auf 44,6 Millionen; die Gewinne stiegen um 63 Prozent auf 1,9 Millionen Dollar. Blicke ich auf jene Anfänge in Amerika zurück, nenne ich sie, wie viele Franchisenehmer selbst sie bezeichnen: das »goldene Zeitalter« von The Body Shop. »Das Gefühl, von der Sache überzeugt zu sein, die Aufregung und der Spaß waren mit Händen zu greifen«, wie es eine Franchisenehmerin ausdrückte. Ich selbst habe damals die innigsten Freundschaften geschlossen. Wir fühlten uns wirklich als Händler der Visionen.

Im Herbst 1993 eröffneten wir unseren neuen US-Hauptsitz in Raleigh, North Carolina, wo wir auch Produktion und Vertrieb der amerikanischen Produktlinien ansiedeln wollten. Unser Ziel war, am Ende des Jahrzehnts mit 500 Shops in den Staaten vertreten zu sein. Die Gegend war märchenhaft, warm und lieblich, die Kinder konnten zu Fuß zur Schule gehen, und die Immobilien waren billig; eine Gemeinde, die den alten amerikanischen Pionierstädten ähnelte. Die Bevölkerungsdichte in den umliegenden Städten war groß genug, um Arbeitskräfte zu finden, und eigentlich hätte alles perfekt sein können. Aber die Atmosphäre knisterte hier nicht wie in San Francisco, wo man die besten Marketingideen bekommt und von der Elite der Gegenkultur umgeben ist. Wir hatten uns einen angenehmen Altersruhesitz geschaffen, während wir eigentlich im Zentrum von San Francisco oder in New York sein sollten, wo man etwas von der Welt mitkriegte. Das war ein großer Fehler.

Natürlich wurde uns das erst später klar. Für Produktion und Vertrieb war die Umgebung ideal, und wir errichteten diese Riesenfabrik, das umweltfreundlichste Gebäude weit und breit, dessen Dimensionen Zuwächse von 30 bis 40 Prozent pro Jahr voraussetzten. Wir hätten besser ein Katastrophenszenario entwickelt nach dem Muster »Was passiert, wenn ...?«, aber das wurde versäumt. Und plötzlich, ein Jahr nach Einweihung der Fabrik, verlangsamte sich auf einmal das US-Wachstum von The Body Shop. Schließlich stagnierte es vollends. Was uns blieb, waren riesige Überkapazitäten, mit denen wir nichts anfangen konnten.

1994 wurden die Medien auf unsere verschlechterte Lage aufmerksam. Die Wirtschaftsgurus rieben sich die Hände und prophezeiten, wir würden uns der amerikanischen Linie anpassen, dem Beispiel unserer Konkurrenz folgen und verstärkt zu einem straff organisierten, uramerikanischen Unternehmen werden ohne all die Sperenzchen wie Kampagnen für Bürgerrechte und was sonst noch. Gleichzeitig wurde eine überspitzte, hochgepushte Kontroverse über unsere ethischen Standards vom Zaun gebrochen (vgl. Kapitel »Zielscheibe auf meinem Rücken«).

Als offensichtlich wurde, dass unser amerikanisches Unternehmen in Turbulenzen geriet, machte sich wachsende Unruhe unter den Franchisenehmern bemerkbar. Sie spürten den Konkurrenzdruck von Firmen ohne jedes Interesse an ethischen Standards im Handel, die neue Produkte wesentlich schneller auf den Markt werfen konnten als wir. **Franchisenehmer fin-**

gen an, sich über die »Überforderung« durch unsere Moral zu beschweren. Das war so ungefähr das Letzte, was ich hören wollte, weshalb ich in die Vereinigten Staaten eilte, um vor den Franchisenehmern Rede und Antwort zu stehen. Im Rückblick stelle ich fest, dass ich damals unsere US-Probleme analysierte und meine eigene seltsame Rolle im Unternehmen auf den Punkt brachte.

Das waren meine Worte

Wir haben gehört, dass es Irritationen gibt, und ein Viertel von euch in diesem Saal erklärt, ihr seid nicht mehr sicher, ob The Body Shop eure Zukunft ist, und dass ihr gehen wollt. Einige sind entschlossener als andere, und manche hatten sich wohl größeren Erfolg in dieser Branche erhofft.

Ich blickte mich unter den Anwesenden um. Einige der Franchisenehmer zählten zu meinem engsten Freundeskreis.

Manche von euch sind erschöpft von ihrer harten Arbeit, und ihr braucht vielleicht eine Auszeit, um wieder zu euch selbst zu kommen. Andere möchten bleiben und bemühen sich verzweifelt um Expansion, sehen aber nicht, wie das auf beschränktem Raum gehen soll. Ich kann mich hier nicht hinstellen und diesen »Zeitgeist«, der The Body Shop America erfasst hat, ignorieren. Jedes Mal, wenn ich herüberkomme, erkenne ich neue Symptome des allgemeinen Unbehagens. Wir setzen alles daran, das zu ändern. Änderungen sind bei The Body Shop nichts Neues, alle Unternehmen müssen sich heutzutage dem Wandel unterwerfen. Es kommt nur darauf an, wie ihr ihn umsetzt, meistert und überlebt.

Wenn von Veränderung die Rede ist, mag es euch oft so vorkommen, als sei das eine ganz einfache Sache: eure Vision formulieren, ein Reformprogramm ausarbeiten und dann geht es so kinderleicht wie »Malen nach Zahlen«. Aber eines müsst ihr begreifen: Auf diese Weise verändert man nichts. In der gewandelten Realität werden eure Visionen unscharf – besonders wenn neue Führungskräfte ins Spiel kommen. Eure besten Freunde machen nicht mit und laufen euch davon, und ihr bleibt ohne Verbündete zurück, mit denen ihr Hoffnungen und Ängste teilen könntet. Konkurrenz und Gegner nehmen ihren Platz ein, wenn ihr es am wenigsten erwartet; und euer ärgster Widersacher entpuppt sich vielleicht als eure beste Stütze. Warum das alles passiert? Weil jeder Wandel mit Menschen zu tun hat, und alles Menschliche ist stets mit Überraschungen verbunden. Wenn ihr versucht, in einem verschlafenen Umfeld Veränderungen durchzusetzen, werden außer euren schönsten Träumen auch ein paar Alpträume wahr.

Ich erläuterte meine Deutung der Probleme, Motive und Fragen:

– Mangel an Kreativität lähmt uns, und wir starren wie hypnotisiert auf die Konkurrenz. Doch Kreativität ist der einzige Faktor, der uns vor anderen auszeichnet.
– Bei der Produktentwicklung können wir beachtliche Erfolge verzeichnen; aber was ist mit unserer eigenen, menschlichen Entwicklung?
– Wir hatten einige schöne neue Produktideen. Doch wie geht das Marketing darauf ein?
– Wir haben unsere Grundwerte durch das Ogoni Freedom Centre in Boulder und in New York beherzt zum Ausdruck gebracht. Aber was ist mit den alltäglichen Wertmaßstäben beim Umgang miteinander?
– In der alternativen Presse und bei den NGOs sind wir sehr gut vertreten, doch in den Massenmedien finden wir nur wenig positive Resonanz.

Vordringlich sei jetzt, zu prüfen, wie wir unser Unternehmen erneuern und denen, die mit ihm verbunden sind, neue positive Impulse geben könnten.

Im letzten Jahrzehnt haben wir uns zu sehr darauf verlassen, dass wir nur die Tür aufmachen müssen, dann kommen die Kunden schon; dass es reicht, wenn wir immer mehr Shops in immer mehr Einkaufszentren eröffnen; dass schon eine Vision von unseren Grundwerten dazu führt, diese Grundwerte auch zu leben; dass wir etwas Einzigartiges und Wertvolles vertreten, während wir es in Wirklichkeit nur der Konkurrenz zum Fraß vorwarfen. Euch den Wandel aufzwingen wäre wirklich das Dümmste, was wir tun könnten, denn wenn wir Veränderungen am grünen Tisch verordnen, bleibt ihr womöglich, obwohl ihr längst die innere Kündigung vollzogen habt, oder ihr sagt freudig »Ja« und handelt im Geist des »Nein«. Was wir schaffen müssen, ist ein neues Umfeld – eines, in dem ihr euch als Triebkraft des Wandels versteht und in dem ihr euch wohl fühlt, während wir die Richtung einschlagen, in die wir euch führen wollen. Wir müssen uns vor der Vernunftfalle hüten: Nur weil etwas auf dem Papier »richtig« aussieht, muss es für unser Unternehmen noch lange nicht das Richtige sein.

Die Talsohle

Dieses Treffen mit den Franchisenehmern war der Tiefpunkt unseres amerikanischen Engagements. Ich sah nur zwei Möglichkeiten: vollständig reorganisieren oder unsere Zelte in den Staaten abbrechen. Doch eigentlich war es für das US-Unternehmen der Beginn einer grundlegenden Umstrukturierung und des Neuaufbaus. Es klingt wie Ironie, dass unsere Marke sich gerade damals jenseits des Atlantiks zunehmend durchsetzte. Ansonsten aber hatten wir mit echten Schwierigkeiten zu kämpfen.

Ihre Besorgnis konnte ich den Leuten, die im Auftrag von The Body Shop die Filialen führten, nicht verübeln. 1994 erlebten wir zum ersten Mal, dass Leute nicht länger bei The Body Shop kaufen mochten. Von jeweils 100 Kunden gingen uns fünf verloren. Die Börse betrachtete uns nicht mehr als Lieblingskind, unser Aktienpreis bröckelte, während in den Medien die Stimmung der 80er Jahre neu entfacht war und man von uns verlangte, uns zu konsolidieren, erwachsen zu werden, uns am Riemen zu reißen und uns wie die anderen großen Konzerne zu verhalten.

Unsere größten Erfolge in den Vereinigten Staaten hatten offenbar der Konkurrenz die Wege geebnet. Große und kleine Nachahmer fielen über uns her, denen wir rückhaltlos das Strickmuster geliefert hatten. Und während unsere Rechtsabteilung – der Himmel weiß, wie viele Anwälte wir beschäftigten – zwar unseren Namen, das Logo und unsere Gestaltungsmuster schützen konnte, ließ sich kaum verhindern, dass überall Doppelgänger von The Body Shop wie Pilze aus dem Boden schossen.

Tatsache ist, dass wir so ziemlich alles falsch gemacht haben.

Wir hatten nicht begriffen, dass da drüben eine ganz andere Kultur vorherrscht. Wir hatten nicht begriffen, dass wegen der vielen Preisaktionen niemand ahnte, was die Sachen wirklich kosteten. Wir hatten nicht begriffen, wie sehr der Einzelhandel auf Werbung angewiesen ist. Wir hatten die langweiligsten Läden und die falschen Produkte. Wir dachten, wir müssten bloß Amerikaner ranlassen, doch oft genug hatten wir uns die falschen Amerikaner ausgesucht. Wir waren arrogant. Wir wandelten uns nicht schnell genug. Zehn Jahre lang hatten wir die Aufmachung der Shops nicht verändert, in einem Land, das als Paradies des Handels gilt. Amerikaner wollen alles immer wieder neu, und sie wollen es sofort: Genuss auf die Schnelle, mit wenig ethischem oder emotionalem Ballast, der die Leitung verstopft.

Um neue Perspektiven zu entwickeln, holten wir nichtgeschäftsführende Direktoren herein. Sie meinten, wir bräuchten ein besseres Marketing, aber wir hörten nicht auf sie. Wir beriefen Franchiseversammlungen außer der Reihe ein, wo wir uns wie eine große Familie fühlten, viel Spaß hatten und so stolz waren auf unsere Kampagnen, dass wir ganz vergaßen, den kleinen Goldesel zu füttern, der uns Gewinne einbringt – ihn ließen wir darben. Wir nahmen uns nicht die Zeit zum Innehalten und Nachdenken über das, was wir machten; der Geschwindigkeitsrausch trieb uns voran – bis in den Straßengraben. »Keine Shops mehr in Einkaufszentren!« hätten wir uns vornehmen sollen. Wir gehörten in die Stadtzentren, in Wohngebiete, an Hauptstraßen, an Knotenpunkte, wo alles zusammenströmt. Die Einkaufszentren haben wir nie verstanden, geschweige denn deren Mentalität.

Mein eigener Fehler in den USA war wohl, mich nicht genug einzumischen.

Ich war stocksauer, dass wir ständig mit Bath & Body Works verglichen wurden, obwohl es überhaupt keine Gemeinsamkeiten gab, weder in der Haltung noch in der Zielsetzung. Wesentlich mehr interessierte mich, was Aveda oder Origins versuchten, und einige der spezielleren Gruppen. Bath & Body Works war bloß einer von vielen Parfüm- und Lotionherstellern. Wenn er mehr Umsatz machte als wir – meinetwegen, Geld war schließlich nie mein vorrangiges Ziel gewesen. Ich habe mal gehört, dass im Vorstandsbüro von Bath & Body Works ein Spruch an der Wand hängt: »Begrabt The Body Shop«. Ein Unternehmensziel ohne jede Phantasie und Inspiration – und ohne wirkliche Kraft.

Manche bei uns meinen, dass ich mich zu viel einmische. In Amerika habe ich mich von anderen überreden lassen. Wir hatten keine Zeit und keinen Platz, einfach so zum Spaß zu experimentieren. Ich wollte unseren Laden in San Francisco rosa anmalen lassen, einfach so, um zu sehen, was passiert, aber damit bin ich nie durchgedrungen. Als der Umsatz zurückging, holten wir einen Haufen Marketingleute und Produktentwickler ins Haus, die sich umschauten, was auf dem Markt ankommt, und uns rieten, dasselbe zu tun. An diesem Punkt hätte ich eingreifen und ihnen erklären müssen: Wenn es auf dem Markt so läuft, sollten wir genau das Gegenteil tun.

Amerikanisches Revival

Wir hätten besser von Anbeginn darauf geachtet, uns von anderen zu unterscheiden. Wir hätten den Mikromarktansatz verfolgen und zweisprachige Shops eröffnen sollen – Spanisch und Englisch in Kalifornien, Japanisch und Englisch in Hawaii beispielsweise. Wir hätten nie in die Einkaufszentren gehen dürfen. Wenn man Amerika durchquert und alle Einkaufszentren besucht, wird man in jedem einzelnen ungefähr dasselbe finden wie in demjenigen, das man gerade verlassen hat – das Gegenteil von dem, was wir mit The Body Shop bezwecken. **Wir sollten städtisch, schrill und exzentrisch sein!** Wir hätten nicht nach North Carolina pilgern sollen, um unsere Fabrik zu gründen. Je größer wir werden, desto stärker müssen wir uns lokal verankern. Künftig sollten wir Preise für Mikromarketing gewinnen.

Doch wir fangen schon an, uns in Amerika zu erholen, indem wir wilder auftreten, sogar hitzig, indem wir wie Unkraut an Stellen emporsprießen, wo man es am allerwenigsten erwartet. Nach den Rückschlägen der letzten Jahre haben wir uns gründlich und mit klarem Blick geprüft und reorganisiert. In einem Prozess, der anderthalb Jahre brauchte, haben wir das Business vollkommen umgekrempelt und Energien freigesetzt. Augenblicklich macht sich The Body Shop vor allem in den Städten sehr gut, wenn auch weniger in der Provinz, wo die Einkaufszentren den Handel dominieren. Inzwischen wachsen auch die Umsätze wieder, und ich sehe hoffnungsvoll in die Zukunft.

Wenn ich auf diese Jahre des »easy living« in Amerika zurückschaue, fällt mir auf, wie viele Franchisenehmer unsere Freunde wurden und wie wir – als Gruppe – freundlich und beherzt aufeinander zugingen. Wir trugen Engagement und Gemeinsinn in die Shops. Mitarbeiter schränkten sich ein, um rumänischen Waisenkindern zu helfen, besichtigten unsere »Hilfe durch Handel«-Projekte und engagierten sich politisch. Studenten schrieben Doktorarbeiten über die Grundwerte von The Body Shop. Mir wird warm ums Herz, wenn ich auf dieses halbe Jahrzehnt in Amerika zurückblicke, denn ich glaube, der Gemeinschaftsgeist war nie größer als damals.

Wir hätten das niemals erreicht ohne die unglaublich vielen Filialen und Franchisenehmer, und das ist wunderbar, wenn man eine Marke oder ein Unternehmen einführt. Will man freilich auch nur ein Jota verändern, wird es schwieriger. Viele dieser kleinen Franchisenehmer sind Familienbetriebe. Sie brauchen die Shops für ihren Lebensunterhalt und gehen ungern das Risiko der Veränderung oder größerer Investitionen ein. Deshalb sind wir dabei, unsere Expansionsstrategie zu überdenken, und konzentrieren uns mehr auf Partnerschaften, Jointventures und Lizenzierung statt auf das altmodische Franchising. Das eröffnet uns die Möglichkeit ganz neuer, faszinierender Alternativen wie Direktverkauf, Versand oder E-Commerce.

Jedenfalls bleibt The Body Shop in Amerika, und man wird uns nicht nachsagen können, dass wir auch nur eine der vielen Dutzend Firmen nachahmen, die uns nachgeahmt haben. Ich bete zu Gott, dass wir immer die Vorhut bleiben – wenn nicht beim Profit, dann wenigstens bei Ideen und Prinzipien. Was das betrifft, kann uns, glaube ich, niemand das Wasser reichen.

DIE PROBLEMATIK DER OGONI HAT UNSER UNTERNEHMEN GANZ IN IHREN BANN GEZOGEN. WIR HABEN UNS GESCHWOREN, DASS WIR DIESE KAMPAGNE DURCHZIEHEN UND JEDE GELEGENHEIT NUTZEN WERDEN, DIE BOTSCHAFT DER OGONI ZU UNTERSTÜTZEN.

UND WIR WERDEN UNS AN DIESEN SCHWUR HALTEN...

Mit Kampagnen Krach schlagen

Der Leidensweg der Ogoni wurde mir erstmals durch die Unrepresented Nations and Peoples Organization nahe gebracht, eine Organisation, die wir seit 1991 finanziell unterstützen. Damals konnte ich nicht ahnen, wie viel Energie und Hingabe wir in die ihnen gewidmete Kampagne stecken würden.

Seit Menschengedenken bevölkern die Ogoni das Nigerdelta. Als Ackerbauern und Fischer fristeten sie nahezu unbehelligt ihr Dasein, bis der Shell-Konzern im Jahr 1958 in der Flussmündung auf Öl stieß. Es dauerte wenige Jahre, bis das Stammesland der Ogoni verwüstet und zum Spielball von Interessen geworden war, die ihren Einfluss weit überstiegen. Das Öl wurde zur ökonomischen Lebensader Nigerias und sorgte für rund 80 Prozent der Staatseinnahmen. Als dann die nigerianische Regierung Stammesland für weitere Ölbohrungen annektierte, war das Schicksal der sanften Ogoni förmlich besiegelt. Des Lesens weitgehend unkundig und die Tragweite der Ereignisse erst erkennend, als es zu spät war, standen sie hilflos dabei, als Bautrupps ihre Dörfer niederrissen und die Ernte zerstörten. Bald darauf wurde die Heimat der Ogoni von Pipelines durchkreuzt, von giftigen Rauchschwaden und auslaufendem Öl vergiftet.

Die Ogoni wurden, wie viele andere eingeborene Völker der Welt, von ökonomischen und politischen Machern ins Abseits gedrängt und hatten keinen Anteil an den Millionensummen, die der Ölkonzern der nigerianischen Regierung zahlte – und die zu einem Großteil in die Rüstung gingen oder außer Landes geschafft wurden, um auf Nummernkonten Schweizer Banken zu landen.

Zu Beginn der 90er Jahre beschloss der Stamm, sich zur Wehr zu setzen, und forderte in einer Kampagne Umweltschutz, wirtschaftliche und soziale Gerechtigkeit und politische Autonomie. Im Juni 1993 lernte ich auf der Internationalen Konferenz über Menschenrechte der Vereinten Nationen in Wien die Delegation der Ogoni-Aktivisten kennen und war tief beeindruckt. Ihre Güte und Freundlichkeit stand in grellem Kontrast zu den grausigen Erlebnissen, von denen sie berichteten: wie die Bautrupps von Shell unter dem Schutz von Regierungstruppen ihre Heimat plünderten und die Felder niederbrannten. Ich erfuhr, dass man friedliche Demonstrationen gegen den Bau von Pipelines brutal niedergeschlagen hatte und dass ihr Anführer, der Schriftsteller Ken Saro-Wiwa, auf dem Weg zur Konferenz verhaftet worden war.

»Als wir wachgerüttelt waren«, schrieb einer von ihnen, »fanden wir unser Land verwüstet von Agenten des Todes, genannt Ölkonzernen. Unsere Atemluft ist verpestet, der Boden unfruchtbar, das Wasser verseucht, die Pflanzen- und Tierwelt spurlos verschwunden.«

Für Gordon und mich war das Schicksal der Ogoni ein sprechendes Beispiel für die Rücksichtslosigkeit, mit der die Multis über die Interessen der kleinen Leute hinweggehen, und wir mussten zweifellos alles tun, was in unserer Macht stand, um ihnen zu helfen. Dass wir uns auf diese Weise mit einem Mammutunternehmen wie Shell anlegen würden, schreckte uns nicht im Mindesten, obwohl alle anderen schon bei dem bloßen Gedanken nervös wurden. **Wenn du instinktiv handelst, denkst du nicht darüber nach, ob es tollkühn oder bemerkenswert ist, du weißt einfach, dass es das einzig Richtige ist, und diese Kraft treibt dich voran.** Doch als wir an andere Unternehmen herantraten, deren Einsatz für Menschenrechte bekannt ist, und sie in diesem speziellen Fall um Unterstützung baten, erhielten wir nur Absagen.

Als Erstes riefen wir zu einer Briefaktion auf, um der Forderung nach Freilassung Ken Saro-Wiwas Nachdruck zu verleihen. Während das bereits anlief, richteten wir der Ogoni Community Association ein Büro in London ein und halfen organisatorisch und finanziell beim Flug einer Delegation aus Nigeria nach Genf, die dem UN-Unterausschuss für Menschenrechte Bericht erstattete.

Die Ogoni hatten niemals von The Body Shop gehört – woher auch? Doch als sie unser Engagement für ihre Sache zur Kenntnis nahmen, wunderten sie sich, dass wir nur eine Haut- und Haarpflegefirma sind. Ich erinnere mich, wie einer der Ogoni, die auf unsere Kosten nach Genf reisten, mir erzählte, wie er nachts ausgegangen und zufällig an einer Filiale von The Body Shop vorbeigekommen war: Da erst wurde ihm klar, dass es dieses Unternehmen war, das ihm den Aufenthalt ermöglicht hatte.

Wir taten, was wir konnten, um den Konflikt diskret beizulegen. Gordon sprach zwei- oder dreimal bei Shell vor und wollte erkunden, ob sich nicht eine einvernehmliche Lösung finden ließ. Wir versicherten ihnen, sie bräuchten gar nicht in Erscheinung zu treten, wir könnten ein Expertenteam entsenden, das die ökologischen und sozialen Probleme im Delta untersucht und alternative Lösungen vorschlägt. Man wies uns höflich ab. Ihr wiederkehrendes Argument war, sie hätten auf die Lage im Delta keinen Einfluss, dafür sei einzig und allein die nigerianische Regierung zuständig.

Sie konnten gar nicht begreifen, wieso sich ein Unternehmen wie The Body Shop in ihre Angelegenheiten einmischt. Ihre Haltung war mehr oder minder: »Was geht Sie das überhaupt an?«

Im August 1993 wurde Ken Saro-Wiwa unvermutet aus der Haft entlassen. Er flog nach England und besuchte uns in Littlehampton, um uns für unser Engagement zu danken. Zu meinem Leidwesen war ich damals nicht im Land, aber er hat Gordon und jeden, der ihn kennen lernen durfte, tief beeindruckt. Wir fühlten uns in dem, was wir machten, bestärkt und ermutigt.

Wo ein Sklave ist, gibt es immer zwei – der eine trägt die Kette, der andere nietet sie fest.

Jeanne de Héricourt

Im folgenden Jahr wollten wir auf Einladung der Ogoni nach Nigeria reisen, um die Auswirkungen der von Shell betriebenen Anlagen auf die Umwelt zu begutachten. Doch allen unseren Mitarbeitern wurde die Einreise verweigert. Wir waren schwer enttäuscht und verzweifelten fast, auch weil sich die Lage im Nigerdelta rapide verschlechtert hatte. Viele Ogoni wurden angeblich von »Nachbarstämmen« in »ethnischen Auseinandersetzungen« umgebracht; freilich verfügten ihre Gegner über hoch entwickelte Gewehre und Mörsergranaten, die das einfache Volk der Fischer im Delta nach unserem Eindruck gar nicht kannte. Später machte die Organisation Human Rights Watch Zeugenaussagen von nigerianischen Soldaten publik, die zugaben, dass sie an Angriffen auf Ogoni-Dörfer beteiligt waren. Die Shell-Manager waren entsetzt, aber was soll schon dabei herauskommen, wenn ein großer, unsensibler Konzern bereit ist, mit einer brutalen Diktatur Geschäfte zu machen?

Die nigerianische Regierung führte die Todesstrafe ein für jeden, der von einem Sondergericht für schuldig befunden wurde, in »ethnische Auseinandersetzungen« verwickelt zu sein. Wenige Tage später wurden vier regierungstreue Ogoni-Häuptlinge gelyncht, weil man sie der Kollaboration mit den Militärs verdächtigte. Obwohl Ken Saro-Wiwa nicht einmal in der Nähe des Tatorts, geschweige denn an dem Mord beteiligt war, wurden er und einige seiner Anhänger verhaftet und des Mordes angeklagt. Von diesem Moment an installierte das nigerianische Militär unter dem Vorwand, Recht und Ordnung in der Region durchzusetzen, ein Schreckensregiment im Ogoni-Land. Rund 50 Ogoni wurden von Sicherheitskräften ermordet, mehr als 600 verhaftet, ins Gefängnis geworfen, ohne Gerichtsverfahren festgehalten und während der Verhöre gefoltert.

Zur gleichen Zeit lief bei The Body Shop die Kampagne bereits auf Hochtouren. Wir plakatierten unsere Schaufenster und unsere LKWs. Wir riefen zu Demonstrationen auf, organisierten Benefizabende, gaben den Ogoni Beratung und Hilfestellung, redeten mit der Presse, schrieben Politiker an und zogen mit Transparenten vor den Shell-Firmensitz in London. Die Mitarbeiter von The Body Shop aus aller Welt telefonierten mit der nigerianischen Regierung in Port Harcourt und protestierten gegen Ken Saro-Wiwas fortdauernde Haft. Unsere Büros in Littlehampton stellten die meisten Faxgeräte permanent auf »Senden«, um den nigerianischen Hochkommissar in London – Nigeria war Mitglied des Commonwealth – mit Briefen zu bombardieren. Als die Geräte des Hochkommissars abgeschaltet wurden, lieferten wir die gesammelten Protestschreiben waschkörbeweise persönlich ab.

Die Berichte über die Leiden der Ogoni erregten derart die Gemüter, dass viele Filialen ihre eigenen Protestformen entwickelten. Aaron Battista, Verkaufsleiter in New York, besichtigte unser Ogoni-Aktionszentrum im Kaufhaus von Littlehampton und wollte in einem ungenutzten Stockwerk oberhalb von The Body Shop in der Fifth Avenue in Manhattan etwas Ähnliches aufziehen. Ich hielt das für eine großartige Idee, und so entstand das erste Ogoni Freedom Centre, das täglich von mehreren Dutzend Kunden und ganzen Schulklassen besucht wurde. In dieser Ausstellung dokumentierten wir stichhaltig die systematische Verfolgung der Ogoni durch das nigerianische Militärregime im Interesse globaler Ölkonzerne. Das Zentrum bot außerdem die Möglichkeit, telefonisch, brieflich oder per Fax bei Shell, der nigerianischen Botschaft oder dem damaligen US-Präsidenten Bill Clinton Protest einzulegen. Für mich war es ein Musterbeispiel für praktische Zivilcourage – eben das, was uns im Business auszeichnet.

Im Mai 1994 unterwanderten wir den World Petroleum Congress im norwegischen Stavanger. Wir stellten eine fingierte »Empfangstheke« in die Flughafenhalle und verteilten Geschenktüten an die anreisenden Delegierten, mit Produkten von The Body Shop und Protestbriefen. Auf keinen Fall würden wir lockerlassen.

Wenig später erhielten wir von Ken einen Brief, der aus dem Gefängnis von Port Harcourt herausgeschmuggelt worden war:

Ich weiß von allem, was Sie für die Ogoni getan haben, und werde Ihnen ewig dankbar sein... Die Ogoni sind am Ende und wären, wenn es The Body Shop nicht gäbe, längst untergegangen. Sie aber geben uns neue Hoffnung. Ich bete zu Gott, dass es Ihnen gelingt und die Bewegung nicht nachlässt.

Während unserer Kampagne schienen sich einige Regierungen um das zu bemühen, was gern als »stille Diplomatie« bezeichnet wird, und scheiterten auf der ganzen Linie. Mit Entsetzen vernahmen wir im Oktober 1995 die Nachricht, dass Ken und acht andere Ogoni-Freiheitskämpfer zum Tod verurteilt worden waren. In den folgenden Wochen unternahmen wir alles Menschenmögliche, die Weltöffentlichkeit auf die Vorgänge aufmerksam zu machen. Doch unsere Hoffnung, durch internationalen Druck das Schlimmste abzuwenden, schwand mit jedem Tag. Am 10. November 1995 wurden Ken Saro-Wiwa und seine Mitgefangenen gnadenlos hingerichtet.

Die Trauer und die Verzweiflung darüber, dass es uns nicht gelungen war, sie zu retten, überwältigten mich und alle meine Mitarbeiter. Doch Kens Traum von der Freiheit der Ogoni war nicht vergebens gewesen, denn der Kampf gegen das nigerianische Regime ging weiter. Eine Welle der Empörung erfasste die Welt nach den Hinrichtungen. Nigeria wurde aus dem Commonwealth ausgeschlossen, aber das reichte uns nicht. Wir stellten einen Koordinator ein, der sich nur um die Ogoni-Kampagne kümmern sollte, und mit unserer Hilfe gelang einigen Angehörigen von Kens Familie die Flucht aus Nigeria.

Gleichzeitig sorgten wir dafür, dass in allen unseren Publikationen an prominenter Stelle über die Lage im Ogoni-Land berichtet wurde:

Am 4. Januar 1996 ging Lucky Garabe, ein zwölfjähriger Junge aus Bo-Ue in Ogoni-Land, auf die Straße seines Dorfes, um am Ogoni-Feiertag den Tod Ken Saro-Wiwas zu beweinen. Er war nur einer von über 100 000 Ogoni: Männer, Frauen und Kinder, die mit Tanz und Gesang ihrer Trauer Ausdruck verliehen. Wohin sie auch kamen, stellten sich ihnen bis an die Zähne bewaffnete Sicherheitskräfte entgegen. Die Soldaten sahen ihnen eine Weile zu, dann wurde das Feuer eröffnet. Eine der Kugeln traf Lucky in den Hinterkopf. Er war auf der Stelle tot. Zwei Tage vergingen, bevor sein Leichnam, den die Soldaten verschleppt hatten, im Ko-Fluss angeschwemmt wurde.

Woher nahmen Lucky und seine vielen tausend Landsleute den Mut? Die Antwort fällt nicht schwer: Es ist der Mut, für den Ken Saro-Wiwa gestorben ist. Ermutigt werden sie von Ideen. Ganz einfachen Ideen, wie das Recht auf eine saubere Umwelt, das Recht auf Trinkwasser und das Recht auf Selbstbestimmung über das eigene Schicksal. Auch die weltweite Kampagne zur Unterstützung der Ogoni macht ihnen Mut. Deshalb wird The Body Shop gemeinsam mit zahlreichen Menschenrechts-, Umwelt- und Mehr-Demokratie-Gruppen diese Kampagne auch 1996 fortsetzen.

Die in Nigeria operierenden Ölfirmen, allen voran Shell, müssen mit einem weltweiten organisierten Boykott rechnen, an dem sich The Body Shop schon jetzt beteiligt. Mag sein, dass die in Nigeria herrschende Militärdiktatur durch den unerwarteten Ausschluss aus dem Commonwealth isoliert wird. Doch der Kampf geht weiter, und der Druck darf jetzt nicht nachlassen. Das gilt besonders, wenn ein milliardenschwerer Konzern mit Mördern Geschäfte macht, die wenige Tage nach der Hinrichtung von Ken Saro-Wiwa die Macht in Nigeria übernommen haben. Die Ogoni haben den Mut, weiter zu demonstrieren, und wir werden mit ihnen marschieren.

Nach dem Tod von Ken Saro-Wiwa konzentrierten wir uns auf die Befreiung der 19 übrigen Ogoni-Freiheitskämpfer, die noch immer inhaftiert waren. Nie werde ich den Brief vergessen, den sie uns schrieben, adressiert an »Mr. und Mrs. Bodyshop«, und der die Mauern ihres Kerkers irgendwie überwand. Als Erstes schilderten sie ihre Haftbedingungen:

In Nigeria ist es leichter, Demonstranten als Ölpipelines unter der Erde verschwinden zu lassen.

Mein Rundbrief an unser Magazin *Gobsmack!*

Man sperrt uns ohne Verbindung mit der Außenwelt in eine überfüllte, schlecht belüftete Zelle von 20 × 28 Metern. Hier müssen über 120 Insassen in drei Längsreihen auf Matten voller Zecken, Läuse und Bettwanzen schlafen. Wir dürfen nur zweimal in der Woche in einem Brunnen baden, in den man bis vor kurzem tote Häftlinge geworfen hat und der noch jetzt voller Skelette ist. Dieser Brunnen ist auch unsere einzige Trinkwasserversorgung …

Sie fuhren fort mit einem herzzerreißenden Appell, sie nicht zu vergessen, und dankten für alles, was wir zu ihrer Rettung unternommen hatten:

Mr. and Mrs. Bodyshop (wie wir Sie nennen möchten), wir könnten uns die grobe Undankbarkeit nicht verzeihen, wenn wir vergäßen zu erwähnen, wie sehr wir die enorme Hilfe zu schätzen wissen, die Sie den Ogoni in dieser schwierigen Zeit gewährt haben. Kurz, Ihre Namen sind gleichbedeutend mit dem Überlebenskampf der Ogoni, und deshalb werden Ihre Namen nicht nur in die Annalen der Ogoni eingehen, sondern von ethnischen Minderheiten in aller Welt gerühmt werden. Wir finden keine passenden Worte, um unsere innige Dankbarkeit und Verbundenheit auszudrücken, aber wir beten flehentlich zu Gott, er möge Ihnen ausreichend Kraft und Weisheit geben, um diesen selbstlosen Dienst an der Menschheit fortzusetzen …

Als Gordons Antwort eintraf, sollen sie, wie wir hörten, überglücklich gewesen sein, dass uns ihr Brief erreicht hatte, und sehr zur Verwunderung ihrer Wärter in der Zelle gesungen und getanzt haben.

Die »Free the Ogoni 19«-Kampagne wurde von 17 internationalen The-Body-Shop-Märkten unterstützt, darunter Deutschland und Japan. In der Adventszeit dieses Jahres hingen in unseren irischen Filialen statt der üblichen Weihnachtsdekoration Ogoni-19-Poster. Welches Business außer uns wäre wohl sonst noch bereit, zu Weihnachten die Werbung für die eigenen Produkte zurückzustellen?

Aufgrund unserer Kampagne gingen Briefe zu Hunderten an Shell und an die nigerianische Regierung, die auf unsere Einmischung ebenso verärgert reagierte wie der Ölkonzern. Man spielte uns das Protokoll einer Besprechung zwischen Shell-Vertretern und dem nigerianischen Hochkommissar zu, der seine Verstimmung über den »ungewöhnlich vehementen Einsatz von Mr. und Mrs. Roddick im Fall Ken Saro-Wiwa« nicht verhehlte. Er verwahrte sich gegen das »fadenscheinige Gespinst von Desinformationen, die Gordon und Anita Roddick verbreiten…, was das Gerichtsverfahren gegen Mr. Ken Saro-Wiwa betrifft«. **Bei diesem Treffen verlangte man**

offenbar von Shell eine Erklärung, wer zum Teufel wir seien. Als Shell-Aktionäre zu ihrer Jahresversammlung zusammenkamen, fanden sie die Räume von Leuten belagert, die Plakate aus der Werbeabteilung von The Body Shop mit den Gesichtern der Ogoni 19 trugen. Mitarbeiter unserer Filialen »adoptierten« Mitglieder des Ogoni-Stamms und knüpften Freundschaft mit ihren Familien, schrieben ihnen Briefe und sandten Botschaften der Hoffnung von überall her. Das trug – neben den Geldern, die vom karitativen Ableger unseres Unternehmens, The Body Shop Foundation, bereitgestellt wurden – erheblich zur moralischen Stärkung der gesamten Ogoni-Gemeinschaft und zur Besserung ihrer Lage bei.

Es tat mir in der Seele weh, dass es Ken Saro-Wiwa und wer weiß wie vielen Ogoni noch erst das Leben kosten musste, bis Shell sich zu mehr Transparenz in der Unternehmenspolitik bequemte. Aber es war eindeutig ein Schritt zu der Erkenntnis, dass ein führender multinationaler Konzern nicht zuletzt zum eigenen Vorteil eine einwandfreie Haltung einnehmen sollte.

Wie nervös Shell auf das Fiasko reagierte, merkten wir, als der CEO und Vorstand der britischen Shell, Chris Fay, vor Bürgerrechtlern und Journalisten in London erklärte:

Wir müssen darüber nachdenken, weshalb das Vertrauen in die Konzerne schwindet. Ich glaube, dieser Argwohn ist dadurch zu erklären, dass immer weniger Leute erkennen, wie sehr ihre eigene Lebensqualität vom wirtschaftlichen Erfolg abhängt ... Sie unterstellen der

Wirtschaft, ihre Maximen könnten Menschen und Umwelt nicht ausreichend schützen … und begreifen nicht, dass die Wirtschaft selbst ihren Beitrag leistet, nachhaltig die Zukunft zu sichern.

Als Antwort auf die nicht nachlassende Kritik an seinen Aktivitäten in Nigeria gab Shell im März 1997 eine revidierte Unternehmenssatzung heraus, in der die Wahrung der Menschenrechte und eine nachhaltige Entwicklungsförderung als Schwerpunkt der Firmenpolitik bezeichnet wurden.

Die »Ogoni 19« – eigentlich waren es 20 – wurden schließlich ohne Auflagen im Dezember 1998 aus der Haft entlassen. Nach vier Jahren Gefängnis wurde ihre Einkerkerung als »verfassungswidrig, unrechtmäßig, illegal, nichtig und ungerechtfertigt« erklärt. Das übertraf all unsere Erwartungen. Noch im selben Jahr startete Shell seine »Profits and Principles«-Anzeigenkampagne. Man bezeichnete sie als »erstes Signal unserer neuen Entschlossenheit, den legitimen Interessen einer größeren Gruppe von Beteiligten in unserem Business zu entsprechen, denen wir besser zuhören und antworten wollen als bisher«. Das können wir, glaube ich, als Teilerfolg betrachten, auch wenn es meine Trauer um Ken Saro-Wiwa und seinesgleichen nicht mindert.

Was um Himmels willen hat ein Haut- und Haarpflegeproduzent überhaupt mit politischem Engagement zu tun? Wieso halten wir nicht einfach den Mund und bleiben bei unseren Leisten – in diesem Fall bei Shampoo und Seife? Ein guter Grund dafür, der wenigstens für mich gilt, lautet: Ich will nicht *nur* Shampoos und Seife verkaufen. Es ist einfach so, dass ich lieber für Menschenrechte werbe als für ein Schaumbad. Der zweite Grund: Wer, wenn nicht wir? Die (vielleicht schlechtere) Alternative wäre, die Hände in den Schoß zu legen. **Von allen anderen Motiven einmal abgesehen, weiß ich aus Erfahrung: Wer sich für Verbesserungen einsetzt, fühlt sich besser – sogar gesünder! Der Mensch ist nun mal ein soziales Wesen, und wer seiner Gemeinschaft Gutes tut, wird es früher oder später zurückbekommen.** Außerdem hat die Businessgemeinschaft schon viel zu lange versucht, Politik und Wirtschaft voneinander zu trennen, weil man glaubte, dass sich das eine nicht in das andere einmischen sollte. Da bin ich ganz anderer Meinung: Ich bin für Einmischung. Wenn es nach mir geht, sollten politisches Bewusstsein und Engagement möglichst eng mit dem Business verflochten sein. In der Ära der Globalisierung gibt es kein wertfreies oder politisch abstinentes Handeln. Die Entscheidung, weltweit Geschäfte zu machen, ist bereits grundsätzlich politisch wegen der unterschiedlichen Kulturen, geographischen Bedingungen und Wertsysteme.

Andererseits glaube ich, dass Aktivisten – ob sie die Menschenrechte, den Tierschutz oder die Umwelt verteidigen – die wahren Heldinnen und Helden unserer Gesellschaft sind. Kämpferisch treten sie für positiven Wandel an der Basis ein und könnten den meisten Politikern oder Businessleuten als Vorbild dienen.

The Body Shop hat schon vor langer Zeit erkannt, dass Politik viel zu wichtig ist, um sie den Politikern zu überlassen.

Daher widmen wir uns mit unserem Business dem Kampf für Menschenrechte, für positiven sozialen und ökologischen Wandel, und dass wir diesen Zielen nachstreben, hat uns selbst zu einer Art Bürgerinitiative gemacht. Worte reichen nicht aus – wir müssen etwas tun.

Die meisten Menschen, mit denen ich zusammenarbeite, sehnen sich nach solchem Engagement. Für sie heißt Arbeit nicht bloß, sein täglich Brot zu verdienen, sondern auch den täglichen Sinn im Leben. Neben dem Lohn

Mit Rhetorik allein hat noch keine Revolution gesiegt.

Shirley Chisholm

verlangen sie nach Anerkennung, sie wollen dazulernen, statt sich betäuben zu lassen. Die meisten bewerben sich, wie ich vermuten möchte, bei The Body Shop, weil sie an der Bewegung für sozialen Wandel teilnehmen. Ich wüsste nicht, wieso wir bei The Body Shop die Arbeit von den Realitäten des täglichen Lebens trennen sollten. Wir sind ein Haut- und Haarpflegehersteller, der für positiven sozialen Wandel eintritt. Mit unseren Produkten stehen wir für ihre Wirkung ein. Mit unserem Ethos machen wir uns zum Fürsprecher der Schwachen, woran sich die Mitarbeiter aktiv beteiligen. Das gibt uns automatisch einen politischen Standpunkt, der uns zur Aufrichtigkeit im Umgang miteinander, zur Achtung der Menschenrechte und zum Schutz der Tiere und der Umwelt verpflichtet. Und als Business heben wir uns damit unverwechselbar hervor.

Keiner unserer Konkurrenten ist diesem Beispiel gefolgt, weil man damit – das dürfen Sie mir glauben – keinen Penny verdient. Ließe es die Verkaufszahlen in die Höhe schnellen, würden es alle machen. Sie können unsere Produkte kopieren und unseren Stil und so ziemlich alles andere, aber in die Arena der politischen Kampagnen werden sie uns niemals folgen. Ich kann nicht behaupten, dass die politischen und sozialen Aktivitäten dem Umsatz von The Body Shop zugute kommen. Aber sie geben uns eine erkennbare Identität. Sie sorgen für Motivation unter den Mitarbeitern und grenzen uns auf eine Weise ab, die ich für mitreißender und aussagekräftiger halte als jeden Werbefeldzug.

Ich glaube beispielsweise nicht, dass es irgendein Unternehmen gibt, das sich vergleichbar engagiert oder Menschenrechtsaktivisten auf seiner Gehaltsliste hat, die das Unternehmen als Ganzes für Randgruppen und bedrohte Völker sensibilisieren. Jedenfalls kenne ich kein Unternehmen, das bereit gewesen wäre, in vergleichbarer Weise gegen Shell vorzugehen. Andererseits möchte man es ja auch kaum für möglich halten, dass Konzerne imstande sind, sich auf Kosten bestimmter Gemeinschaften zu bereichern oder sich in exotischer Ferne anders zu verhalten als daheim. Und doch kommt es immer wieder vor.

Kampagnen wie die unsrigen wirken sich am besten in Unternehmen aus, die von einer starken Kundenbindung an die Marke leben – weniger gut, wenn die Marke nicht so stark profiliert ist. Kampagnen, die sich auf Kinderarbeit, Sweatshops und Umweltschutz beziehen, finden unter amerikanischen Verbrauchern mehr Anklang als solche zur gewerkschaftlichen Mitbestimmung. Der Erfolg hängt auch davon ab, ob die Kapazitäten ausreichen, in jedem einzelnen Land zu kontrollieren, ob sich Firmen wie Starbucks, Gap oder Nike an ihre Versprechungen halten. Ich verzage immer wieder, wenn ich daran denke, dass die meisten Medien von der Wirtschaft abhängig sind und es schon deshalb viel schwerer haben, Bürgerinitiativen oder gar regelrechte Kampagnen zu Wort kommen zu lassen.

Das Erwachen meines Zorns

Meine persönlichen Wutreserven wurden erstmals stimuliert, als ich ungefähr zehn war und ein Taschenbuch in die Hand bekam – einen jener billigen Nachdrucke, wie sie in den 50er Jahren populär wurden. Das Buch handelte vom Holocaust. Es enthielt fünf Seiten mit Fotos aus Auschwitz. Sie hinterließen so tiefen Eindruck bei mir, dass ich jedes einzelne noch heute detailliert beschreiben könnte. Was ich damals zu Gesicht bekam, hat mein Gerechtigkeitsempfinden zutiefst verletzt und mich bis heute geprägt.

Von jenem Tag an wurde ich ein Störenfried, ein Teenage-Revoluzzer, eine Protestlerin. Ich nervte meine Mutter, trieb sie dazu, für jede gute Sache zu unterschreiben, die mir in die Quere kam. Ich hatte das Glück, dass ich mehrere Lehrer hatte, die nie auf die Idee gekommen wären, meinen Enthusiasmus zu dämpfen. Sie wussten, dass ich mich nur für eine Sorte Literatur interessierte, nämlich sozial engagierte Autoren – damals zwar nicht gerade Henry Miller, aber in jedem Fall Steinbeck und Faulkner –, sodass ich meine literarische Bildung ausschließlich amerikanischen und britischen Sozialkritikern der 30er Jahre verdanke. Meine Lehrer haben nie versucht, mir den klassischen Lehrplan aufzuzwingen, stattdessen erlaubten sie mir, mich in Bereichen weiterzubilden, an denen ich interessiert war. Im Rückblick bin ich ihnen sehr dankbar dafür, denn sie legten damit das Fundament für meinen politischen Tatendrang. Sie ließen alles gelten; es sei in Ordnung, meinten sie, wenn eine 13-Jährige an Nachtwachen der Bewegung »Freedom against Hunger« teilnehme oder für nukleare Abrüstung demonstriere. Keiner beschwor mich: »Sei doch nicht blöd, geh lieber und spiel mit deinen Barbie-Puppen!«

Zu meinem Glück hatte auch Gordon ein hochempfindliches soziales Gewissen. Als wir uns kennen lernten, waren wir beide mit sozialen und politischen Problemen unserer Gemeinde Littlehampton beschäftigt. Später arbeiteten wir mit Shelter, halfen Pennern außerhalb der Saison durch Bereitstellung von Unterkünften in unserem Hotel und traten der Squatters'

Association bei, die Obdachlose ermutigt, leer stehende Häuser zu besetzen. Am schwarzen Brett unseres Restaurants hingen statt der Speisekarte meist politische Flugblätter.

Ob wir die geringste Ahnung hatten, was wir vom Zaun brechen würden, als ich 1976 die erste Filiale von The Body Shop eröffnete, vermag ich nicht zu sagen. Damals sorgte ich mich mehr darum, ob genug herausspringen würde, um die Miete zu zahlen und mich über Wasser zu halten. Erst als wir 1984 an die Börse gingen, dämmerte mir und Gordon, dass The Body Shop – auch wenn das kitschig klingen mag – das Potenzial und die Kraft hatte, Gutes zu bewirken.

Kampagnen...

... mit Greenpeace

Die Vorstellung, kommerziellen Erfolg in den Dienst gemeinnütziger Ideale zu stellen, beflügelte meine Phantasie. Von diesem Moment an wurde The Body Shop ein Unternehmen mit *Haltung*. Unsere allererste Kampagne starteten wir 1985 gemeinsam mit Greenpeace – das sich nie zuvor mit einem kommerziellen Unternehmen verbündet hatte –, um ein Ende der Verklappung von Dünnsäure in die Nordsee zu erreichen. The Body Shop ließ auf eigene Kosten 100 gigantische Plakatwände herstellen, die auf riesigen Tafeln angebracht waren. Sie zeigten ein gegen die Sturmflut segelndes Greenpeace-Boot mit dem Slogan: »Gut, wenn jemand Wellen macht« und einer kleinen Notiz, dass man in der nächstgelegenen Filiale von The Body Shop Mitglied bei Greenpeace werden könne – der einzige Hinweis auf unsere Beteiligung.

Die natürliche Folge war im nächsten Jahr die gemeinsame Kampagne gegen das Abschlachten der Pottwale. Diese großartigen Geschöpfe sind vom Aussterben bedroht – ihre Zahl ist von über einer Million auf weniger als 50 000 gesunken. Für uns waren die Wale überdies von besonderer Bedeutung, weil die Kosmetikbranche ihren Ambertran für zahlreiche Schönheitsprodukte verwendet.

Manche Mitarbeiter und einige Franchisenehmer begehrten auf, weil sie meinten, wir wären »zu politisch« und griffen auf Bereiche über, die wenig oder gar nichts mit dem Business zu tun hatten. Doch ließ ich mich nicht davon abbringen, The Body Shop zu einer Triebkraft des sozialen und politischen Wandels zu machen. Wie sonst sollten wir uns mit unserer Haut- und Haarpflegefirma hervortun? Kein Mensch *braucht* das, was wir verkaufen. Man könnte sich Mayonnaise ins Haar schmieren, um es zu festigen, und man kann Salz nehmen, um die Haut weicher zu machen. **Keines unserer Produkte ist lebensnotwendig, daher dienten mir die Kampagnen als Vehikel, Werte in eine nicht wertorientierte Branche einzuführen.**

… mit Friends of the Earth

Ich wollte die Kampagne zur Rettung der Wale auf unsere Auslandsfilialen ausdehnen, doch die Bürokratie bei Greenpeace machte mir einen Strich durch die Rechnung. Sie hatte die Erlaubnis ihrer einzelnen Niederlassungen in jedem Land einzuholen, und von denen schien keine besonders erpicht darauf zu sein. Dass ein Bündnis mit uns manchen Leuten bei Greenpeace missfiel, wusste ich, aber es wunderte mich doch, dass sich eine nichtstaatliche Organisation so kleinkariert verhielt. Damals begann ich, nach neuen Mitstreitern Ausschau zu halten, die uns als Gegenleistung für unsere Kampagnenunterstützung mit Informationen und Fallbeispielen versorgten. Die Friends of the Earth entpuppten sich als Ideallösung, und sie hatten anscheinend keinerlei Vorbehalte gegen die Zusammenarbeit mit uns.

Unser Pech war, dass unsere erste Kampagne mit Friends of the Earth – gegen den sauren Regen – als Fiasko endete. Wir hatten einen polnischen Graphiker beauftragt, der uns ein reichlich verschnörkeltes surreales Poster zeichnete. Es zeigte einen toten Baum, der aus einem verwesenden menschlichen Schädel spross, mit qualmenden Fabrikschloten im Hintergrund. Die Unterzeile lautete *Acid Reign* (»reign« = Herrschaft und Anklang zu »rain«; »acid« bedeutet im Slang aber auch LSD). Wir hielten das für ausgesprochen raffiniert, aber leider waren wir da die einzigen. Offenbar kriegte niemand so recht mit, um was es eigentlich ging. Ich bestand darauf, dass die Kampagne in jeder Filiale von The Body Shop aufgegriffen wurde, doch statt den sauren Regen zu bekämpfen, irritierten wir bloß unsere Kundschaft.

Immerhin haben wir aus der Erfahrung gelernt. Was wir brauchten, war eine schlichte, packende Bildsprache. In der Folge bauten wir die sehr erfolgreiche Partnerschaft mit Friends of the Earth aus, engagierten uns für Landschaftsschutz, gegen FCKW und packten eine ganze Reihe von Umweltproblemen an, auf die wir die Welt aufmerksam machen wollten.

Später haben wir uns noch mit zahlreichen Umwelt- und Bürgerinitiativen verbündet, darunter Amnesty International und Survival International.

… gegen Tierversuche

Unsere Kampagne für das Verbot von Tierversuchen in der Kosmetikbranche richtete sich gegen die tief verwurzelten Interessen der Branchenriesen. In den späten 80er Jahren wollte die EG ein Gesetz erlassen, das Tierversuche zur Pflicht für die gesamte Kosmetikbranche machte. Das hätte unser Unternehmen in den Grundfesten bedroht. Damals erklärte ich, lieber The Body Shop schließen zu wollen, als mich zu fügen – und ich meinte das ernst. Über zwei Jahrzehnte lang waren wir gegen die Schrecken der Tierversuche zu Felde gezogen, und als wir gerade glaubten, wir hätten es geschafft, weil Brüssel kurz davor war, Produkte zu ächten, die mit Tierversuchen hergestellt werden, meldete die päpstlichste aller Religionen – der freie Markt – Einspruch an. In einem einzigen Jahr sammelten wir vier Millionen Unterschriften gegen Tierversuche, und im November 1998 erließ zumindest die britische Regierung endlich ein Gesetz gegen Tierversuche in der Kosmetikbranche.

… mit The Body Shop Foundation

1990 gründeten wir The Body Shop Foundation als Schaltstelle zur Verteilung gemeinnütziger Spenden. Die Gelder dieser Stiftung kommen unmittelbar Einzelpersonen und Gruppen zugute, die auf Gebieten wie Menschen- und Bürgerrechte, Tier- und Umweltschutz arbeiten. Sie ist ausdrücklich befugt und verpflichtet, »echte Risiken einzugehen«, das bedeutet, dass sie besonders an der Zusammenarbeit mit kleinen, innovativen Gruppen und Aktivisten interessiert ist, die neue Ideen ausprobieren. In den ersten sechs Jahren ihrer Existenz hat die Stiftung über 3,5 Millionen Pfund an mehr als 180 gemeinnützige Gruppen in aller Welt ausgeschüttet. Doch geht es nicht allein um »Wohltätigkeit per Scheckbuch«: Geboten werden außerdem Sachleistungen, Know-how, Information und Vernetzung. Auch das gehört zu unserer Kampagnenarbeit.

… in Rumänien

Oft muss man über die Köpfe der Politiker hinweg das Gewissen der Öffentlichkeit direkt ansprechen, um etwas zustande zu bringen. Damit erreicht man mehr, besonders wenn die Politik so schmählich versagt wie in Rumänien, Albanien, auf dem Balkan und in Bosnien. Ich bin selbst dort gewesen und habe es mit eigenen Augen gesehen.

Noch im Gründungsjahr der The Body Shop Foundation bin ich zum ersten Mal nach Rumänien gereist und habe ein Waisenhaus nach dem anderen besucht. Überall wimmelte es von vernachlässigten, ungewaschenen und lethargischen Kindern. Das Elend war niederschmetternd. Nach der Rückkehr nach Littlehampton suchte ich Freiwillige, die sich bereit erklärten, nach Halaucesti, in ein kleines moldawisches Dorf im nördlichsten Zipfel Rumäniens, zu gehen. Keine sechs Wochen später war The Romanian Relief Drive startklar und begann mit der Arbeit. Wir renovierten drei Waisenhäuser, halfen beim Einrichten einer ständigen medizinischen Betreuung und finanzierten Testreihen, bei denen über 4000 Kinder auf ihren Gesundheitszustand untersucht wurden.

Seit einem Jahrzehnt kümmern sich inzwischen Freiwillige von The Body Shop um Waisenkinder in Rumänien. Wir werden noch viele Gebäude renovieren, kindgerechte und gesunde Lebensumstände schaffen und die medizinische Pflege der Waisen sicherstellen. Es soll ein Modell für die rumänische Sozialpflege und zur Veränderung des bestehenden Systems werden, das die Kinder isoliert und ihnen die nötige Zuwendung und Hilfe verweigert. Wir möchten diesen Kindern ihre Kindheit zurückgeben.

…im ehemaligen Jugoslawien

Später haben wir die Freiwilligenarbeit auf Albanien und Bosnien ausgedehnt. Weil ich mich an vielen Kampagnen gern persönlich beteilige, bin ich mit Beobachtern der Gruppe Human Rights Watch nach Bosnien gereist. Zwei Flugstunden von Heathrow entfernt liegt eine Welt, in der die Werte der Zivilisation vier entsetzliche Jahre lang ausgelöscht waren. Begleitet von Ivan Lupis, einem Amerikaner jugoslawischer Herkunft, fuhr ich stundenlang durch die idyllische bosnische Landschaft und sah die zerschossenen, halb abgetragenen Häuser, ausgebrannten LKWs und unzählige bewaffnete Grenzsoldaten. Wir passierten verwüstete Städte wie Mihac, Sarajewo und Tuzla, unterhielten uns mit einfachen Leuten, die unter außergewöhnlichen Umständen ein ganz und gar nicht normales Leben führen mussten: wie die Frauengruppen aus dem so genannten sicheren UN-Hafen Srebrenica, den 5000 bis 8000 ihrer Männer nicht lebend verlassen durften. Das totale Versagen aller Regierungen beim Versuch, den Menschenrechten in Bosnien

Geltung zu verschaffen, fällt als düsterer Schatten der Barbarei auf die Geschichte des ausgehenden 20. Jahrhunderts.

Eine junge türkische Journalistin, die einen Großteil ihrer Zeit mit karitativen Missionen verbringt, fuhr mich in Sarajewo zu einem Krankenhaus für Querschnittsgelähmte und Amputierte. In einem Krankenzimmer traf ich sechs junge Männer, von denen wohl keiner älter als 30 war. Sie wollten sich an die Regierung wenden, um eine eigene Druckerei zu gründen, ein Handwerk zu lernen und ihr Leben selbst in die Hand zu nehmen. Ich wusste, wir konnten ihnen helfen, Selbstvertrauen zu gewinnen. The Body Shop hatte ähnliche Projekte in Rumänien und Albanien mit Waisenkindern durchgeführt. Auch mit Behinderten wollte ich arbeiten, durch Vermittlung des Centre of Self Reliance in Sarajewo, das allen Behinderten hilft, ungeachtet der Volkszugehörigkeit, der Religion, des Alters oder der politischen Orientierung.

Ein Ergebnis meiner Reise war, dass wir die finanzielle Hilfe für Human Rights Watch verstärkten. Diese Organisation ist mir immer als »Stechmücke« erschienen – ein unscheinbares Tierchen, das mit seinen Stichen die Politiker aus der Trägheit reißt und ihnen Beine macht.

... mit »Setzt ein Zeichen«

Zum 50. Jahrestag der Allgemeinen Erklärung der Menschenrechte im Jahr 1998 rief The Body Shop gemeinsam mit Amnesty International die »Setzt ein Zeichen«-Kampagne ins Leben – die größte Menschenrechtskampagne unserer bisherigen Unternehmensgeschichte, die unter der Schirmherrschaft Seiner Heiligkeit des Dalai-Lama durchgeführt wurde. In 34 Ländern sammelten wir über drei Millionen Daumenabdrücke, um zwölf bewundernswerte Bürgerrechtler/innen zu unterstützen, die unter oft schwierigen und lebensgefährlichen Bedingungen für fundamentale Menschenrechte eingetreten sind. Jedes dieser Länder wählte einen Künstler aus, der unter Verwendung der Daumenabdrücke ein Porträt der von ihm adoptierten Persönlichkeit gestaltete.

Oft werden wir gefragt, ob unsere Kampagnen Erfolg haben und was wir damit tatsächlich erreichen. Eine ganze Menge, denke ich. Bei unserer Zusammenarbeit mit Amnesty International hatte der Aufruf über unsere Shops, Protestbriefe zu schreiben, so große Resonanz, dass von den 30 politischen Gefangenen, für die wir eingetreten waren, schließlich 17 freigelassen wurden. Ein großartiges Ergebnis, gewiss – aber unser Ziel ist vor allem, das Bewusstsein der Öffentlichkeit weltweit zu schärfen. Unsere Shops in Australien haben als Erste auf französische Atomversuche im Pazifik aufmerksam gemacht – mit ihrer legendären Kampagne: »Wenn es so ungefährlich ist, macht es doch in Paris!«

Unser Vorgehen gegen Tierversuche in der Kosmetikbranche hat viele Branchenkollegen veranlasst, ihre Verfahren zu ändern und ethische Probleme auf die Tagesordnung zu bringen. Das gelang uns nur, weil wir selbst umsetzen, was wir predigen, Gleichgesinnte mit ähnlichen Zielen einbeziehen und – vor allem – weil wir Mitarbeiter, Franchisenehmer und Kunden mobilisieren. Mit demselben Elan haben wir den Überlebenskampf bedrohter Völker unterstützt und sie aus ihrem politischen und wirtschaftlichen Schattendasein herausgeholt.

Die Aktion »Stoppt Gewalt gegen Frauen« rückte Vorurteile zurecht, stärkte die persönliche Selbstachtung und verhalf Politikern zur Einsicht in die Konsequenzen ihres Tuns beziehungsweise Nichttuns. Mit unseren Aktionen haben wir vielen Randgruppen geholfen, sich auf lokaler, nationaler und internationaler Ebene Gehör zu verschaffen. Unser unerschütterliches Eintreten für Ken Saro-Wiwa und die Ogoni in Nigeria hat einen multinationalen Konzern gezwungen, sich mit den ökologischen und sozialen Folgen seiner Politik auseinander zu setzen und diese zu rechtfertigen – vor der Öffentlichkeit, vor Politikern, vor den Medien und nicht zuletzt vor sich selbst.

... in Birma

Vergessen wir aber nicht, dass der Fall Shell in Nigeria keineswegs einzig in seiner Art ist. Man nehme nur Unocal und Total in Birma. In den Regenwäldern im birmesischen Süden beginnen die Unocal Corporation of California und ihr französischer Partner Total mit dem Bau ihrer eine Million Dollar teuren Ölpipeline. Wie der *Multinational Monitor* berichtet, wurde die birmesische Regierung durch den Pipelinevertrag verpflichtet, 17 Bataillone ihrer Armee in die Region zu entsenden, um die Sicherheit zu gewährleisten. Für den Nachschub baut die Regierung eine Eisenbahnlinie sowie eine Autobahn zwischen Ye und Tavoy.

Noch existieren keine offiziellen Zahlen, weil das Baugelände systematisch abgeriegelt ist. Ein Beobachter aus Birma schätzt, dass bis zu 120 000 Sklavenarbeiter benötigt werden, um die Ye-Tavoy-Bahnverbindung zu errichten. Unocal und Total behaupten, sie wollten die umstrittene Bahnlinie gar nicht nutzen. Unocal ließ öffentlich erklären, die birmesischen Umweltgesetze würden in vollem Umfang berücksichtigt. Vielleicht weiß es die Firma nicht besser? Es gibt gar keine Umweltgesetze in Birma.

Irgendwie müssen wir Unternehmen in solcher Lage helfen, bei den Gemeinschaften vor Ort und bei den Verbrauchern in aller Welt ihre Glaubwürdigkeit zurückzugewinnen. Auch diesmal werden sie vermutlich entsetzt reagieren, wenn sie das ganze Ausmaß der Konsequenzen übersehen, die sich aus den Geschäften mit der Tyrannei ergeben.

Ich persönlich zweifle nicht daran, dass all diese Proteste Wirkung zeigen. Südafrika wurde durch internationalen Druck und erheblichen Widerstand im eigenen Land gezwungen, die Apartheidgesetze zu ändern. Heineken, Carlsberg, Pepsi und Liz Claiborne haben sich aus Birma zurückgezogen, weil Verbrauchergruppen gegen Menschenrechtsverletzungen in diesem Land protestierten. Immerhin kalkulieren 67 Prozent der Verbraucher ethische Standpunkte eines Unternehmens ein, bevor sie sich für dessen Produkte entscheiden.

Die Leute wollen nicht bloß ein Produkt kaufen, sie möchten auch mit dem Hersteller sympathisieren können.

Als verantwortungsbewusste Kundin wäre ich begeistert, wenn ich wüsste, dass ein Teil meines Geldes in die Förderung von Menschenrechten, fairem Handel, Frauengruppen, Obdachlosenprojekten wie *The Big Issue* oder die Vermisstensuchhilfe Missing Persons Helpline fließt. Ich wäre begeistert, wenn eine Firma schöne Slogans wie »Stoppt Tierversuche« nicht bloß herunterbeten, sondern auf Politiker einwirken würde, die Gesetzgebung zu ändern. Ich wäre begeistert, wenn ich wüsste, dass die Verkäuferin, die mich bedient, ihr Sabbatical als Helferin in einem rumänischen Waisenhaus oder in einer albanischen Behinderteneinrichtung verbrachte.

Mitarbeiter im Kampagneneinsatz

Wenn Leute eine Filiale von The Body Shop betreten, um eine Petition zu unterzeichnen, werden sie in den seltensten Fällen sagen: »Ach, bei dieser Gelegenheit, ich brauch noch eine Feuchtigkeitscreme!« Das ist der Grund, weshalb die meisten Unternehmen lieber Wohltätigkeit per Scheckbuch betreiben, statt sich konkret für Sachthemen stark zu machen. Engagement im Einzelhandel verwirrt manche Leute, inspiriert aber auf jeden Fall die Mitarbeiter.

Bei The Body Shop sind die Angestellten vorzüglich motiviert und gut miteinander vernetzt. Franchisenehmer können wählen, welche Kampagnen sie unterstützen, und jeder Laden arbeitet mit der eigenen Bürgerinitiative vor Ort zusammen. Manche dieser Gruppen sind argwöhnisch und fragen, ob irgendwelche Hintergedanken dabei seien. Wir erklären ihnen stets: »Nein, wieso? Es ist unser Beitrag zu Ihrer Arbeit.« Die Kampagne muss unsere Angestellten mitreißen – würden sie sie bloß als Beiwerk empfinden, würde ich ihnen raten, sie sein zu lassen. Ohnehin kann sie dann gar nicht funktionieren. Eines der Hauptelemente erfolgreicher Kampagnenarbeit ist die Energie und Begeisterung der Mitarbeiter. Sie stehen ganz vorn an der Front, als Öffentlichkeitsarbeiter jeder unserer Kampagnen, denn sie sind es, die mit den Kunden in Kontakt stehen. Sie müssen das Ethos von The Body Shop verkörpern und in die Tat umsetzen.

Mit den Jahren sind unsere Mitarbeiter sehr versiert im Führen von Kampagnen geworden. Sie haben gelernt, Lokalpresse und Radiosender einzubeziehen und von sich aus geniale Ideen zu entwickeln, wie sie sich engagieren könnten. Sie haben erkannt, dass die Shops eine Plattform sind, auf der sie sich ein Stück weit selbst verwirklichen.

Vor ein paar Jahren wurden junge Leute, die unsere Filialen in Edinburgh leiten, zur Vorhut der Ogoni-Vertretung bei der Konferenz der Regierungschefs des Commonwealths, indem sie lautstark demonstrierten, mit Sweatshirts und Schlingen um den Hals aufmarschierten und ihre Läden zur Agitation für die Freilassung der Ogoni 19 nutzten. Während der Kampagne »Setzt ein Zeichen!« ließen sich unsere Mitarbeiter die erstaunlichsten Aktionen einfallen; sie führten originelle Straßentheaterszenen auf, dekorierten die Shops zu Gefängnissen um und dergleichen mehr. Wir geben ihnen die Hintergrundinformationen, und sie interpretieren und fügen hinzu, denn so sind sie nun mal – kreative, unternehmerische Charaktere, die mit Inbrunst an The Body Shop glauben. Schon in den Anfängen habe ich entdeckt, dass es kaum etwas gibt, was Mitarbeiter nachhaltiger motiviert, als ihnen die Gelegenheit zu geben, die eigenen Talente auszudrücken und zu pflegen.

Die Erkenntnis, dass die Arbeit für The Body Shop mehr bedeutet als Regale aufzufüllen oder Seife zu verkaufen, weckt unbändigen Stolz und Begeisterung.

Ich möchte ein weiteres Beispiel anführen. Wenn Ihnen eine Mitarbeiterin nach drei anstrengenden Wochen, in denen sie rumänische Waisenhäuser renoviert, AIDS-kranke Babys gewickelt oder für Menschenrechte demonstriert hat, fest ins Auge blickt und sagt: »Dabei bin ich ganz ich selbst gewesen«, nehmen Sie es sich zu Herzen. Diese Mitarbeiterin hat sich edlen, uneigennützigen Zwecken verschrieben, nicht dem Verkauf einer Feuchtigkeitscreme.

Geben Sie Ihren Mitarbeitern die Chance, ihren Idealismus auszuleben – beispielsweise indem sie nach Albanien oder Rumänien fahren und Waisenhäuser instand setzen. Damit nehmen Sie nach meiner Überzeugung eine moralische Verpflichtung des Business wahr. Wer das Bewusstsein für Dienstleistung am Kunden wecken will, sollte ehrenamtliche Arbeit fördern. Unsere Mitarbeiter wollen die Verhältnisse ändern, sie wollen etwas Sinnvolles für das Gemeinwohl tun, und wenn sie zurückkehren, sind sie hoch motiviert und aufgeschlossener für die Gemeinschaft.

Kunden und Mitarbeiter sind bei uns in der überwiegenden Mehrheit weiblich. Deshalb fühlen wir uns besonders zu Kampagnen für Frauenthemen verpflichtet, etwa zur Aufklärung über häusliche Gewalt gegen Frauen. 1995 konnten wir 17 000 Kundinnen in England für eine Postkartenaktion gewinnen. Damit forderten sie die Regierung auf, die Family Law Bill dahin-

gehend zu ändern, dass unverheiratete Frauen, die von häuslicher Gewalt betroffen sind, künftig gleiche Rechte und denselben Status genießen wie Verheiratete. Unsere Kundinnen sandten dem Lord Chancellor, dem Präsidenten des Oberhauses, derart viele Postkarten, dass er die Tür seines Büros nicht mehr öffnen konnte.

Ziehen die Mitarbeiter erst mal mit, liegt unsere wahre Stärke darin, zu demonstrieren, dass Millionen so genannter einfacher Leute großen Anteil an Menschen-, Bürger- und Umweltrechten nehmen. Für unsere Stammkunden ist dies ein wesentliches Argument und das wichtigste Motiv, bei The Body Shop einzukaufen, weshalb sie fast enttäuscht reagieren, wenn sie einen Shop betreten und einmal keine Petition zum Unterzeichnen, keine Gelegenheit zum Verfassen von Briefen oder Absenden von E-Mails vorfinden. Die meisten betrachten unsere Shops eher wie ein Gemeindezentrum oder eine Bibliothek – einen Ort, an dem man sich mit Informationen versorgen kann. Wir werden ständig von Schulklassen, Eltern und Lehrern heimgesucht, die Informationen über unsere diversen Projekte brauchen. Und jeder Mitarbeiter von The Body Shop, egal in welcher Position, wird stets versuchen, ihnen weiterzuhelfen.

Alles, was Wertmaßstäbe ändert, ändert auch das Verhalten.

Daraus lässt sich eine ganze Menge lernen. Die Energie des Menschen manifestiert sich nämlich in seinen Träumen, in Neugier, Musik, im Streben nach geistiger Vervollkommnung, und all dies erschließt sich durch jenes geheime Element namens Begeisterung. Begeisterung, die von Herzen kommt, bestimmt die ganze Persönlichkeit, da ist kein Halt mehr, weshalb alles fließt und möglich erscheint. Wenn wir solche positiven Gefühle mit Politik verbinden, kann man eine Menge erreichen. Politik ist die Kunst des Möglichen.

Die Stimme des Widerstands mag mitunter obskur, verrückt oder eigensinnig klingen – viel öfter jedoch ist sie glaubwürdig, tapfer und aufrüttelnd.

Fast ein Jahr nach der Freilassung der Ogoni 20 nahm ich ein Flugzeug nach Port Harcourt im nigerianischen Rivers State. Außer Gordon reisten unser iri-

Zweifle nie daran, dass eine kleine Gruppe aufmerksamer, entschlossener Bürger die Welt verändern kann; in der Tat ist niemand sonst bisher dazu imstande gewesen.

Margaret Mead, Anthropologin

scher Hauptfranchisenehmer Peter MacDonald und weitere Kollegen von The Body Shop mit. Ich wollte die Gelegenheit nutzen, aus eigener Anschauung mehr über das Volk der Ogoni, dessen Kultur und Lebensumstände zu lernen.

Obwohl es erst fünf Uhr morgens war, als wir landeten, wurden wir am Flughafen von Hunderten singender und tanzender Ogoni empfangen. In gleicher Weise wurden wir im Lauf der folgenden Woche gefeiert. Gordon und ich erhielten die Häuptlingsehre der Ogoni und den Titel »Trockner der Tränen der Ogoni« zugesprochen. Bei der Zeremonie waren Tausende dieser beeindruckenden, unverwüstlichen und geistreichen Menschen zugegen.

Inmitten der Festlichkeiten gab es eine Begegnung, die mir mehr bedeutet als alles in der Welt. Es war unser Zusammentreffen mit den Ogoni 20. Das Zimmer war stickig und überfüllt, und da saßen sie mit beschrifteten T-Shirts: »Die Ogoni 20 danken The Body Shop.« Als diese Männer und ihre Familien vor mir saßen, wusste ich, was ihnen unsere Briefe, Postkarten und Proteste bedeutet hatten, und in diesem Augenblick sah und spürte ich, weshalb sich unsere Kampagnen lohnen.

Anlässe zum Feiern gab es noch genug auf dieser Reise, doch auch das Unrecht der Armut war nicht zu übersehen, das diesem Volk angetan wird. Ogoni-Dörfer liegen im Schatten riesiger Ölförderanlagen. Noch immer sind Ölpfützen zu sehen, die ringsum die Erde vergiftet haben. Was mich am meisten erschütterte, war das Gemeindekrankenhaus von Gokanna, das Shell zu Beginn des Jahres von der Regierung übernommen hatte. Der Konzern behauptet, er beliefere das Krankenhaus mit Medikamenten. In Wahrheit verkauft Shell die Medikamente, aber für die Patienten ist es billiger, nach Port Harcourt zu gehen und sich dort zu versorgen. Gokanna ist für die medizinische Versorgung von 200 000 Menschen zuständig, aber die Ausstattung ist erschreckend dürftig.

Keine 50 Kilometer weiter steht das Mitarbeiterkrankenhaus auf dem Shell-Betriebsgelände von Port Harcourt. Es gehört zu den weltweit modernsten Kliniken zur Behandlung von Tropenkrankheiten und ist hervorragend ausgestattet.

Das Krankenhaus von Gokanna mag kein typisches Beispiel für die von Shell gewährte medizinische Hilfe sein. Die traurige Wahrheit ist, dass der

Konzern im Land der Ogoni nicht gut angeschrieben ist. Shell hat einen Sozialbericht publiziert und in einer millionenschweren Werbekampagne auf sein Verantwortungsbewusstsein gegenüber der Gesellschaft und der Umwelt hingewiesen, doch was im Delta gebraucht wird, ist echtes Engagement im Geist der Versöhnung. Doch die so dringend benötigten Hilfen für die Ogoni werden, soviel ich weiß, noch lange auf sich warten lassen.

Falls es Shell dereinst gelingt, sich mit den Ogoni auszusöhnen, sollte sich der Multi auch all der anderen Stämme annehmen, deren Leben im Delta er beeinflusst. Die Ogoni sind nur ein Beispiel für zahlreiche weitere Gemeinschaften in den Ölfördergebieten des Nigerdeltas. Inzwischen haben die Proteste wie ein Buschfeuer der Unzufriedenheit die gesamte Region erfasst. Die Ogoni haben überlebt, doch ansonsten hat ihnen der gewaltlose Widerstand wenig gebracht. Regierung und Ölkonzerne täten besser daran, ihren Gewaltverzicht großzügiger zu honorieren.

Heute, wo die Soldaten abgezogen und die gefangenen Ogoni freigelassen sind, möchte man meinen, der Freiheitskampf der Ogoni habe ein glückliches Ende genommen. Doch hinter all den Dankesliedern höre ich die Beschwörung heraus: Vergesst uns nicht! Mögen sie für diesmal überlebt haben, ihr Kampf wird weitergehen. Wir dürfen sie nicht im Stich lassen.

Händler der Visionen

Alles begann im Februar 1989 bei einer Protestversammlung der Regenwaldbewohner im brasilianischen Altamira gegen Pläne zum Bau von fünf Staudämmen am Xingustrom. Der Bau dieser Staudämme würde letztlich 10 000 Quadratmeilen Indioland sowie eine weit größere Urwaldfläche überfluten, die nicht als Eingeborenenreservat geschützt ist und von rund 7000 Indios bewohnt wird. Umweltschützer fürchten um die Existenz des Regenwalds am Amazonas. Bis jetzt hat man schon mehrere Millionen Hektar abgeholzt und die Ureinwohner aus ihren angestammten Gebieten vertrieben. Sie werden von Seuchen dahingerafft, gegen die sie keine Abwehrkräfte haben, oder schlicht als billige Arbeitskräfte missbraucht. Obendrein ist der Verlust an Flora und Fauna unermesslich: Der Regenwald ist der einzige Lebensraum für die Hälfte aller Tier- und Pflanzenarten unseres Planeten, von denen viele noch unentdeckt sind.

Man hatte mich gebeten, einen Teil der Kosten für die Versammlung zu tragen, aber ich war entschlossen, auch selbst teilzunehmen. Ich wollte die Gelegenheit nutzen, um mit führenden Ökologen und Umweltschützern zu sprechen und die Probleme des Regenwalds aus erster Hand kennen zu lernen. Es war ein unvergessliches Erlebnis, vor allem, als viele Indiostämme in zeremonieller Tracht, mit Körperbemalung und Kopfschmuck aus gelben, roten und grünen Papageienfedern erschienen. Ihr Auftritt war sehr eindrucksvoll, und viele von ihnen konnten sich vorzüglich artikulieren. Was sie uns mitteilen wollten, war unmissverständlich: Wir sollten sie und ihren Wald in Ruhe lassen.

Damit begann eine wunderbare, ungestüme, erregende Periode. Ich hoffte, uns würde gelingen, was noch kein anderes Unternehmen auch nur versucht hatte: die Rettung des Regenwalds am Amazonas. Doch unser erster, abenteuerlichster und riskantester Schritt, nämlich Handelsbeziehungen mit den Ureinwohnern aufzubauen, führte uns auf einen steinigen und schwierigen Weg. Es war frustrierend, aber ich behaupte nicht, dass es der Mühe nicht wert war oder nicht am Ende doch noch Erfolg zeitigen wird.

Meine Notizen zu »Hilfe durch Handel«.

Die Hoffnung auf Handel

Der Sprecher, der bei der Protestversammlung der Regenwaldbewohner den größten Eindruck hinterließ, war Paulhino Paiakan, der das Volk der Kayapo vertrat. Er war einer der Häuptlinge seines Stammes, doch hatte er schon viele Reisen unternommen, um die Welt über die Vorgänge im Regenwald zu informieren. Sein Schlusswort werde ich nie vergessen: »Wir kämpfen zur Verteidigung des Waldes, denn es ist der Wald, der uns geschaffen hat, der unsere Herzen schlagen lässt. Ohne den Wald werden wir nicht mehr atmen können, unsere Herzen werden verstummen, und wir werden sterben.«

Paiakan war es, der mich fragte, ob wir mit den Kayapo Handel treiben wollten. Schon die bloße Vorstellung war mit Problemen befrachtet. Wie würden sich Handelsbeziehungen mit der Außenwelt auf die Kultur und die Lebensweise seines Volkes auswirken? Der Gefahr, dass ihre Entwicklung beeinträchtigt werden könnte, war ich mir bewusst. Andererseits schien mir der Einwand einiger Umweltgruppen, man solle diese Völker gänzlich ihrem Schicksal überlassen, wenig plausibel. Das hieß doch nur, sie der Willkür der Holzfällerbanditen auszusetzen! Es musste doch möglich sein, im Regenwald ökonomische Alternativen zu verwirklichen – mit einer Handelsstrategie, die sich die Bewahrung der Schöpfung und behutsames Wirtschaften zum Prinzip machte. Wenn der kontrollierte, nachhaltige Anbau von Pflanzenstoffen den Völkern des Regenwalds die Existenz sicherte, lag die Entscheidung bei ihnen, welche Veränderungen sie akzeptieren oder wie stark sie »zivilisiert« werden wollten.

Wir untersuchten allerlei Samen, Wurzeln und Pflanzen des Regenwalds, die in unseren Produkten Verwendung finden könnten, und entschieden, dass ein aus Paranüssen gewonnenes Öl wohl das meiste Potenzial hatte. Ich kehrte nach Brasilien zurück und traf mich mit Paiakan, um das Projekt in allen Einzelheiten zu diskutieren. Zum Stammesgebiet der Kayapo flogen wir in einer Sportmaschine. Einige Dorfbewohner kamen zur Begrüßung, als die Sportmaschine auf einer schmalen, staubigen Landebahn aus festgestampfter roter Erde ausrollte. Während wir ins Dorf wanderten, kam uns eine Gruppe junger Mädchen entgegen – splitternackt bis auf rote und blaue Perlenketten, die wie Patronengürtel über ihre Brüste hingen. Eine von ihnen nahm mir den Rucksack ab, und ich hakte mich bei ihnen unter und brachte sie zum Lachen, als ich mir von ihnen ein Lied beibringen liess. Es war hinreißend, so freundlich im Dorf empfangen zu werden.

Alles Wissen sollte in Aktion umgesetzt werden. Albert Einstein

Man wies mir nicht weit vom Fluss eine Hütte mit einer Hängematte zu, und am ersten Morgen meines Aufenthalts strömten die Dorfbewohner von nah und fern herbei. Das Versammlungshaus ist normalerweise Männern vorbehalten, aber Paiakan überwand sich, auch alle Frauen und Kinder hereinzulassen. Ich hatte einige Proben mitgebracht, um zu demonstrieren, wie natürliche Rohstoffe in Haut- und Haarpflegemittel verwandelt werden. Ich zeigte ihnen, wie Bananen in Shampoos Verwendung finden, wie Öl aus Wurzeln und Nüssen gewonnen wird. Dann bat ich sie, mir zu zeigen, welche Dschungelgewächse sie selbst für die Pflege von Haut und Haar verwenden.

Am Ende ergab sich, dass die Paranuss tatsächlich der bei weitem interessanteste Rohstoff für uns war. Als ich die Kayapo fragte, ob sie Nüsse für The Body Shop sammeln wollten, versicherte Paiakan, sie wären dazu bereit. Wie wir sie dafür entlohnen sollten, wurde zunächst nicht diskutiert. Ich war mir auch nicht sicher, ob die Entlohnung mit Geld die richtige Lösung war. Denn die Kayapo besaßen schon Geld, das ihnen von Holzfällern zugeworfen worden war, und sie hatten uns gebeten, eine nachhaltige, sinnvolle Alternative zu finden – etwas, das ihnen nie zuvor gewährt worden war. Dass ich sie als Rohstoffzulieferer entlohnen wollte, versteht sich von selbst, aber ich wollte keinesfalls ihre Kultur schädigen. Doch dass sie überhaupt ein echtes Interesse am Handel mit uns zeigten, musste vorerst genügen.

Es sollte ihre erste direkte, langfristige Handelsbeziehung mit Weißen werden, und ich war stolz darauf, dass wir sie dafür gewinnen konnten.

Ich verbrachte vier wundervolle Tage bei den Kayapo. Bei diesem Indiostamm fühlte ich mich mehr zu Hause als irgendwo in der westlichen Welt. In den folgenden Jahren ergriff mich wieder und wieder diese seltsame Anmutung der Zugehörigkeit. Wann immer ich mit Urvölkern zusammen bin, besonders mit Nomaden, habe ich das Gefühl, heimgekehrt zu sein.

Ich kann es mir selbst nicht erklären, aber mich überkommt die Empfindung, dass dort die Dinge irgendwie sind, »wie sie sein sollten«.

Allmorgendlich nahm ich mit den Dorfbewohnern ein Bad im Fluss und verbrachte die meiste Zeit damit, mehr über den Regenwald zu erfahren. Nachts schlief ich in der Hängematte. Öfters wanderte ich mit dem Medizinmann des Dorfes in den Wald. Er behauptete, mit Tränken aus Wildpflanzen alle bekannten Krankheiten heilen zu können. Eines Tages fragte er mich, wie alt ich sei und ob ich ein Waldbaby haben wolle. Ich wusste wohl, dass dies kein anstößiges Angebot war, weshalb ich es auf einen Versuch ankommen ließ. Er nahm mich zum Flussufer mit und bat mich, den Oberkörper freizumachen. Dann strich er mit einem Büschel Laub über meinen Rücken. Ich bekam einen Trank aus zerstoßener Baumrinde sowie eine Schlingpflanze, die er mir um die Hüfte knotete. Wenn ich sie drei Tage lang anließe, würde ich ein Mädchen zur Welt bringen, meinte der Medizinmann.

Nun weiß ich zwar, dass mindestens ein Spermafädchen nötig ist, um ein Kind zu empfangen, hatte aber zugleich vor dem ethno-botanischen Wissen der Kayapo namenlosen Respekt. Ich muss gestehen, dass ich den Medizinmann wahrhaftig gebeten habe, mir ein Gegenmittel zur sanften »Pflanzenzeugung« zu verraten. Er reichte mir eine andere Schlingpflanze, die ich stattdessen um die Hüfte tragen müsse. Das werde die »Waldkind«-Schwangerschaft mit Sicherheit abwenden.

Später erläuterten mir die Frauen des Dorfes, was es mit diesem Ritual auf sich hat. Wenn die Frauen, die sich selbst »Freundin von vielen« nennen, schwanger werden, gehen sie in den Wald und führen dieses Ritual durch. Das Dorf wird daraufhin das Baby als Kind des Waldes willkommen heißen, und alle lieben es. Was ließe sich nicht alles von dieser Lektion in Gemeinschaft lernen!

Die Desillusionierung

Als ich die Kayapo verließ, war ich überglücklich und freute mich auf die Aussicht, unseren ersten Handelsvertrag mit Eingeborenen zu schließen. In England fanden wir eine Presse, mit der sich im Handbetrieb Öl aus Paranüssen gewinnen ließ, und ließen sie nach Südamerika transportieren. Wir sahen ein, dass sie nicht imstande waren, uns den Rohstoff regelmäßig zu liefern, aber als Jäger und Sammler waren sie unübertroffen. Wir rechneten aus, dass eine Ernte von 13 300 Pfund getrockneter Paranüsse im Jahr etwa 3300 Pfund Öl für eine Paranuss-Haarspülung ergab, was der Gemeinschaft ein potenzielles Einkommen von rund 50 000 Dollar einbrachte.

1990 kehrten Gordon und ich nach Brasilien zurück, um die Vorkehrungen zum Abschluss zu treffen. Gordon erarbeitete für die Kayapo einen schlichten Businessplan, und wir schossen ihnen Geld vor, das sie für die Ausstattung der Nüssesammler und für den Bau einer Trockenhütte brauchten. Noch immer waren wir voller Optimismus. Als ich wieder in England war, schrieb ich:

»Was ich mir letztlich davon verspreche, ist, ein untadeliges Beispiel für ehrlichen Handel mit einer gefährdeten Gemeinschaft zu geben. Es wäre ein Markstein dafür, wie künftig derartige Handelsbeziehungen aussehen sollten!«

Unsere Paranuss-Haarspülung entpuppte sich als großer Renner, doch mit den Kayapo Handel zu treiben war nicht einfach. Wir hatten gehofft, der Export von anderen Produkten als Holz werde die Vormacht der illegalen Abholzungsfirmen, die den Regenwald vernichten und die Heimat der Indios bedrohen, schwächen. Doch die erheblichen Einkünfte aus dem Paranussöl – sie gingen direkt an jeden der Männer und Frauen, die Nüsse ernteten und das Öl produzierten –, verhinderten nicht, dass einige der Kayapo-Anführer der Versuchung des ganz großen Dollargeschäfts erlagen, das mit illegalem Holzfällen zu machen war. Unwiderstehlich verlockend waren die Flugzeugflüge, Ausflüge in die Städte und Luxusgüter wie Satelliten-TV, mit denen die Holzindustrie warb. Das Abholzen ging unvermindert weiter.

Um publik zu machen, was wir taten, holten wir Häuptling Paiakan und Häuptling Pykative Pykatire nach England. Es gefiel ihnen gut, und sie verlebten eine schöne Zeit. Sie billigten auch die PR-Kampagne, die wir uns für sie ausgedacht hatten, um ihren Nussverkauf anzukurbeln, mit einem Bild des fröhlich grinsenden, den Daumen nach oben reckenden Häuptlings Pykative Pykatire. Doch nach ein paar Jahren wurden die Kayapo immer habgieriger. Wir hatten ihnen ein Sportflugzeug überlassen, um den Austausch zwischen verschiedenen Dörfern zu erleichtern, und als fliegende Notfallstation. Bald darauf verlangten sie ein zweites. Ich fragte einen Dorfältesten, wofür sie das zweite Flugzeug bräuchten, und er erklärte mir seelenruhig, seine Frau müsse es haben, um sich in Redenção, der Stadt an der Grenze zum Kayapo-Reservat, einen Kühlschrank zu kaufen!

Erfolgreicher waren unsere Bemühungen im Gesundheitswesen. Wir hatten schon ein »Gesundheitshaus« in Redenção errichtet, und auch in Altamira konnten wir ein altes Indiogebäude komplett umbauen und renovieren, sodass es den Indios noch heute als Gesundheitshaus dient. Es waren die ersten Krankenhäuser für Eingeborene, die Alternativmedizin, meist Heilkräuter, anboten. Außerdem starteten wir das »Green Pharmacy«-Projekt – eine medizinische Pflanzenfarm und ein Labor, das 60 Prozent aller Heilmittel, die Indios benutzen, herstellen kann. Green Pharmacy hat sich bewährt und ersetzt viele der toxischen pharmazeutischen Medikamente durch alternative Heilkräuter. Dort wird alles Mögliche produziert, von natürlichen Entzündungshemmern über Antibiotika, Elixiere gegen Durchfall, Brechmittel und vieles mehr. Manche dieser Heilmittel sind bei den »normalen« Kliniken in der Region begehrt und werden im Tauschhandel gegen Medikamente geliefert, die Green Pharmacy nicht produziert.

Zwar musste das Indio-Gesundheitshaus in Redenção wieder schließen, weil es keine Unterstützung durch das brasilianische Gesundheitsministerium erhielt, aber das in Altamira erwies sich als ungeheurer Erfolg. Acht Stammesgruppen teilen es miteinander, und jedes Jahr werden rund 3000 Patienten dort behandelt. Und trotzdem wird immer wieder behauptet, wir würden unserem Anspruch nicht gerecht, Ausbildung und Gesundheitswesen bei unseren Handelspartnern selbstlos zu fördern.

Die Problematik des Abholzens dauert fort. Doch auch andere Umstände bedrohen die Arbeit.

Wir hatten uns der Dienste eines Beraters versichert, der den Dörfern bei der Entwicklung des Paranussöl-Handels helfen sollte. Jahrelang begleitete er die Ölproduktion zweier Dörfer, und wir glaubten, er mache seine Sache nicht schlecht. Leider irrten wir uns, und als wir die Verbindung beenden wollten, reagierte er wie ein in die Enge getriebenes Raubtier und behauptete, unsere Beziehungen zu den Kayapo – die er selbst ja seit fast fünf Jahren pflegte! – bestünden nur in der Ausbeutung der Indios. Zum selben Zeitpunkt verfasste er eine Fallstudie über die positiven Handelsbeziehungen

Wer auf Perfektion abzielt, wird merken, dass es ein bewegliches Ziel ist.

George Fisher

mit einem der Dörfer, mit der er in einem lateinamerikaweiten Wettbewerb den ersten Preis gewann!

Unterdessen richteten die Kayapo immer größere Forderungen an uns. Indem wir ihr Öl kauften, gaben wir 300 Indios in zehn Dörfern Arbeit – doch die Kayapo glaubten, wir könnten alle und jeden einbeziehen. Infolgedessen wuchsen die bereits bestehenden Spannungen zwischen den Dörfern. Als die schwelenden Kämpfe schließlich ausbrachen, machten manche Umweltschützer uns dafür verantwortlich.

Für die von den Kayapo geernteten Nüsse zahlten wir weit mehr als üblich – 35 Dollar gegenüber einem Weltmarktpreis von 15 Dollar pro Kilo –, aber es war ihnen nie genug. Bei einem Stammestreffen erklärte Häuptling Pykatire, viele seiner Leute seien enttäuscht vom Paranuss-Handel. »Wir möchten das Öl machen«, erklärte er, »weil wir die Einkünfte brauchen und verzweifelt sind. Doch mein Volk ist unzufrieden, weil der Nutzen gering ist.« In Wahrheit gelangte nicht das ganze Geld, das wir für das Öl zahlten, in die Hände der Dorfbewohner. Unser Berater verkaufte ihnen nämlich Waren zu übertreuerten Preisen, wenn er das Geld brachte, das wir für das Öl zahlten. Das war auch der Grund, warum wir uns von ihm trennten.

AIDS und Schrott

Doch wollte man es den Kayapo verübeln, dass sie mit den Holzfällern gemeinsame Sache machten, würde man den Opfern die Schuld geben. Das Muster ist so alt wie der Regenwald selbst. Es ist wie die Eroberung Lateinamerikas en miniature, doch mit ähnlich verheerenden Folgen, sowohl für das nackte Überleben des Kayapo-Stammes als auch für die Zukunft des Planeten. Nur die Glasperlen, für die unabsehbare Areale des Regenwalds den Besitzer wechselten, waren in diesem Fall Videorekorder, Fernseher, Radios und Generatoren. Pukano, eines der Dörfer, mit denen wir handelten, erinnerte zunehmend an einen Schrottplatz für Elektrohaushaltsgeräte. Der ganze Ort war übersät mit gebrauchten Batterien und Einzelteilen weggeworfener Videogeräte. Schlimmer noch wirkten sich die Geschlechtskrankheiten aus, die sich junge Leute bei Ausflügen in die Stadt holten, in der sie den Judaslohn der Holzfäller verjubelten. In einem Land mit erschreckend hohem Prozentsatz an HIV-Positiven ist es nur noch eine Frage der Zeit, bis AIDS einer Bevölkerung, deren Kinder oft noch an leicht heilbaren Erkrankungen der Atemwege sterben, den tödlichen Zoll abverlangt.

Der erste unzweifelhafte AIDS-Fall erreichte das Dorf Gorotire im Jahr 1999 – die Tochter einer Indiofrau, die bei der Protestversammlung von Altamira die Aufmerksamkeit auf sich gezogen hatte, weil sie einen Regierungsvertreter mit einer Machete bedroht hatte.

Es war vermutlich naiv von uns, dass wir mit unserem Paranussöl-Handel mit zwei Dörfern dem Druck der Holzfäller auf die Amazonasanrainer entgegentreten wollten. Trotzdem bin ich froh, dass wir es versucht haben. Unsere Arbeit im Regenwald trug nicht nur zur Verbesserung der Lebensumstände in der Region bei, sie war uns auch ein wichtiges Experimentierfeld für erfolgreichere »Hilfe durch Handel«-Projekte, von denen ich glaube, dass sie für die Zukunft des Business in aller Welt bahnbrechend sind.

Es klingt sonderbar, aber wenn man etwas Überflüssiges – wirklich Überflüssiges – wie Feuchtigkeitscremes herstellt und seine Zutaten aus der Dritten Welt bezieht, verleiht man ihm unmittelbar echten Wert. Doch die Suche nach Rohstoffen, die nachhaltig angebaut oder gesammelt werden können, oft von Frauenkooperativen, beschäftigt mich jetzt seit über zwei Jahrzehnten. Und mag die Verbindung mit den Kayapo nicht ganz zur Zufriedenheit verlaufen sein, dann sind andere Projekte desto erfolgreicher gewesen.

Nepalesisches Papier

Einen unserer ersten Handelsverträge schlossen wir mit 30 Herstellern von handgeschöpftem Papier in Nepal. The Body Shop nahm eine ganze Reihe handgearbeiteter Papierprodukte aus einem Dorf im Kathmandutal in Kommission. Unter Verwendung nachwachsender einheimischer Rohstoffe konnten die Dorfbewohner ein vergessenes Handwerk wiederbeleben, das bis ins elfte Jahrhundert zurückgeht.

Die Papierherstellung in Nepal lag schon lange darnieder. Die Behörden hatten verboten, den Lorbeerstrauch Lokta zu schneiden, der traditionell die Hauptquelle für Papierfaser bildete. Zu viele Lorbeersträucher waren dadurch entblättert worden und eingegangen. Dadurch wurde das Hügelland zunehmender Erosion durch schwere Regenfälle preisgegeben und die fruchtbare Bodenkrume weggeschwemmt. The Body Shop engagierte mit Mara Amats einen findigen Berater, der nach alternativen Faserlieferanten suchte und zunächst auf Wasserhyazinthe und Bananenfasern verfiel, dann aber, prosaischer, bei Lumpen aus Baumwolle landete.

Unsere erste Produktreihe aus handgefertigtem nepalesischem Papier kam während der Weihnachtszeit 1989 in die Filialen von The Body Shop. Im Dezember 1990 besichtigte ein Designer von The Body Shop die General Papers Industry in Nepal und verbrachte eine Woche an der Seite der Hersteller mit der Entwicklung ansprechender neuer Designvorlagen. Derartige technische Hilfestellungen geben wir unseren Handelspartnern, wo immer es geht. Damit wollen wir nicht allein die Qualität der bei The Body Shop vermarkteten Produkte verbessern. Der Erfahrungsaustausch bringt auch mit sich, dass die Hersteller ihre Kultur und eigene Ideen in neue Produkte einbringen können – nicht nur für The Body Shop, sondern auch für andere, ähnlich gesinnte Organisationen. Spätere Produkte lassen den Zuwachs an Herstellungs- und Design-Know-how seit Aufnahme der Handelsbeziehungen erkennen: zum Beispiel bei farbenprächtigen Fotoalben, Bilderrahmen und parfümierten Schubladenschachteln.

Der Erfolg der Papierprodukte führte zu einer bemerkenswerten Gemeinschaftsarbeit. Einiges von dem Geld, das die Produzenten verdienen, steckten sie in ihren Community Action Fund, eine Stiftung, die dem Gesundheitswesen, der Ausbildung und alternativen Projekten zur Einkommenserzielung zugute kommt. 1993 erhielten 90 junge Mädchen Stipendien. Sie wurden deshalb ausgewählt, weil Töchter nach allgemeiner Einstellung in Nepal nicht als lohnendes »Investitionsobjekt« betrachtet werden. Man neigt dazu, sie früh zu verheiraten oder – die schrecklichere Variante – in die Prostitution zu verkaufen. Ebenso wie bei der Kindererziehung hilft der Community Action Fund auch dabei, Erwachsene lesen und schreiben zu lehren.

Im Kleinen handeln

Wir stecken unendliche Mühe in unsere »Hilfe durch Handel«-Beziehungen. Heute betreuen wir rund 37 Projekte in aller Welt, die Tausende mittelloser Familien in Arbeit und Brot setzen, und dieser Erfolg spricht für sich. Produziert wird Sesamöl in einen nicaraguanischen Dorf und Kokosbutter in Ghana. Die beteiligten Personen erhalten alle einen fairen Lohn, was sie befähigt, in ihre eigenen Gemeinden zu investieren. In vielen Projekten zahlen wir überdies eine »soziale Prämie« – einen Zehn-Prozent-Bonus zur Finanzierung von Vorhaben, über die jede Gemeinde selbst entscheidet und die gewöhnlich der Erziehung, dem Gesundheitswesen oder der Frischwasserversorgung gelten. Mit dieser Zuwendung wurde im südindischen Tamil Nadu die erste Montessori-Schule errichtet, worauf ich sehr stolz bin.

»Hilfe durch Handel« verlangt uns viel Zeit, Hingabe und die Entschlossenheit ab, allen Hindernissen zum Trotz jede dieser Beziehungen zum Erfolg zu führen. Das ist der Bereich, wo wir der Konkurrenz jedes Mal sagen: »Kommt doch her und macht mit!« Zu unserem Bedauern folgen dieser Einladung nur ganz wenige, die wir aber nicht missen möchten.

Vermutlich denken eine Menge Geschäftsleute, dass niemand, der noch alle Tassen im Schrank hat, so viel Energie in etwas stecken sollte, was – zugegebenermaßen – dem Umsatz kaum auf die Sprünge hilft. Allerdings verbessern diese Projekte unseren sozialen und ökologischen Umsatz – und wir lehnen es ab, den Erfolg nur an stumpfsinnigen Kosten-Nutzen-Rechnungen zu messen.

Lieber wäre mir, daran gemessen zu werden, wie ich die schwächeren und bedrohten Gemeinschaften behandle, mit denen ich Geschäfte mache, statt an der Höhe meiner Gewinnspanne. Wenn wir uns alle, die wir im Business sind, im Kleinen dieser Sache annehmen würden, könnten wirklich große Dinge geschehen. Zumindest in dieser Hinsicht – wenn nicht noch anderswo – gilt der Spruch *small is beautiful.*

Mit über 1800 Shops in aller Welt verfügen wir über eine massive Kaufkraft, und wir möchten von Gemeinschaften kaufen, in denen der Handel mit uns

Gutes bewirkt. Mehr noch, wir möchten Handel treiben mit doppelter Wirkung: nicht nur ökonomisch, auch durch Investitionen in der jeweiligen Gemeinschaft. Ich glaube zuversichtlich an kleinräumige Wirtschaftshilfen. Isoliert betrachtet, nehmen sich all diese Basisgruppen bescheiden aus: Zehn Frauen pflanzen einen Baum, ein Dutzend Jugendliche graben einen Brunnen, ein alter Mann bringt Kindern in der Nachbarschaft Lesen und Schreiben bei. Doch aus globalem Blickwinkel ist der Einfluss dessen, was hier geschieht, überwältigend. Diese Mikrounternehmen bilden eine unschätzbare Vorhut im internationalen Kampf gegen die Armut und für die Verbesserung unserer Welt.

Wenn du dir nicht sicher bist, mache folgenden Test:
Denke an das Gesicht des ärmsten, schwächsten Menschen, dem du je begegnet bist, und frage dich, ob der Schritt, den du tun möchtest, diesem Menschen helfen wird.

Mahatma Gandhi

Die US-Zeitschrift *World Watch* rechnet vor, dass die 500 größten Unternehmen der Welt für ein Viertel der wirtschaftlichen Produktivität stehen, aber weniger als ein Zwanzigstel der Weltbevölkerung beschäftigen. Das wahre Rückgrat des Welthandels und der weltweiten Beschäftigung bilden die Millionen kleinen Unternehmen, deren Lob niemand singt. Sie beackern kleine Parzellen, kochen das Essen, sorgen für Kinderbetreuung, stellen Tontöpfe her, machen Stückarbeiten für Textilhersteller und führen zahllose weitere Aufgaben aus, die größeren Unternehmen zu läppisch sind.

In der Dritten Welt arbeitet ein wachsender Anteil der städtischen Bevölkerung in dieser Mikroökonomie; mitunter wird er auf 50 Prozent geschätzt. In Lateinamerika und in der Karibik beschäftigen über 50 Millionen Mikrounternehmen über 150 Millionen Arbeiter. In China ist die Zahl der Kleinunternehmen seit 1978 von 1,5 Millionen auf 19 Millionen im Jahr 1991 angewachsen. Und das Phänomen der Mikrounternehmen beschränkt sich keineswegs auf Entwicklungsländer. Immerhin haben 90 Prozent der britischen Unternehmen weniger als zehn Angestellte. Diese Millionen unscheinbarer Ein-, Zwei- oder Fünf-Personen-Betriebe stellen einen großen Anteil künftiger Jobs zur Verfügung. Entscheidend und lebenswichtig für die regionale Wirtschaftslage ist ihre Verpflichtung gegenüber den Gemeinschaften und gegenüber der Umwelt. Sie sind auch die Hauptquelle der Unabhängigkeit und der Handlungsfähigkeit der Gemeinschaften, die sich dem eisigen Wind der Globalisierung stellen müssen. Als solche bilden sie ein Bollwerk gegen die Zerstörung des Planeten, den sozialen Kollaps und den Ruin der Umwelt. Und deshalb versuchen wir immer wieder, mit Handelsprojekten den Gemeinschaften vor Ort zu helfen.

Reell handeln

Seit der Kolonialzeit hängt meines Erachtens der Wohlstand des Westens davon ab, wie wir uns die Arbeitskräfte in aller Welt zunutze machen. Unsere Bequemlichkeit beruht auf ihrer beschwerlichen Arbeit. Ich erinnere mich, wie ich an einem riesigen Feld in Bangladesh vorüberkam, wo Ziegel gebrannt wurden. Die Männer waren so dünn, dass ihre Leiber nicht mehr Umfang hatten als meine Oberarme, aber sie liefen mit Hunderten Ziegelsteinen auf dem Kopf von einer Ecke des Geländes in die andere, als wäre es ein Marathonlauf.

Inzwischen gibt es viele elementare Tätigkeiten, die wir gar nicht mehr kennen, weil unsere Gesellschaft so stark automatisiert und mechanisiert ist. Wo bleibt der menschliche Faktor in dem, was wir machen? Was mich fasziniert hat, waren Dorfbewohner in Drittweltländern, die nach wie vor alles mit der Hand machen. Sie können sich bei der Herstellung ihrer Produkte nicht auf Maschinen verlassen: Tatsächlich gab es dort keine oder nur sehr wenig Elektrizität, sodass selbst der Strom mit der Kraft ihrer Hände und Füße erzeugt werden musste.

Ich werde den Eindruck nicht los, dass wir, wenn wir mehr solcher Produkte hätten, wenn mehr Unternehmen Zeit und Mühe in den Handel mit Not leidenden Gemeinschaften stecken würden, die Armut nachhaltig bekämpfen könnten. Dann würden die Gemeinschaften zusammenarbeiten, ihre Fertigkeiten würden nicht aussterben und die Familien nicht auseinander gerissen. Eine menschlichere Dimension würde die gesamte Arbeitswelt prägen. Und die Produkte wären von hervorragender Qualität. Außerdem erhielte man eine Ware, die noch nachschwingt, statt einer anonymen Lieferung mit inliegender Rechnung.

Wenn wir ein Produkt kaufen – sei es ornamentierte Keramik oder ein dekorativer Korb –, fragen wir uns dann je, wie er entstanden ist? Nur wenige von uns wissen, wie man ohne Strom eine Keramik brennt, und diese Wissenslücke deutet auf unsere Selbstgefälligkeit als Verbraucher.

> Wir sollten fragen, wie, warum, wo und wann die Gegenstände hergestellt wurden. Mehr zu wissen über Herkunft und Quelle der Produkte stärkt unsere Position als Verbraucher.

Fair handeln

Immer mehr Verbraucher werden sich bewusst, dass sie mit ihrer Kaufentscheidung auch moralisch die Wahl haben – und reagieren damit schneller als die meisten Unternehmen. Sie möchten Bescheid wissen, sie dürsten nach Informationen, die den alternativen Einkauf ermöglichen. Das ist mit ein Grund für den Erfolg von Unternehmen wie Eine-Welt-Kaffee und anderen Organisationen des fairen Handels. Verbraucher wollen die Geschichten hinter dem Produkt hören. Warum sind diese Geschichten, obwohl unsere westliche Wirtschaft blüht und gedeiht, immer so dürftig und miserabel? Warum handeln sie immer wieder von Sweatshops in Los Angeles oder Asien, von den wachsenden Heeren arbeitender Kinder, von Abwässern in Flüssen oder politischen Gefangenen, die man hinter Gitter steckt, weil sie nach den lokalen Auswirkungen der Macht großer Unternehmen zu fragen wagen?

The Body Shop glaubt, dass Handeln vor allem eine ethische Tätigkeit ist. Fairer Handel wird bei uns ganz groß geschrieben. Das heißt, wir müssen die unmittelbare Ausbeutung von Mensch und Tier ebenso vermeiden wie alle negativen Auswirkungen auf deren Lebensraum. Und da wir wissen, dass die Menschen und die Umwelt, in der sie leben, nicht um unserer Produkte willen rücksichtslos ausgebeutet werden, können wir unseren Kunden die Informationen geben, die sie brauchen, um verantwortungsbewusst auswählen zu können.

Um festzustellen, ob ein potenzieller Zulieferer aus einer Handelsbeziehung mit uns Nutzen zieht, haben wir einige Kriterien aufgestellt, die sicherstellen sollen, dass wir fair mit den Gemeinschaften handeln. Nach unseren Richtlinien für fairen Handel müssen kleine Gemeinschaften, mit denen wir zusammenarbeiten:

– sozial oder ökonomisch ins Abseits gedrängt sein;
– am Handel interessiert sein und davon profitieren;
– zum Handel fähig sein;
– imstande sein, eine Handelsbeziehung aufzubauen, die dem Primärproduzenten oder Verarbeiter dient;
– Rohstoffe oder Verarbeitungsprozesse einsetzen, die sozial und ökonomisch verträglich und nachhaltig sind.

Das vorrangige Kriterium ist natürlich, ob die Gemeinschaft mit uns handeln will und etwas besitzt, das in unsere Angebotspalette passt. Von meiner sonderbaren Erfahrung mit dem nordamerikanischen Indianerstamm der Oglala habe ich schon berichtet. Sie luden mich in eine Schwitzhütte ein und beschlossen hinterher, doch keine Salbeibüsche für ein Haarpflegeprodukt bereitzustellen. Mehr Erfolg hatte ich in Ghana, wo mir die BBC die wunderbare Chance bot, eine Sendung über wirtschaftliche Frauen-Basisgruppen in Afrika zu filmen. Natürlich ließ ich mir das nicht entgehen, und während der Dreharbeiten lernte ich die einfallsreiche Frauengruppe kennen, die uns heute mit Sheabutter versorgt.

Sheabutter aus Ghana

Afrika ist mir nie als armer Kontinent erschienen. Er ist vielmehr unermesslich reich an Kultur, an handwerklicher Tradition, an Methoden der Körperpflege, die wir im Westen nicht kennen. Die Frauen im nordghanaischen Tamale nutzen seit unvordenklichen Zeiten Sheabutter zur Hautpflege und beim Kochen. Sheanussbäume wachsen im Norden Ghanas, wo der Boden trocken ist und die Vegetation spärlich. Die Frauen sammeln die Nüsse von den Bäumen, zerstoßen und zerreiben sie zu Butter, wobei Techniken zum Einsatz kommen, die von einer Generation auf die nächste weitergegeben werden. Es ist ein langwieriges, aufwändiges Verfahren, aber die Frauen merken instinktiv, wann die Butter fertig ist.

Ich wollte, dass die Frauen uns die Butter liefern, denn wenn sie die Nüsse nur einsammeln und exportieren würden, würden sie nicht von der Wertsteigerung profitieren, die sie bei eigener Verarbeitung der Nüsse auch noch selbst bestimmen können. Je höher der erzielte Preis, desto mehr davon kommt wiederum der Gemeinschaft zugute. Im späteren Verlauf dieser Handelsbeziehung trug die soziale Prämie dazu bei, dass eine Schule und eine lang ersehnte Krankenstation finanziert werden konnten.

Ursprünglich boten uns die Frauen die Butter, die sie über den eigenen Bedarf hinaus produzierten, für den fairen Handel an. Schon bald konnten sie sich jedoch einfache Maschinen anschaffen, die ihnen ermöglichten, weit größere Mengen herzustellen als mit dem traditionellen Verfahren. Doch selbst wenn das mühselige Mahlen und Zerstoßen der Nüsse von der Maschine erledigt wurde, blieb noch immer eine Menge Handarbeit nach traditioneller Weise zu tun. Fast beschämt es mich, dass wir in den Industrienationen so selten – wenn überhaupt – den Zusammenhang zwischen dem, was wir kaufen, und den wahrhaft aufreibenden Strapazen der Herstellung kennen.

Die Frauen in Ghana leisten in ihren Gemeinschaften den Löwenanteil der Arbeit. Es sind Frauen von der Sorte, in die ich mich auf der Stelle verliebe und mit denen ich stundenlang sitzen und reden könnte. Was mir an diesen Frauen besonders gefällt, ist ihr Entschluss, sich nicht von moderner Technologie abhängig zu machen. Was tun sie, wenn für die Maschine, die die Butter in Minutenschnelle knetet, ein Ersatzteil benötigt wird, das man Monate im Voraus bestellen muss? Wie die meisten Frauen werden sie improvisieren und wieder von Hand kneten – ein Vorgang, der etwa drei Stunden braucht.

Vor kurzem bin ich wieder bei diesen Frauen gewesen. Sie kommen aus zehn verschiedenen Dörfern, weshalb wir bei 35 Grad Hitze im Jeep endlos unterwegs waren und staubige, trockene Gebiete durchqueren, um sie alle zu besuchen. Sie traten heraus und begrüßten unseren Wagen, sangen und tanzten uns über die Straße entgegen. In jedem Dorf wurde ich überreich beschenkt – mit Jamswurzeln, Guineahühnern, Ziegen –, und weil solche Gastgeschenke Ehrensache sind, durfte ich nichts davon ablehnen. Dann fuhren wir wieder zwei bis drei Stunden durch sengende Hitze, diesmal mit einem Paar Ziegen auf dem Rücksitz. Ziegen riechen nicht gerade nach Veilchen. Aber wie schon gesagt, nichts ist schöner, als die Geschichte hinter dem Produkt zu kennen.

Jute aus Bangladesh
Ziegen mögen sein, wie sie wollen: Ich bin gern da draußen unterwegs und besuche unsere »Hilfe durch Handel«-Partner. Es ist immer ein erhebendes, manchmal auch demütig stimmendes Erlebnis. In Bangladesh produziert The Jute Works viel von unserem Weihnachtsangebot, darunter Jutebehälter, Amphora-Topfhalter und unsere Terracotta-Bimssteine für die Füße.

Ein hübsches Teil im Laden gefällt uns, aber wir werden nie begreifen, wie es Menschen eine Existenz verschafft und Gemeinschaften zusammenhält – wie es erzieht, die Zukunft sichert, das Leben auf dem Land und das wirtschaftliche Fortkommen erleichtert.

The Jute Works wurde von der Catholic Organization for Relief and Rehabilitation gegründet, um verarmten Dorffrauen Arbeit zu geben, die nach traditionellem Brauch im Haus bleiben müssen. Davon profitieren über

6500 Frauen in 19 Distrikten von Bangladesh. Gemeinsam mit Jacqui McDonald, damals leitende Managerin unserer »Hilfe durch Handel«-Abteilung, machte ich mich auf den dreistündigen Weg von Dhana in eines der Dörfer, wo die Frauen Flecht- und Häkelarbeiten für Jutetaschen machen. Als wir die Dorfbewohner trafen, spielte ich meine übliche Rolle – den Einfaltspinsel –, und schnell war das Eis gebrochen. Wir verständigten uns mit Händen und Füßen, was in jede Unterhaltung etwas Spielerisches bringt. Doch trotz guter Laune und freundlichem Empfang konnte ich mich der Realität nicht verschließen: Diese Menschen arbeiten, damit wir es bequem haben.

Und das macht im Wesentlichen The Jute Works aus. Häkeln gehört zum Alltagsleben der Frauen, ebenso wie ackern und pflügen und ernten, um ihre Familien ernähren zu können. Dank The Jute Works und der Dorfkooperative erhalten sie durch Juteflechten und andere Verarbeitungsmethoden ein kleines Einkommen. Mit dem Geld, das die Juteproduktion bringt, können sie eine Kuh, Schafe oder Hühner kaufen. Damit haben sie ihr eigenes Sozialprogramm erwirtschaftet.

Ich sah zu, wie diese wunderschönen Frauen Stuhllehnen und Stuhlbeine und jedes andere solide Möbelstück zum Flecht- und Häkelrahmen umfunktionierten. Einige flochten sogar von ihren Zehen her – alles, um den Hauptfaden zu stabilisieren. Obwohl ihnen der Brauch gebietet, sich andauernd daheim im Haus aufzuhalten, sind diese Frauen ganz und gar nicht unterwürfig und fügsam, wie ich erwartet hatte. Ganz im Gegenteil: Sie wirken kämpferisch, selbständig und von einem unerschütterlichen Willen beseelt. Sie setzen sich beherzt mit Männern und männlichen Vorurteilen auseinander und scheuen kein offenes Wort.

Leider fehlt es mir oft an Zeit und an den nötigen Sprachkenntnissen, um eingehende Gespräche zu führen. Was man hat, muss reichen – bei mir ist es gewöhnlich der Humor. Die Dorffrauen und ich »redeten« über Liebe, Heirat und Familie. Der Anblick von Fotos meiner Töchter, meiner Enkelin Maiya, meiner Mama und mir entzückte sie. Meine beste Idee war, mit ein paar Warenproben zu spielen, die ich mitgebracht hatte. Ich spritzte den Frauen etwas Lotion auf die ausgestreckten Arme und bedeutete ihnen, sich die Lotion einzureiben. Ihre begeisterte Reaktion rührt mich noch in der Erinnerung zu Tränen. Doch abgesehen von der Ergriffenheit, spürte ich, dass es eine ganz besondere Erfahrung war, diese Frauen persönlich kennen gelernt zu haben.

Später gingen wir zu Enfant du Monde, einer Organisation, die neun Projekte beaufsichtigt, darunter die EdM-Werkstatt, die für The Body Shop Körbe flicht und Tonwaren produziert. Organisationen wie diese wollen vor allem das traditionelle Handwerk lebendig halten, was wiederum den Handwerkern hilft, das Einkommen ihrer Familien und Gemeinden aufzubessern. Fast alle haben sie einst bestimmte Fertigkeiten gelernt, doch mit The Jute Works und Enfant du Monde können sie sich wieder einarbeiten, in neuen Techniken fortbilden und neue Ideen realisieren.

Holz und Baumwolle aus Indien

Zu meinen bevorzugten Handelsbeziehungen zählt eine, die sich schlicht Teddy Exports nennt, nach dem Sohn einer bemerkenswerten Frau namens Amanda Murphy, die bei The Body Shop in der Londoner Oxford Street angestellt war. Amanda verliebte sich in einen Inder und folgte ihm nach Indien, um Teddy Exports zu gründen. Der Name sagt viel über das Unternehmen aus, das einer eng verbundenen Familie ähnelt und mit Herz und Seele geführt wird.

Teddy Exports ist eine Fabrik in Tirumangalam in Tamil Nadu, die Baumwoll- und Holzprodukte herstellt, um sie in unseren Shops weltweit anzubieten: Fußmassageroller, Doppelballmassageroller und Baumwolltaschen mit aufgedruckten Zitaten. 265 Männer und Frauen sind direkt hier beschäftigt, weitere 75 indirekt. Alle bekommen kostenlos Arbeitskleidung, Mittagessen, Tee und Gesundheitsvorsorge für sich selbst und ihre Angehörigen. Außerdem gibt es eine Kindertagesstätte, freien Transport, eine Schule, die sich an Montessori orientiert, und dank der kleinen Fußmassageroller ist es ihnen gelungen, für die Schule einen neuen Anbau zu errichten. Das Projekt hat auch mitten in der Stadt ein Haus gekauft, wo Frauen in Nähkursen ausgebildet werden, damit sie Arbeit bekommen; für die ganze Gemeinschaft wird Familienberatung angeboten.

Gordon und ich waren in der Woche um den Valentinstag in Tirumangalam, ein Name, von dem die Einheimischen sagen, er bedeute »Glück«. Klingt romantisch? Nicht im Mindesten! Noch vor Jahren wurden in Tirumangalam die meisten Rosen für Madurai, die heiligste Stadt Südindiens, gezüchtet, doch nachdem die Dürre immer schlimmer wurde, wurden die Rosen durch Tausende LKWs ersetzt, die hier halten, um aufzutanken. Sex gibt es hier jede Menge, aber in wenig romantischer Gestalt, und AIDS stellt eine erhebliche Bedrohung dar.

Für die gesamte Gemeinde hält Teddy Exports Schulungen zu den Themen Familienplanung, Geschlechtskrankheiten und AIDS ab, finanziert vom

Teddy Trust, der sich aus Gewinnen von Teddy Exports speist. Kinder sind in den Klassen informeller Erziehungszentren willkommen. Und Tiere werden in einer Veterinärklinik versorgt. Neben Soapworks in Easterhouse ist Teddy Exports eine der Gemeinschaften, auf deren Beziehungen zu The Body Shop ich in all den Jahren besonders stolz war.

Hanf hat's in sich

Von den Tausenden Inhaltsstoffen, die in Produkten von The Body Shop nachgewiesen werden können, gibt es wohl kaum eine stärker umstrittene oder potenziell nützlichere als Faser- oder Kulturhanf. Ähnlich wie wir neue Anwendungen für Jojoba, Kamille und Aloe vera erprobten, war The Body Shop auch der erste Einzelhändler, der die Vorteile von Hanfsamenöl in Hautpflegemitteln erkannte. Und wie zu vermuten steht, werden wir nicht der letzte sein.

> Nach 24 Jahren Erfahrung in der Kosmetikbranche kenne ich nur wenige Inhaltsstoffe, die an Kraft und Effizienz alle anderen weit überragen; Hanf ist einer davon.

Hanf ist die vielseitigste, umweltfreundlichste, wirtschaftlichste Pflanze der Welt. Allerdings leidet sie unter einem Missverständnis, weil sie so oft mit einer ihrer entfernten Kusinen verwechselt wird: Marihuana.
    Zu behaupten, die Verwendung von Kulturhanf führe geradewegs in die Lasterhöhle des Haschrauchens, wäre ungefähr so geistreich wie die Unterstellung, das Pflücken von Klatschmohn fördere den Opiummissbrauch. Kulturhanf und Marihuana gehören zwar beide zur Cannabisfamilie, botanisch sind sie jedoch grundverschieden. Haschisch, Gras, Pot, Shit, Marihuana, egal wie Sie es nennen, ist eine narkotische Droge. Ihre psychoaktiven

Eigenschaften leiten sich von der Chemikalie Delta 9 Tetrahydracannabinol (THC) her. **Blätter und Blüten der Marihuanapflanze enthalten bis zu 20 Prozent THC. Kulturhanf enthält weniger als ein Prozent davon. Man müsste einen Joint von der Größe eines Telegrafenmasts rauchen, um high davon zu werden.** Mehr noch, Hanf enthält einen relativ hohen Anteil an Cannabinol, CBD, das die berauschende Wirkung von Marihuana blockiert, weshalb man ihn eigentlich als »Marihuana-Gegengift« betrachten darf. Und wo er angebaut wird, verdrängt er »Gras«: Wird Marihuana zufällig mit Hanf gekreuzt, verliert es seine berauschende Wirkung. Es gibt also keinerlei Anreiz für Haschfreunde, ihre Lieblingsdroge inmitten von Hanffeldern auszusäen, was von behördlicher Seite oft als Grund angeführt wird, den Anbau von Kulturhanf zu untersagen.

Auf Hanf wurde ich erstmals aufmerksam, als wir darangingen, eine Lotionserie für die trockene Haut zu entwickeln. Ein Mitarbeiter von The Body Shop aus unserer Filiale in Phoenix und meine Tochter in Kanada wollten etwa gleichzeitig von mir wissen, ob wir eigentlich schon Hanf verarbeiten. Die Antwort fiel negativ aus, denn ich hatte keine Ahnung von Hanf. Doch je tiefer ich mich in das Thema hineinkniete, desto klarer wurde mir, was für ein wunderbarer Rohstoff das war. Hanfsamenöl hat eine ungewöhnlich hohe Konzentration an essenziellen Fettsäuren, was es zur idealen Lotion gegen besonders trockene Haut macht. Doch insgesamt gibt es über 25 000 weitere potenzielle Anwendungen für Hanf: vom Baustoff über Bierbrauen bis zum Treibstoff – einfach alles. Das Dumme ist nur, dass fast jeder Hanf für eine seelenverwirrende Droge hält.

Die ablehnende Haltung gegenüber Hanf ist ein neuzeitliches Phänomen. In historischer Zeit genoss die Pflanze einen weit besseren Ruf. Ein Kleidungsstück aus Hanf, das im ehemaligen Mesopotamien ausgegraben wurde, gilt als das älteste existierende Beispiel menschlicher Handwerkskunst. Es stammt aus dem Jahr 8000 vor Christus. Die Segel der Fregatten von Christoph Kolumbus waren aus Hanfstoff gewirkt. Rembrandt malte auf einer Leinwand aus Hanf – das englische Wort »canvas« für Leinwand geht übrigens auf das lateinische »cannabis« zurück. Van Gogh malte ebenfalls, einige Jahrhunderte später, auf Hanf. Amerikas Gründerväter George Washington und Thomas Jefferson bauten auf ihren Farmen Hanf an. Das erste Paar Levi's-Jeans war aus Hanf gewirkt. 1929 erkundete der Pionier der Autobranche, Henry Ford, die Möglichkeit, einen Wagen komplett aus Hanf zu bauen – und diese Aufzählung könnte ewig so weitergehen.

Die öffentliche Wahrnehmung des Hanfs ist getrübt von sensationslüsternen Presseberichten, die schon seit 1915, als mehrere Regierungen in New England Anti-Cannabis-Gesetze verabschiedeten, Verbrechen und Wahnsinn mit Marihuana in Verbindung bringen. Die Sozialreformer fürchteten damals alles, was Hemmungen beseitigen könnte. Es war eine Ironie des Schicksals, dass die Prohibition in den USA den Cannabiskonsum erheblich steigerte. Dennoch ging der Vernichtungsfeldzug weiter, wobei die Blätter von William Randolph Hearst »Marihuanawahn« vorwiegend bei »degenerierten« Mexikanern, Afroamerikanern und Jazzmusikern feststellten. Der Gipfel war in den 60er Jahren erreicht, als das Wort »Cannabis« in den Korridoren der Macht die Alarmglocken schrillen ließ.

Tatsache ist, dass im Februar 1938 die Brutstätte radikaler Ideen, *Popular Mechanics*, schon 25 000 mögliche Anwendungsgebiete für Hanf entdeckt hatte. Was ist schief gegangen?

1961 wurde der grundsätzliche Unterschied von Marihuana und Kulturhanf durch die UN-Drogenkonvention anerkannt. Dies wurde im Nachtrag von 1990 ausdrücklich bekräftigt. Doch in der Zwischenzeit war der Comprehensive Drug Abuse Prevention and Control Act erlassen worden, ein US-Gesetz, das seit 1970 Cannabis-Anbau in den Vereinigten Staaten kriminalisiert und eine Null-Toleranz-Politik für THC gleich welcher Konzentration vorsieht. Worte und Taten klaffen in den USA allerdings weit ausei-

Die Politik des Bewusstseins.

Selbstaussage von
The Body Shop
über seine
Kampagnen

nander. Erst 1994 wurde Hanf in einem Exekutiverlass des Präsidenten als »strategische Pflanze von erheblicher Bedeutung für die nationale Sicherheit« angeführt, was man kaum glauben möchte, wenn man die Haltung des US-Pharmamoguls General Barry MacCafferty kennt. 1997 erklärte er Hanf zum »neuen Produkt, das einen neuen Markt« ankurbeln wird.

Neue Töne in der Tat! Man denke nur an die vielen Umweltvorteile des Kulturhanfs. Weil Hanf resistent gegen Bakterien und Schädlinge ist, kann er ohne Insektizide und Pflanzenschutzmittel angebaut werden. Aus Hanffeldern dringen daher keine toxischen Stoffe ins Grundwasser. Im Gegensatz dazu verlangt der Anbau der bislang beliebtesten Faser – Baumwolle – fast 30 Prozent aller weltweit versprühten Pestizide. Verglichen mit Wäldern bringt Kulturhanf im Durchschnitt ein Vielfaches an Fasern pro Hektar hervor und reift in 120 Tagen heran, weshalb der verbreitete Anbau von Hanf dem Abholzen der Wälder Einhalt gebieten könnte. Der Papierverbrauch ist im Jahresdurchschnitt von 14 Millionen Tonnen 1913 auf 250 Millionen Tonnen in den 90er Jahren gestiegen, was seit 1937 zum Verlust von ungefähr der Hälfte aller Waldgebiete geführt hat.

Die längeren Hanffasern machen Hanfpapier geeigneter für Recycling als traditionelles, holzhaltiges Papier; zur Herstellung von Papierbrei werden bedeutend weniger Chemikalien benötigt. Hanf verträgt die meisten klimatischen Bedingungen und wächst schnell heran, weshalb zwei Ernten im Jahr möglich sind. Die Pflanze braucht nur 30 Tage, um selbst in harten und ausgelaugten Böden 25 bis 30 Zentimeter tiefe Wurzeln zu schlagen. Bauern in England, die Hanf als Zwischensaat benutzen, erreichen in den folgenden Jahren Zuwächse von zehn Prozent bei Weizen. Außerdem wächst Hanf derart dicht, dass er Unkräuter erstickt und Schädlinge im Boden reduziert. Während der Reife fallen die Blätter ab und tragen zur Bodendüngung bei. Und das Wurzelsystem behält 70 Prozent seiner Nährstoffe, die den Boden fruchtbarer machen, wenn es untergepflügt wird.

Hanffasern sind ein exzellenter Rohstoff für Textilien. Ein Unternehmen stellt eine Hanf-Produktlinie und Hanf-Bezugsstoffe für namhafte Möbel- und Textilhersteller wie Ralph Lauren und Tommy Hilfiger her. Andere mischen Hanffasern und Kalk zu leichtem Zement und Gips. Der Samen selbst enthält 30 Prozent mehr Öl als die Fasern. Hanfsamenöl bleibt in einem breiten Temperaturspektrum stabil und wurde schon benutzt, um hochgradiges Diesel sowie Öl für Flugzeugmotoren und Präzisionsmaschinen herzustellen. Hanfsamen weisen alle essenziellen Amino- und Fettsäuren auf, die für den Körper lebensnotwendig sind. Keine andere

Pflanze enthält vollwertiges Eiweiß in derart leicht verdaulicher Form. Hanfsamen können zu Öl gemahlen, die Reste anschließend zu Mehl für Kuchen und Brot verarbeitet werden. Hanföl lässt sich zur Herstellung von Käse, Milch und Eiskrem nutzen.

Kurz, Hanf ist ein bemerkenswerter Rohstoff mit einer langen Tradition der Nutzung durch den Menschen – und hat zugleich ein schwer wiegendes Imageproblem.

> Hanf erschien uns für The Body Shop aus zweierlei Gründen interessant. Erstens konnten wir damit eine innovative Produktserie schaffen, und zweitens konnten wir dazu beitragen, unseren Kunden die zahlreichen Vorteile des Hanfs näher zu bringen.

Niemand von uns ahnte, welchen Sturm wir damit auslösen würden…

Absurde Reaktionen

Wir brachten eine Serie mit Hanfseife, Hautölen, Cremes und Lippenbalsam heraus und wählten eine Verpackung mit industriellem Image. Im Chelsea Physic Garden sollte die Serie erstmals vorgestellt werden, doch weil der botanische Garten keinen Hanf anbauen darf, verweigerte man uns die Erlaubnis, Hanfsamen zu pflanzen – solchen von der harmlosen Sorte, versteht sich. Am Ende besorgten wir für die Produkteinführung ein paar künstliche Hanfbüschel zur Dekoration, doch der Ärger ließ nicht auf sich warten.

In England ließ ich bei der Pressekonferenz zur neuen Serie Hanfsamen verteilen und wurde daraufhin von der ehemaligen Innenministerin Ann Widdecombe beschuldigt, mich über Drogenabhängigkeit lustig zu

THE EXPRESS

SATURDAY MARCH 7 1998 — 45p

FLY TO EUROPE FROM £38 RETURN
• FIRST TOKEN PAGE 77
Subject to Express collection
PLUS: Play INSTANT WIN £100,000 Virgin Mega Hot Tickets

BODY SHOP IN DRUGS STORM

EXCLUSIVE: Roddick accused of cashing in on 'cannabis chic' over cosmetics made from hemp

BY JOHN INGHAM

BODY Shop chief Anita Roddick caused uproar yesterday over plans to sell skin creams made from the cannabis plant hemp.

She was warned that the move could legitimise the drug in the eyes of young and impressionable customers.

Invitations to the launch of a new range show a picture of the distinctive cannabis plant with the slogan: "Hemp, it's a growing phenomenon. Will it grow on you?" Individual cosmetics also carry the cannabis symbol.

Multi-millionaire Ms Roddick, Britain's most successful businesswoman, is a leading supporter of a campaign to decriminalise the drug.

Last night one senior politician accused the Body Shop of acting "irresponsibly". The products, which include soap and lip conditioner, are made from industrial hemp, a member of the cannabis family.

Hemp production is banned in several countries, including the United States and Australia. In Britain, it is only grown under licence from the Home Office.

The Body Shop stressed that industrial hemp contains only a tiny percentage of the "mind-

TURN TO PAGE 2, COLUMN 2

UNDER ATTACK: Anita Roddick and, left, the hemp symbol shown on the new Body Shop range

WEATHER 2 ● OPINION 10 ● HICKEY 41 ● CITY 74-76 ● YOUR STARS 78 ● CROSSWORDS 80 ● LETTERS 82 ● TV GUIDE 83-88

machen. Sie erklärte mich für »völlig unzurechnungsfähig«, weil die Hanfprodukte aus der Cannabis-sativa-Pflanze stammten. Auch die Elterninitiative Parents Against Drugs meldete Protest an.

»Glauben Sie ernsthaft, der Anblick einer Hanfpflanze werde britische Jugendliche in die Drogensucht treiben?«, fragte ich, als mich die Presse unter Beschuss nahm.

In Kanada, wo der Naturhanf für uns angebaut worden war, mussten wir unsere Produkte während der Pressekonferenz an die Regale nageln, damit die Journalisten sich nicht selbst damit einschmierten in der Hoffnung, bei entsprechender Menge high zu werden. In den Vereinigten Staaten wurde die Veranstaltung mit strengen Auflagen bedacht, und das Wort »Hanf« wurde von allen Packungen entfernt. In Hongkong scheiterte die Produkteinführung an maßlos strengen Drogenbekämpfungsgesetzen. Nachdem Wissenschaftler im Auftrag der Regierung unsere Produkte getestet hatten und behaupteten, sie enthielten minimale Spuren von THC, mussten wir hier die ganze Serie einstellen.

Die unübersehbaren Vorzüge dieser Pflanze dermaßen zu verteufeln ergab einfach keinen Sinn. Nur die vollkommen Ahnungslosen können Hanf mit Marihuana verwechseln.

In Frankreich stürmten Polizisten die Filiale von The Body Shop in Aix-en-Provence und »verhafteten« unsere Hanf-Lippenpflegestifte, Hanf-Badeöl und Hanf-Ellbogenfett, nahmen auch das Werbematerial mit und behaupteten, wir wollten »zum Gebrauch eines verbotenen Rauschmittels auffordern«. Als ich um Stellungnahme gebeten wurde, erklärte ich: »Ich weiß, dass Frankreich in historischer Zeit die Kunst der Ironie bis zur Perfektion entwickelt hat. Für die Zukunft müsst ihr euch aber mehr Mühe geben.« Vorübergehend war die ganze Serie in Frankreich verboten, später legte sich der Argwohn wieder.

Echte Kreativität – solche, die umwälzende Veränderungen in unserer Gesellschaft hervorruft – verletzt immer die Regeln.

Richard Farson

Im kühlen Licht der Vernunft betrachtet, muss man vielleicht sogar dankbar sein für den groben Unfug dieser Reaktionen. Ihre bizarre Komik hat uns sogar ein wenig amüsiert. Aber damals neigte ich beinahe zu einer Verschwörungstheorie.

Unser Botaniker meinte, der Versuch, im Kulturhanf THC zu isolieren, sei ungefähr so schwierig, wie aus Meerwasser Gold zu gewinnen.

Wie ich vor kurzem hörte, hatte eine regierungseigene Holzfällerfirma in Neuseeland die internationale PR-Agentur Shandwick – unter Leitung von Lord Chadlington, dem Bruder unseres Freundes John Selwyn Gummer – beauftragt, den Einfluss von Waldschützern und Abholzungsgegnern wie mir zurückzudrängen, indem man uns als »Extremisten« bezeichnen sollte, die »Falschmeldungen« verbreiteten. War es möglich, dass ein kostengünstiger, ertragreicher, umweltverträglicher Rohstoff die Interessen mächtiger Holzfällerfirmen, Baumwollbarone und Chemiekonzerne bedroht?

Wir hoffen, dass unsere neue Hanfserie nicht nur dem Kunden nutzt, sondern dazu beiträgt, einen alten und achtbaren Industriezweig wiederzubeleben.

Mich fasziniert das Potenzial des Hanfs; umso wütender stimmen mich die Missverständnisse, die einer sachlichen Bewertung im Weg stehen. In

Europa sind sie weniger gravierend als in Amerika oder Australien. In Europa darf das Zeug wenigstens mit entsprechender Genehmigung angebaut werden. Doch ist die Hanfindustrie in England von der geplanten 25-prozentigen Kürzung von EU-Subventionen für Hanfanbau bedroht, und wie man von den Produzenten hört, wird keine andere Pflanze in dieser Weise benachteiligt.

Am Ende wird vermutlich das Geld darüber entscheiden, ob der Geschichte des Hanfs ein Happy-end beschieden ist. Die optimistischen Prognosen sehen in den ersten Jahrzehnten des 21. Jahrhunderts beim Hanf Jahresumsätze von fünf bis zehn Milliarden Dollar vor. Können Sie sich einen Politiker vorstellen, der sich seinen Anteil an diesem Kuchen im wohl verstandenen Eigeninteresse entgehen lässt?

Und in den USA wäre der nachhaltige Anbau von Kulturhanf von unschätzbarem Wert, um den Niedergang der bäuerlichen Familienbetriebe zu stoppen.

Mal gewinnt man, mal verliert man

Ich will nicht so tun, als könnten unsere Handelspraktiken eine Lösung für alles und jeden bieten. Doch indem wir uns zu fairem Handel bekennen, haben wir, wie ich glaube, Geschäftsmethoden eingeführt, die nicht nur unseren Kunden zugute kommen, sondern dem Business im Ganzen – vor allem unseren Handelspartnern in bedrohten Randgruppen. Ich weiß, dass wir viel mehr tun müssten, um bei unseren Kunden und sogar in manchen unserer Shops um mehr Verständnis für diese Art von Handelsbeziehungen zu werben. Doch das Konzept »Hilfe durch Handel« ist ein unverzichtbarer Bestandteil des Credos von The Body Shop. Es braucht noch etwas Zeit, aber ich bin sicher, dass wir auf diese Weise ein neues Bewusstseinsmodell entwickeln werden – ein Paradigma, wie wir mit den wirtschaftlich Schwachen und Gefährdeten umgehen sollten.

Mitunter geht auch mal etwas schief, doch selbst bei den Kayapo bin ich froh, dass wir's wenigstens versucht haben. Immerhin können wir im Regenwald am Amazonas einige dauerhafte Erfolge verzeichnen. Mithilfe der The Body Shop Foundation haben alle Indiostämme in der Region Altamira sowie das Kayapo-Dorf A-Ukre ihre eigene Kooperative Campealta gründen können.

Campealta fungiert als Handelsagentur für die Dörfer und soll die Verwendung der notwendigen Gelder für Ausbildung, unabhängige Gesundheitsversorgung und die Einrichtung eines Wachdienstes für die Reservate gewährleisten. Ein ehrenamtliches Beratergremium der Kooperative, gebildet aus Experten verschiedenster Lebensbereiche, verhilft den Indios zu Direktkontakt mit Auslandsmärkten und bei der Ausarbeitung eines Businessplans. Die Kooperative ermöglicht den Indios, Paranüsse, Paranussöl und Copaibaöl, ein bei der Parfümherstellung verwendetes Fixativ, zu exportieren. Außerdem hat sie ein Projekt für behutsamen Ökotourismus eingerichtet.

Zuweilen lernt man erst aus unangenehmen Erfahrungen, wie man es richtig machen soll. Die Kooperative Campealta bietet ein Modell dafür, wie Indios die Kontrolle über ihre Rohstoffe übernehmen und sie nachhaltig auswerten können – und The Body Shop gehört zu ihren besten Kunden. Andere Kayapo-Dörfer beginnen sich der Kooperative anzuschließen, und erstmals seit 18 Jahren sind die Gorotire-Indios wieder in den Regenwald gegangen, wo sie Paranüsse sammeln, die in ihrem Auftrag von der Kooperative verkauft werden.

Doch das Kayapo-Erlebnis hat mir auch nahe gelegt, mit Eingeborenen nicht ohne Vermittlung in Kontakt zu treten. Wir sind auf regional verankerte Organisationen und NGOs angewiesen, die vor Ort in den Dörfern arbeiten – auch ein Grund, weshalb wir heute so großes Gewicht darauf legen, im Bündnis mit starken Gemeinschaften zu handeln. Aus unseren Fehlern haben wir gelernt.

Wir hatten geglaubt, wir könnten ein neues Kapitel über den Handel mit eingeborenen Stämmen schreiben. Nicht, dass wir uns aufgedrängt und die Kayapo-Kultur überrollt hätten; wir warteten, bis wir eingeladen wurden, und führten den gesamten Handel so ehrenhaft wie irgend möglich durch. Wir haben sogar versucht, das besondere Wissen der Indios über den Regenwald zu respektieren, indem wir einen Vertrag über geistiges Eigentum zeichneten, denn ich fürchte, die Multis werden den Zugriff auf die genetischen Ressourcen des Regenwalds nicht lockern und sich das Pflanzenwissen der Eingeborenen umstandslos patentieren lassen, ohne sie auch nur zu entschädigen.

Allen guten Absichten zum Trotz waren wir hoffnungslos naiv und scheiterten mit unseren hoch gesteckten Zielen. Nach wie vor haben wir gute Beziehungen zu den Kayapos, aber hat unser Projekt die Abholzung stoppen können? Kein bisschen!

Wir haben unser Bestes versucht, aber es gab nichts, womit wir den Regenwald selbst hätten retten können. Doch sind wir durch diese Erfahrung klüger geworden; heute verstehen wir uns besser darauf, die Beziehungen zu den Gemeinschaften zu pflegen. Und das ist, so hoffe ich, ein besseres Geschäftsmodell als die heute dominierende Praxis des Nichtstuns und Nichts-sehen-Wollens.

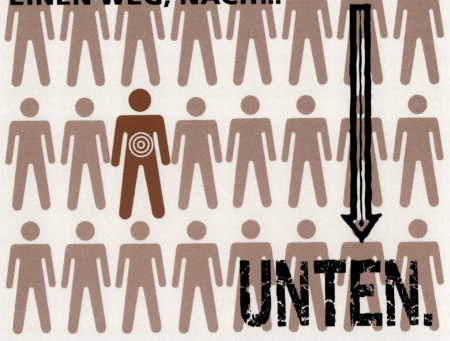

WENN MAN ALS VERANTWORTUNGSBEWUSST IN ALLEN BEREICHEN GILT, BESTEHT DIE KEHRSEITE DARIN, DASS MAN VON DER ÖFFENTLICHKEIT UND DEN MEDIEN AUF EIN PODEST GEHOBEN WIRD, UND VON DORT GIBT ES NUR EINEN WEG, NACH... UNTEN.

Zielscheibe auf meinem Rücken

Am Tag, als Channel 4 eine Dokumentation ausstrahlte, in der The Body Shop niedergemacht und Gordon und ich effektiv als Betrüger hingestellt wurden, hatte ich meine liebe Not, von der beschwerlichsten und abenteuerlichsten meiner Reisen heil nach Hause zu kommen.

Es war im Mai 1992, und ich war in Sarawak. Meiner Tochter Sam, die damals in Vancouver lebte und nebenbei Homöopathie studierte, lagen die Leiden der Penan am Herzen, die sich mit Blockaden gegen die Holzfäller und die planmäßige Vernichtung des Regenwalds zur Wehr setzten. Sam und ich hatten beschlossen, einen Film zu drehen und die Weltöffentlichkeit auf die Vorgänge aufmerksam zu machen. Unter falschem Namen hatten wir uns einer Reisegruppe angeschlossen, die aus lauter verkappten Unterstützern der Eingeborenen bestand. Nun flogen wir über das Dach des Waldes, dessen Grün sich endlos von Horizont zu Horizont erstreckte, bis es am Ende den Blick auf die rote Erde links und rechts der Flüsse freigab. So hieß uns das Land der Holzkonzessionen und des selektiven Fällens willkommen.

Mit dem Stamm der Penan in Verbindung zu treten hieß eine 14-stündige Wanderung über schwieriges Terrain. Zu behaupten, ich wäre auf diesen Gewaltmarsch schlecht vorbereitet gewesen, wäre arg untertrieben. Turnschuhe sind überall gut und praktisch, auf Schiffen, Tennisplätzen und in der Stadt, nur eben nicht im tropischen Urwald. Doch ich bezweifle, dass irgendetwas mich vor den Blutegeln hätte bewahren können, die von den Rändern aller Blätter hingen und darauf lauerten, über jede ungeschützte Stelle der Haut herzufallen. Oder vor den spinnwebumhüllten Baumwurzeln, über die ich alle paar Sekunden stolperte. Oder vor dem peinigenden Gefühl des Eingeschlossenseins im Dschungel, wo man kaum mal den Himmel über sich sieht. Oder vor dem Überqueren von Schluchten, Flüssen und Baumstämmen. Diese Reise brachte mich jedenfalls an den Rand meiner physischen Kräfte. Stunden vergingen, ohne dass ein Wort geredet wurde, außer von Sam, der die Mühsal nichts auszumachen schien. Sie erzählte den anderen vom »Dschungelbuch« sang Lieder aus dem Film, zitierte Gandhi und quasselte über die Ozonschicht und ökologisch bewusstes Konsumverhalten. Als wir die Penan endlich erreichten, hatte sie sich eine Blase gelaufen, die mindestens so groß war wie ihr Fuß. Ich aber konnte weder stehen noch sitzen, ein Bein heben oder hüpfen. Schließlich

nahm ich Baldrian, verschlief den prasselnden Regen und träumte – nicht gerade angenehm – davon, auf Baumstämmen über Abgründe zu balancieren.

Anderntags nahmen wir an einem Treffen der Penan-Häuptlinge teil, bei dem die Aussichten einer weiteren Blockade erörtert wurden. Ihr größtes Problem war die Versorgung mit Lebensmitteln, denn während einer Blockade mussten sie ihre Felder im Stich lassen. Ich gab ihnen etwas Geld, damit das Dorf seine Schulden begleichen konnte und wir ausgiebig filmen durften. Der Rückweg war ungefähr genauso schlimm, nur dass es auch noch in Strömen regnete. Während der ganzen Zeit fürchtete ich, von Holzfällern entdeckt und abgemurkst zu werden. Statt von denen wurden wir von den Blutegeln heimgesucht – wieder und wieder.

Auf dem Rückflug nach England, von Egelbissen übersät, war ich viel zu müde, um an etwas anderes zu denken als an mein warmes Bett. Man hatte mich vorgewarnt, dass die Presse am Terminal auf mich warten würde, aber worum es ging, konnte ich nicht ahnen. Es gelang der British Airways, mich an der wartenden Meute der Reporter vorbei aus dem Flieger zu schmuggeln, und Gordon fing mich ab. Er wirkte bedrückt. Am Abend zuvor sei im Fernsehen die Sendung »Dispatches« über The Body Shop gelaufen. »Du wirst es nicht für möglich halten«, seufzte er. »Sie behaupten, The Body Shop wäre nichts als Beschiss!«

Anfang 1992 hatten wir Besuch von Vertretern einer Firma namens Fulcrum Productions erhalten, die für Channel 4 eine Sendung über uns drehen wollten. Sie hatten behauptet, sie wollten ein sozial engagiertes »Feel good«-Business möglichst genau unter die Lupe nehmen, und uns versichert, es werde ein fairer und ausgewogener Film. Wir überlegten hin und her, aber schließlich fanden wir, es sei keine schlechte Idee. Wir sicherten ihnen umfassende Kooperation und völlige Freiheit zu. Wir ließen sie in unserer Zentrale drehen und in Soapworks. Gordon und ich wurden interviewt, und wir überließen ihnen Berge von Gedrucktem, Betriebsvideos, Filme und Standfotos.

Sie hatten ungehinderten Zugang zum Unternehmen. Doch was herauskam, war ein schändlicher Fernsehreißer, der die Firma und uns verleumdete. Ob es von Anfang an so geplant war, wissen wir nicht, aber Fernsehen hat auch mit Spannung zu tun. Ich vermute, dass sie meinten, sie bräuchten bloß etwas zu finden – egal was –, um The Body Shop als heuchlerisch hinstellen zu können, und schon hätten sie eine brillante Sendung, die sich in jedem englischsprachigen Land verkaufen ließe, wenn wir nur dort vertreten waren. Ich gehe davon aus, dass es aus ihrer Sicht eine rein geschäftliche Entscheidung war.

> Und wir boten unbewusst jede Menge Angriffsflächen, weil wir stark profiliert sind. Ohne Hemmungen hatten wir das System kritisiert, die Rolle des Business infrage gestellt. Wir machten Kampagnen, wir nahmen den Mund voll, wir hatten eine Haltung und schlugen Wellen, die mindestens so hoch waren wie die Umsätze.

Im Rückblick bin ich mir absolut sicher, dass sie nur Indizien suchten, um uns als Scharlatane und Heuchler abstempeln zu können.

Ein Angriff auf unseren guten Ruf

Ich war am Boden zerstört, als Gordon mir das Video zeigte. Es ist gespenstisch, wenn man etwas sieht oder liest, das von einem handeln soll, aber man sich überhaupt nicht wieder erkennt. Diese Sendung war eine einzige

Schmähung der Grundwerte unserer Firma und dessen, wofür wir stehen. Von unseren Kampagnen wurde behauptet, sie seien bloß ein zynischer Vorwand, mit dem wir das Publikum täuschen und den Verkauf ankurbeln wollten; Gordon und mir wurde die persönliche Integrität abgesprochen.

Ich konnte nicht glauben, dass man uns so verkannte. Es war, als schaute man durch das Bullauge eines Schiffes und sähe eine Insel, und wenn man durch ein anderes Bullauge spähte, sähe man eine vollkommen andere. Wie schon gesagt, The Body Shop ist mein anderes Ich – und ich weiß, dass ich keine Doppelgängerin habe. Unter gar keinen Umständen würde ich dem Profit zuliebe Abstriche an meiner Haltung gegen Tierversuche machen. Unsere diesbezügliche Politik ist in Faltblättern festgeschrieben, die in jedem Shop ausliegen. Dort steht, dass Tierversuche ein komplexes Problem sind und wir es für das Beste halten, die Regeln der British Union for the Abolition of Vivisection (BUAV) zu beachten: Keiner unserer Inhaltsstoffe wurde in den letzten – mindestens fünf – Jahren an Tieren getestet, weder von den Lieferanten noch von irgendwem sonst. Doch in der Sendung wurde unterstellt, wir wären nicht besser als andere in der Branche und machten uns nichts daraus, wenn Produkte oder Inhaltsstoffe an Tieren getestet würden.

Hatten wir nicht offen und ehrlich gehandelt und Gutes getan? Wem um Himmels willen konnten wir geschadet haben?

Die Autoren der Sendung hielten außerdem unsere »Hilfe durch Handel«-Projekte für fragwürdig. Kritik in dieser Art waren wir schon gewohnt – Teile der Linken überzogen uns ständig mit Anschuldigungen, weil wir angeblich die Kultur der Indios zerstörten, und die Rechte hasste uns, weil wir progressiv dachten. Trotz alledem: »Dispatches« war der erste und der schwerwiegendste Versuch, den guten Ruf von The Body Shop anzugreifen.

Nach meiner Meinung gründet das Leben im guten Ruf, und hier wurde etwas attackiert, worauf unser ganzes Unternehmen beruhte. Nach wenigen Sendeminuten geriet ich in Wut über die Doppelzüngigkeit der »Dokumentation«.

Andererseits stellte sich noch ein anderes Gefühl ein, nämlich dass wir mit Recht aufs Korn genommen wurden. Wir waren bequem geworden und nach unserer Wahrnehmung zufrieden mit dem, was wir machten. Wir hatten es verdient, endlich mal aufgerüttelt zu werden. Mit einem Frontalangriff aus allen Rohren, der mit Falschmeldungen und Halbwahrheiten munitioniert war, hatten wir allerdings nicht gerechnet.

Es kam mir vor wie ein schlechter Witz: Da versuchten wir, anständige und rechtschaffene Geschäfte zu machen, und hier wurde das Gegenteil über uns verbreitet. Das Schlimmste ist, dass unethisches Business keinen so großen Neuigkeitswert hat wie gefallene Engel oder Enthüllung von Heuchelei. Und manche Medien, fürchte ich, warteten längst darauf, Niedergang und Sturz von The Body Shop melden zu dürfen, weil sie unser Vorhaben sowieso nicht begriffen hatten. Gewiss hatten wir unter Wirtschafts- und Börsenjournalisten jede Menge Feinde.

Unsere Gegenwehr

Am Tag nach der Ausstrahlung des Films sanken unsere Aktien von 270 auf 160 Pence. Zugleich setzte ein dramatischer Umsatzrückgang ein, weil sich viele unserer Kunden – jedenfalls diejenigen, die der Sendung Glauben schenkten – betrogen fühlten. Doch der finanzielle Schaden für unser Unternehmen machte mir weniger Sorgen als die Rufschädigung und das zerstörte Vertrauen der Menschen in unser Unternehmen.

Gordon und ich erkannten sofort, dass an einer Klage kein Weg vorbeiführte. Alles, wofür wir stehen, hing davon ab. Gordon kennt sich in den Gesetzen haargenau aus und hätte normalerweise nie so etwas Riskantes wie eine Verleumdungsklage in Betracht gezogen, doch in diesem Fall musste es sein. Die Presse darf keine Lügen in die Welt setzen, und wir mussten unsere Integrität wahren. Uns blieb nur dieser Weg. **Eine Zeit lang wurden wir zum heißen Medienthema. Es war die ganz große Story, denn unser gesamter Ruf stand auf dem Spiel.** Wir stellten eine 24-Stunden-Verbindung her, damit unsere Mitarbeiter in aller Welt – Australien, Neuseeland, Kanada, überall – verleumderische Presseberichte mitteilen und dementieren konnten. Die Presse kampierte vor unseren Büros in Littlehampton und vor meinem Haus. Einmal war der Journalistenauftrieb so stark, dass unsere Mitarbeiter das Firmengebäude nicht mehr betreten oder verlassen konnten. Ich erinnere mich noch, wie ein BBC-Schwerlaster mit einem riesigen Sendeturm die Mikrofone über einen Dachfirst hängen ließ, wo man den Konferenzsaal vermutete. Dieser Zirkus war unbeschreiblich.

Während all das weiterging, bemühten wir uns um Schadensbegrenzung, doch das Timing war ungünstig. Einige hoch angesehene Umweltgruppen wie Greenpeace und Friends of the Earth beeilten sich, uns den Rücken zu stärken. Andererseits waren wir an einem Punkt angelangt, an dem uns alternative Handelsvereinigungen als aufdringliche Scheißtypen betrachteten. Sie waren der Meinung, wir dürften nicht zu den Eingeborenen gehen und Handelsbeziehungen knüpfen, weil das ihnen vorbehalten sei. Weil wir stets aus dem Augenblick heraus und spontan handelten und improvisierten, erhielten wir von ihnen kaum Unterstützung.

Vor Gericht

Die Verhandlung fand vor dem Obersten Gerichtshof in London statt und entpuppte sich als Alptraum. Ich ging jeden Morgen zu Fuß ins Gericht. Aufgestauter Ärger und Energie ließen nicht zu, dass ich ein Taxi nahm. Nie im Leben bin ich so schnell gegangen, und je wütender ich wurde, desto schneller lief ich.

Keine Sekunde lang glaubte ich, dass wir den Prozess verlieren könnten. Solange man ehrlich ist und sagt, was man für die Wahrheit hält, und das mit allem Nachdruck, würde sich die Wahrheit in jedem Fall durchsetzen.

Sechs Wochen in einem Gerichtssaal verbringen ist so gut wie in Mahagoni eingesargt werden, mit wechselnden Phasen unerträglicher Langeweile, Anspannung und Nervosität. Tausende von Dokumenten, Hausmit-

Ich würde lieber zum äußersten Mittel greifen als irgendetwas dulden, das meinem Ruf oder dem der Krone unwürdig wäre.

Königin Elisabeth I.

teilungen, Stellungnahmen und Videos wurden vor den Geschworenen aufgefahren; Gordon und ich saßen tagelang im Zeugenstand. Im Zeugenstand nestelte ich unbewusst an den Knöpfen meiner Bluse, und wie mir Freunde später berichteten – ganz zu schweigen von unseren Anwälten –, fürchteten sie, ich könnte den nächsten Knopf öffnen und mich unversehens entblößen.

Der Prozess brachte einige unvergessliche Momente. Nach einem langen Prozesstag und stundenlanger Zeugenaussage verlor die Leiterin unserer Abteilung Gegen Tierversuche irgendwann die Geduld mit dem gegnerischen Anwalt. »Jetzt passen Sie mal auf«, schnaufte sie. »Wenn Sie ernstlich annehmen, ich würde acht Jahre meines Lebens in dieser Abteilung arbeiten, wenn die nur ein PR-Trick wäre, müssen Sie mich für völlig bescheuert halten!«

Was meine Zuversicht über den Ausgang dieses Prozesses dämpfte, war die Sprache der Juristen, die vor Wenn und Aber und doppelten Verneinungen nur so strotzt, dass man oft gar nicht weiß, wie man sich freistrampeln soll. Manchmal ist man ratlos: »Augenblick mal – habe ich jetzt ja oder nein gesagt?« Ich entsinne mich, wie ich vom gegnerischen Anwalt irgendwann etwas gefragt wurde und bloß noch erwidern konnte: »Weiß ich nicht mehr.«

Er sah mich streng an: »Was soll das heißen, Sie wissen es nicht mehr?«

»Sie haben gut reden«, erwiderte ich. »Mit Ihren fünf Verteidigern und 65 Beratern, die Ihnen alles aufschreiben, was Sie sagen, sollten Sie mich nicht über mein Gedächtnis belehren.«

»Zur Sache! Zur Sache!«, rief mich der Richter zur Ordnung.

Doch nach 27 Verhandlungstagen waren wir vollständig entlastet. Wir bekamen 276 000 Pfund für Gewinnausfälle zugesprochen und 1000 Pfund für jede Verleumdung. Channel 4 wurde auferlegt, keine der diffamierenden Behauptungen zu wiederholen. Dieses Verbot war uns besonders wichtig, weil wir wussten, dass man andernfalls den Film international verbreiten würde. Alles in allem, einschließlich der von ihm zu tragenden Gerichtskosten, hat Channel 4 für den Prozess rund zwei Millionen Pfund ausgegeben.

Abteilung Werte und Vision

Wir spürten, dass unsere Grundwerte und unser guter Ruf den Prozess haushoch gewonnen hatten. Jetzt galt es, dies auch in die Struktur von The Body Shop einzubringen. In den Monaten, in denen wir den Prozess vorbereitet hatten, hatten wir unseren Anwälten sämtliche Unterlagen gezeigt. Sie hatten jede einzelne Hausmitteilung durchgekämmt. Dabei war aufgefallen, dass die Reihen keineswegs solidarisch geschlossen waren. Die Richtlinien wurden nicht einheitlich im ganzen Unternehmen umgesetzt. Wir merkten, dass wir Inventur machen und uns mit den Mitarbeitern in aller Welt ins Benehmen setzen mussten.

Nach unserer Rückkehr aus London beriefen wir im Lagerhaus von Littlehampton die jährliche Generalversammlung ein, der alle Mitarbeiter der Zentrale beiwohnten. Wir erklärten, weshalb wir den Prozess gewonnen hatten, was unsere Grundsätze seien und wie wir den Sieg emotional ausnutzen wollten. Kurze Zeit später gründeten wir eine eigene Abteilung namens Werte und Vision, um die kommerziellen und ethischen Aspekte des Unternehmens besser zu integrieren.

Die Abteilung Hilfe durch Handel wurde effektiver organisiert, eine Menschenrechtsgruppe einbezogen und eine Kampagnenabteilung gegründet. Unser Ziel war, eine einwandfreie, sozial glaubwürdige Einrichtung aus dem Unternehmen zu machen. Wir brauchten die Institutionalisierung, weil ich fürchtete, unser improvisiertes Engagement könne als bloßes Beiwerk missverstanden werden.

> Nach »Dispatches« führten wir ethische Kontrollverfahren für alles und jedes ein. Jeder Furz musste erst 100-prozentig abgesichert werden.

Am schlimmsten hat uns »Dispatches« damit geschadet, dass wir kopfscheu wurden und unser Justiziar unbeschränkte Vormacht im Betrieb erhielt.

Der Firmenschnüffler

Doch keine vier Wochen nach dem Gerichtsurteil tauchte ein Mann in Littlehampton auf, den wir später nur noch den Firmenschnüffler nannten.

Der Firmenschnüffler ist ein US-Journalist, der von The Body Shop besessen ist, insbesondere von der fixen Idee, wir würden hinter dem Aushängeschild des sozialen Engagements abscheuliche Machenschaften betreiben. Gewiss hatte er gehofft, sich einen Namen zu machen, vielleicht auch ein Vermögen, wenn er uns aufspießt und bloßstellt. Über Jahre war er ständig in meiner Nähe, folgte mir rund um die Welt, tauchte bei Konferenzen auf, auf denen ich Referate hielt, und gab sich alle Mühe, uns zu diskreditieren. Er war untersetzt, trug einen Vollbart und schwitzte. Menschen, deren Meinungen ich respektiere, haben mir empfohlen, ihm hier keine unverdiente Prominenz zu verleihen, indem ich ihn beim Namen nenne – also lass ich's bleiben. Doch seine Allgegenwart hieß, dass mit dem juristischen Sieg über »Dispatches« die publizistischen Attacken auf unsere Werte und die uns abgezwungenen Rechtfertigungen keineswegs ein Ende genommen hatten. Bloß trieb der Firmenschnüffler das Thema in so haarsträubende Extreme, dass es fast komisch wäre, wenn es nicht zugleich das gesamte Unternehmen bedroht hätte.

ABCs »Prime Time« hatte an uns nichts zu beanstanden

Als er sich zum ersten Mal einschleimte, behauptete der Firmenschnüffler, für »Prime Time Live« des Senders ABC zu arbeiten: Er habe den Auftrag erhalten, über The Body Shop zu berichten. Trotz unseres Debakels mit »Dispatches« hielten wir es noch immer für das Beste, mit Journalisten rückhaltlos zu kooperieren – schließlich hatten wir ja nichts zu verbergen. Daher überließen wir ihm jede Menge Unterlagen und boten ihm an, mehr oder minder alles anzufordern, was er brauchte.

Nur wenige Tage später erhielten wir Besorgnis erregende Rückfragen von unseren Zulieferern und Franchisenehmern, mit denen er Kontakt aufgenommen hatte. Es stellte sich unverkennbar heraus, dass er ein abgekartetes Spiel trieb und nach Material suchte, um The Body Shop in Misskredit zu bringen. Seine Technik bestand darin, den Leuten so lange auf die Nerven zu gehen, bis sie irgendetwas Brauchbares preisgaben. Einen unserer Geschäftspartner rief er in zwei Tagen mehr als siebenmal an. Wenn er jemanden beim Wickel hatte, gab er Aussagen anderer höchst entstellt wieder, um die erwünschten Reaktionen zu entlocken, und löste damit eine Lawine der Missverständnisse und der Angst aus.

Manchen machte er weis, The Body Shop sei Teil einer »verdeckten Politik der Tierversuchsbefürworter«. Er behauptete, »stichhaltige Beweise« zu haben, dass The Body Shop massive Probleme habe, dass es eine »kränkelnde Firma« sei und die Franchisenehmer in Amerika »den Aufstand proben«. Er verbreitete, unsere »Hilfe durch Handel«-Kampagne sei ein ausgemachter Schwindel, weshalb unsere »Manipulation der Eingeborenen nur Hass und Argwohn gesät« habe. Wir hätten Umweltauflagen verletzt, unser »Hilfe durch Handel«-Projekt in Harlem sei »schlimmer als Easterhouse«. Die letzte Verunglimpfung klingt absurd, weil unsere Soapworks-Fabrik in Easterhouse ein großer Erfolg war und 25 Prozent ihrer kumulativen Gewinne nach Steuern an die örtliche Gemeinde abführte. **Manche wird es amüsiert haben, dass wir schließlich gezwungen waren, uns mit allem Nachdruck, den ein Unternehmen aufbieten kann, zu wehren.** Deshalb fragten wir bei ABC nach und berichteten ihnen, wie sich ihr Reporter verhielt. Da erfuhren wir, er habe den Sender längst verlassen, ohne den Beitrag fertigzustellen. Seine Kündigung wollte er wohl ebenfalls auf die Liste von Beschwerden über uns setzen und behaupten, wir hätten den Sender »eingeschüchtert«. Schwer zu glauben, dass sich ein amerikanischer Nachrichtensender, der auf investigativen Journalismus hält, von Unternehmen wie uns den Mund verbieten ließe!

… auch die FDA nicht

Doch damit war es längst nicht vorbei mit der Belästigung durch den Firmenschnüffler. Während er noch bei ABC arbeitete, im September 1993, war er zur US Food and Drugs Administration (FDA) gelaufen und hatte uns einer Reihe von Untaten bezichtigt. Die Folge war eine Überraschungsvisite von Inspektoren der Behörde in unserer Niederlassung in Wake Forest, North Carolina. Wir erhielten weder Beanstandungen noch eine Abmahnung wegen Verletzung der Auflagen. Unbeirrt redete er den FDA-Leuten ein, er plane noch immer eine Sendung über The Body Shop für ABC, und veranlasste sie zu einer zweiten Visite. Wieder gab es keine Beanstandungen. Schließlich machte er sich das Gesetz über Informationsfreiheit zunutze und verschaffte sich Kopien interner FDA-Akten über beide Visiten, die er als »Beweismaterial« für angeblich laufende Ermittlungen gegen uns anderen Journalisten zuspielte.

Sein Komplott hatte bloß einen Haken: Aus jedem dieser internen FDA-Dokumente ging hervor, dass die Inspektoren lediglich »aufgrund von Anschuldigungen durch einen Reporter von Prime Time News« tätig geworden waren. Diese Stelle hatte er in den weitergereichten Dokumenten unleserlich gemacht.

… und ebenso wenig *Vanity Fair*

Nachdem er ABC verlassen hatte, brachte der Firmenschnüffler seinen Beitrag zur Zeitschrift *Vanity Fair* und verbreitete allenthalben, dort werde es die Titelstory sein. Kaum hatten wir davon erfahren, meldeten wir bei der Redaktion Protest an: Weshalb sie jemanden beauftragten, der uns eindeutig an den Kragen wolle? Wiederum brauche ich mich nicht dafür zu entschuldigen, wie auch sonst für nichts, was wir aus Selbstschutz gegen einen Menschen taten, der Himmel und Hölle in Bewegung setzte, um uns zu schädigen.

Zu unserer Erleichterung zog *Vanity Fair* das Thema zurück. Inzwischen ahnten wir, dass der Firmenschnüffler – aus welchen Motiven auch immer – einen rücksichtslosen Ein-Mann-Feldzug gegen uns führte. Er rief bei Gesellschaftern und Brokern an, warnte vor seiner angeblich bevorstehenden Publikation, die unseren Aktienkurs sinken lassen und uns um das Vertrauen der Aktionäre bringen werde. Er tauchte bei einer Konferenz des Social Investment Forum in Toronto auf und nervte die Versammlung so lange mit The Body Shop, bis man ihm Redeverbot erteilte. Daraufhin verteilte er Kopien seines maßlos diffamierenden Manuskripts, das er für *Vanity Fair* geschrieben hatte und von der Redaktion abgelehnt worden war. Denselben Wust schickte er an Aktivisten, Fairhandel-Organisationen, Tierschützer und andere engagierte Gruppen in Europa und den USA. Er rief Jay Harris an, den Verleger der Zeitschrift *Mother Jones*, und schilderte uns als »das teuflischste Unternehmen, das [ihm] in 20 Jahren journalistischer Arbeit untergekommen« sei. Eine andere Zeitung zitierte ihn mit den Worten, seine Enthüllungen würden »die Story des Jahrhunderts« abgeben – wobei er uns mit den beiden Weltkriegen, dem Holocaust, Vietnam, dem Ende der Sowjetunion und zahllosen humanen und ökologischen Katastrophen in einer Reihe nannte.

Er fertigte »Dossiers« über The Body Shop an, die er an NGOs, fair handelnde Gruppen, Tierschützer und andere Bürgerinitiativen sandte. Bei Versammlungen und Franchisekonferenzen tauchte er auf und putzte uns herunter. Mich belästigte er in aller Öffentlichkeit und privat, ließ mich nicht mal daheim in Ruhe. Jedem, der es hören wollte, verriet er, The Body Shop sei das »moralisch verwerflichste« Unternehmen, das er je kennen gelernt habe, »durch und durch böse« und »bei allen am meisten verhasst«. Einmal musste die Polizei gerufen werden, weil er in einem unserer Shops in den USA Kundinnen anbrüllte. Er rief auch mehrere Zeugen aus dem »Dispatches«-Prozess an, beschuldigte sie des Meineids und drohte mit einem Wiederaufnahmeverfahren.

Kampf gegen üble Nachrede

Nach diesem Treiben fing die Hartnäckigkeit des Firmenschnüfflers doch allmählich an, Wirkung zu zeigen. Im August 1994 wurde bekannt, dass der amerikanische Ethik-Investmentfonds Franklin Research and Development 50 000 Aktien von The Body Shop zu verkaufen gedachte wegen der »Anschuldigungen« gegen unsere ethischen Grundsätze. Genannt wurden hauptsächlich unser Engagement für Trade Not Aid, der Gebrauch von Inhaltsstoffen auf Ölbasis in unseren Produkten und Schadstoffemissionen durch unsere frühere Fabrik in New Jersey.

Merkwürdig genug, dass all diese Behauptungen auf dem von *Vanity Fair* abgelehnten Artikel des Firmenschnüfflers beruhten und die Wahrheit grob verfälschten. Franklin verkaufte, weil die Fondsmanager meinten, wir stünden einer wachsenden Konkurrenz gegenüber und dass unsere Aktien zu hoch bewertet seien. Was die angeblichen »Emissionen« unserer Fabrik betraf, so klang es fast schon, als hätten wir irgendwo Atommüll abgeladen! In Wahrheit waren knapp 300 Liter Shampoo ausgelaufen und versehentlich in die Kanalisation gelangt, worauf wir umgehend die Behörden informierten. Es war bedauerlich, gewiss, aber wohl kaum ein neuer Fall Exxon Valdez.

Nichtsdestotrotz wurde die Story von der *Financial Times* in London aufgegriffen und löste einen wahren Feuersturm in den britischen Medien aus, der von diskreten Mitteilungen des Firmenschnüfflers angefacht war und für Zorn und Frust bei unseren Mitarbeitern sorgte. Innerhalb von 14 Tagen erschienen rund 150 Artikel über The Body Shop; die Meldungen rangierten gleich hinter Bosnien und Ruanda. Während wir in den Schlagzeilen verhackstückt wurden, arbeiteten wir rund um die Uhr, zu Tode erschöpft,

Wie schwach ist die Barriere der Wahrheit, wenn sie einer Hypothese im Weg steht.

Mary Wollestonecraft

zwischen Begeisterung und Ekel hin- und hergerissen, im Trommelfeuer angestrengt grinsend und erschüttert von dem fieberhaft persönlichen Ton, den die meisten Schreiber pflegten. Eines weiß ich jetzt: Lesen zu müssen, wie andere einen heute so und morgen ganz anders sehen – selbst wenn sie etwas Nettes sagen wollen –, bringt einen ganz durcheinander und kann furchtbar deprimieren. Aber es ist längst nicht so schlimm, wie einen Krieg gegen Verleumdungen zu führen.

> Es war wie Schattenboxen. Als wolle man einen Pudding an die Wand nageln. Alles wurde nur unverbindlich angetippt, nie etwas direkt behauptet.

Wiederholung war Methode. Ständige Wiederholung sorgt dafür, dass von Lügen und Gerüchten etwas hängen bleibt. Nimmt man das Sprichwort hinzu, wonach kein Rauch, wo kein Feuer, dann gibt es mehr als genug Dünger für die haarsträubendsten Hypothesen der Presse. An einem Samstag nahm ich mir den *Guardian* vor und las eine überraschende Neuigkeit. Angeblich hatte die Royal Society for the Prevention of Cruelty to Animals (RSPCA) den Verbrauchern den Boykott von The Body Shop empfohlen, weil unsere Haltung gegenüber Tierversuchen zweifelhaft sei. Ganz abgesehen davon, dass sich nach meiner Überzeugung jede Gesinnung letztendlich erst in der Praxis bewährt, war die angebliche »Empfehlung« der RSPCA reine Phantasie. Trotzdem wurde sie wie all die anderen Verdächtigungen als »gesicherte Tatsache« dargestellt, und wir suchten keuchend nach einem Ausweg. Die RSPCA selbst hat später die Falschmeldung in einem Leserbrief an die Zeitung dementiert.

277

Alles wurde aufgetischt, was die Idee stärken könnte, dass wir Heuchler seien. Ich wurde beschuldigt, die Firma zu »besudeln«, weil ich bereit gewesen war, mich für drei weit verbreitete American-Express-Anzeigen ablichten zu lassen. Der Vorwurf lautete, damit hätte ich die Anti-Anzeigen-Politik unseres Unternehmens verraten und es dem Druck des konkurrierenden US-Marktes preisgegeben. Niemand hatte im Entferntesten daran gedacht, mich nach den Anzeigen zu fragen oder zu berücksichtigen, dass ich nur zugestimmt hatte, weil ich im Anzeigentext über »Hilfe durch Handel« sprechen durfte. Das damit eingenommene Geld hatte ich übrigens den Eingeborenenvölkern gespendet.

Was ich daraus gelernt habe

Carl Jensen, mein Freund in den USA, der Project Censored leitet, das jährlich die 20 meistzensierten Geschichten Amerikas publiziert, hatte nach eigenen Worten noch nie zuvor erlebt, dass die Medien sich so rasch auf eine so fadenscheinige Story gestürzt hätten. »Kein Zweifel, wenn du so viel Geld für Werbung ausgeben würdest wie für soziale Zwecke, wärst du von dieser Flut von Polemiken verschont geblieben«, meinte er. Wir waren bestraft worden, weil wir die Spielregeln missachteten, weil wir uns unterstanden, die Businesspraktiken ändern zu wollen. **Aber ich hätte wohl darauf gefasst sein müssen. Jedes Unternehmen, das sich von Werten leiten lässt, muss mit extremen Reaktionen rechnen – entweder wird man in den Himmel gehoben oder ins Reich der Dämonen hinabgestoßen, mit einer Zielscheibe auf dem Rücken.** Das ist eine Lebenserfahrung für jeden – ob Individuum oder Organisation –, der für das einsteht, woran er glaubt. Und gnade dir Gott, wenn du noch das Pech hast, eine Frau zu sein!

Das war die erste Lektion aus der ganzen Affäre. Eine andere war, dass 18 Jahre schwer verdienter Reputation als null und nichtig gelten gegenüber dem vermeintlichen Neuigkeitswert eines abgekarteten Angriffs auf unsere Integrität – meine und die des Unternehmens. Fast war es, als ob die Presse glaubte, ihre Kritik könne nur überzeugen, wenn sie vollkommen abschätzig und in spöttischem Tonfall vorgetragen werde nach dem Strickmuster: »Wir sind zwar nicht glücklich, dass wir es mitteilen müssen, glauben aber, der Wahrheit die Ehre geben zu müssen.« Shakespeares Jago wirkt mit seinen Einflüsterungen geradezu harmlos dagegen!

Am meisten hat mich die Häme der Kritiker schockiert, wenn sie ihren Angriff auf mein Unternehmen personalisierten und gegen mich lenkten. Ich bin mir sicher, dass ein männlicher Unternehmer niemals solchen Kränkungen tief unter der Gürtellinie ausgesetzt wäre. In einer Zeitung wurde ich als eine Art Mutter Teresa geschildert. Dass ich an derart hohen ethischen Standards gemessen wurde – statt zum Beispiel an anderen Unternehmern, die sich übelste Wirtschaftsvergehen zuschulden kommen lassen –, fand ich zumindest befremdlich. Eine andere Zeitung meinte, ich sollte mich am besten selbst dafür ohrfeigen, dass ich die ehrwürdigen Wirtschaftsbonzen Londons als »Dinosaurier in Nadelstreifen« angegriffen hatte – übrigens hatte ich sie andernorts einen »vertrottelten Haufen« genannt –, weil ich nun auf genau diese Leute angewiesen sei, um die Krise durchzustehen. Und selbst das stimmte nicht. **Andererseits: Leidenschaft entfesselt Leidenschaften, wie ich immer sage. Schlimm ist nur, dass die Wahrheit in diesem Fall viel zu kurz kam.**

Ethik des Business

Die so genannten Recherchen des Firmenschnüfflers, auf die sich die Unterstellungen der anderen bezogen, waren mehr als dubios. Er konzentrierte sich ganz darauf, unsere Schwachstellen zu finden, und was er fand – meist lag es weit zurück –, bauschte er zu einem sinistren Phantombild unserer heutigen Aktivitäten auf. Nach den Regeln des gesunden Menschenverstands hätte man annehmen sollen, es gebe mitunter auch Stärken und Erfolge zu verzeichnen, aber die ließ er unter den Tisch fallen.

Seine Haltung zur Businessethik stellte einfach die ganze Idee infrage. Sie basierte auf einer Annahme, die damals viele Wirtschaftsjournalisten teilten: dass Ethik im Business ein Widerspruch in sich sei. Und da somit jeder Versuch, ethische Standards hochzuhalten, zum Scheitern verurteilt ist, waren wir mit unserem Anspruch auf ethische Grundwerte folgerichtig Heuchler – jedenfalls nach seiner Argumentation.

Wir waren ziemlich sicher, dass keine ernst zu nehmende Zeitschrift dem Firmenschnüffler diese so genannte Story abkaufen würde. Mit Bestürzung vernahmen wir daher, dass *Business Ethics*, ein Rundbrief mit kleiner Auflage, der als führender Medieninformationsdienst für verantwortliches und ethisches Business gilt, eine Kurzfassung des von *Vanity Fair* abgelehnten Artikels drucken wollte. **Ich verstand die Welt nicht mehr. Dass eine Redaktion mit dem Anspruch, ein neues**

Paradigma zu vertreten, so tief im alten Businessdenken verwurzelt war, enttäuschte mich zutiefst. Wir beschworen *Business Ethics*, das Publikationsvorhaben zu überdenken, weil wir jetzt schon seit mehr als einem Jahr gegen die gleichen haltlosen Verdächtigungen ankämpfen müssten. Als die Redaktion uns abwies, baten wir um die Erlaubnis, noch im selben Heft zu dem Artikel Stellung nehmen zu dürfen. Auch dazu sagten sie nein. Sie verweigerten uns sogar eine Vorabkopie, die uns die Möglichkeit gegeben hätte, eine entsprechende Presseerklärung zu formulieren.

Business Ethics veröffentlichte den Artikel im September 1994 unter dem Titel »Zerstörtes Image«. Die Herausgeberin Marjorie Kelly leitete ihn mit den Worten ein, sie habe ihn mit gemischten Gefühlen gelesen: »Anita Roddick und ihrem Unternehmen galt seit jeher unsere glühende Bewunderung. Vor genau zwei Jahren brachten wir ihr Foto auf dem Titelbild der Septembernummer. Doch nach wochenlangem Hin und Her haben wir beschlossen, dass es sinnvoller ist, dieses Thema öffentlich zur Diskussion zu stellen.« Dieser Schmus wäre uns glaubwürdiger erschienen, hätten wir den Brief nicht gekannt, den Ms. Kelly zuvor an die Investoren ihres Magazins geschrieben hatte; dort hieß es, der Artikel sei »das Beste, was wir je gebracht haben«, und könne »das Blatt hervorragend positionieren«.

Der Artikel war unverkennbar denunziatorisch gehalten, entpuppte sich aber in Wirklichkeit, zumal nach der Medienhysterie im Vorfeld, als Blindgänger. Ein Analyst bei Goldman Sachs bemerkte, die Unterstellungen seien weder neu noch seriös. Andere vermissten schlüssige Beweise und stellten fest, The Body Shop produziere immer noch »erheblich tierfreundlicher, umweltschonender und menschlicher als zahlreiche andere namhafte Unternehmen«. Viele unserer Freunde stärkten uns den Rücken, darunter Ben Cohen, der Mitgründer von Ben & Jerry's, der unter Protest seinen Posten im Beirat der Redaktion niederlegte. »Dieses Beispiel für unausgewogenen, fragwürdigen Journalismus trägt nicht zum konstruktiven Dialog über soziales Engagement bei«, ließ er verlauten.

Auch Jonathon Porritt kam mir zu Hilfe. »Seit Anita zur Leitfigur der grünen Bewegung geworden ist«, empörte er sich, »wurde sie von allen möglichen Leuten auf die eine oder andere Weise unter Beschuss genommen. Es ist ein klassisches Symptom in diesem Land, dass Erfolg gleich welcher Art, ob in der Umweltfrage oder anderswo, dazu führt, dass manche Leute alles daransetzen, einen aus dem Sattel zu heben.«

Ralph Nader stellte sich ebenfalls hinter uns, als er den Firmenschnüffler »ein brüllendes Großmaul« nannte, »mit Hang zum Fabulieren«.

> »Beim nächsten Mal«, schlug Ralph vor, »sollte er raus an die Front gehen und es mit General Electrics, Monsanto und ihresgleichen aufnehmen!«

Wie du's auch machst, machst du's verkehrt

Meine persönliche Reaktion auf diese Krise war, dass ich zu futtern anfing wie ein Scheunendrescher. Und zwar alles und jedes. Schokolade zum Frühstück, den ganzen Tag über Knabberzeug, viel Mineralwasser. Nichts, wozu man Messer und Gabel braucht; ich wollte immer nur nachstopfen. Außerdem fiel mir auf, dass ich permanent fluchte. Doch in meiner Hausmitteilung an die Mitarbeiter gab ich mich unverdrossen kämpferisch:

Ein Unternehmen so zu führen, dass es sich von anderen abhebt, ist eine Herausforderung, der man sich stellen kann oder auch nicht. Wir nehmen die Herausforderung an. Wir wollen nur eines: mit Herz und Seele bei der Arbeit sein. Dazu braucht es Mut, Flexibilität und Liebe zum Wandel. Außerdem braucht es die Hingabe eines Bekenners. Täuscht euch bloß nicht. Wir bewegen uns auf unerforschtem Gebiet: Da gibt's keine Wegweiser, keine Landkarten. Kein Mensch war je vor uns hier. Aber wenn wir uns nicht immer weiter vorwagen, bleiben wir nichts als müßige Gaffer.

Als sich die erste Aufregung langsam legte, warfen uns manche Beobachter vor, wir hätten überreagiert. Das *Time*-Magazin behauptete, »beide Seiten haben einander mit schrillen Tönen und Paranoia überboten, wodurch bedenkenswerte Argumente, die beide für sich in Anspruch nehmen könnten, ins Hintertreffen gerieten«. Mag sein, dass wir übers Ziel hinausgeschossen sind. Wir waren in jener Zeit noch sehr empfindlich. Aber wir wollten sicherstellen, dass Einwände gegen das, was wir machen, wenigstens auf Fakten beruhen und nicht auf Hirngespinsten. Einem Journalisten erklärte ich kurze Zeit später: »Jemand hat meinem Baby die Pistole auf die Brust gesetzt.

Da sag ich nicht einfach: ›Scheiß drauf, mach, was du willst.‹ Ich werde mein Junges wie eine Löwin verteidigen.«

Doch wie Gordon mir damals schon sagte: Wie du's auch machst, machst du's verkehrt.

Es kann nicht schaden, wenn man uns ab und zu auf die Finger klopft. Wir achten dann mehr auf das, was wir tun und wie wir es verbessern können. Aber ich werde nicht zulassen, dass jemand mutwillig alles niedermacht, was wir in 18 Jahren geschaffen haben.

Bei The Body Shop wissen alle, dass unser Leben hier ein Ausprobieren ist. Doch wir alle wollen das gleiche Ziel erreichen, wenn es irgend geht, und dafür tun wir unser Bestes. Ein Unternehmen wie The Body Shop führen heißt, ständig Kompromisse zu schließen zwischen Idealen und dem, was sich in die Praxis umsetzen lässt. Trotzdem glaube ich kaum, dass wir's verdient hatten, derart massiv abgekanzelt zu werden. Eigentlich komisch, dass sich noch im selben Jahr das Institute of Directors endlich mit Thesen zu Wort meldete, die ich seit vielen Jahren vertrete: Business müsse mit der Zeit gehen und am Arbeitsplatz weibliche Werte wie Mitgefühl, Intuition, Kreativität und Fürsorge zur Geltung bringen. Und bei unserer Jahresgeneralversammlung wurde ein Antrag, eine Selbstverpflichtung zur Einhaltung der Menschenrechte und zur Sozialverträglichkeit in die Satzung aufzunehmen, ohne Wenn und Aber gebilligt.

Irgendwann erhielt ich schließlich auch den Wortlaut des kompletten Artikels, den der Firmenschnüffler in dieser Form nirgends hatte unterbringen können. Darin schildert er mich als »antikapitalistische Ikone, die neben einer protzigen Gründerzeitvilla auch eine Eigentumswohnung in London, ein Schloss in Schottland und einen Fuhrpark ihr Eigen nennt«. Während dieser Zeit habe ich wohl weniger verdient als jeder andere Chef eines vergleichbaren Unternehmens irgendwo auf der Welt. Hinter meiner »legendenumrankten Tellerwäscherin-wird-Millionärin-Karriere« steckt jedoch, wenn's nach dem Firmenschnüffler geht, eine »üble Geschichte des Verrats«. »Knietief« seien wir in ein Betrugsverfahren der amerikanischen Federal Trade Commission und der Food and Drugs Administration verstrickt; unsere Vorkehrungen zum Tierschutz seien ein »Schwindel«, unsere »Hilfe durch Handel«-Projekte »irreführend und kolonialistisch«. Vor Geschäften mit The Body Shop warnte der Firmenschnüffler, das sei, »als wolle man sich mit der Gambino-Verbrecherfamilie anlegen«. Und was mich am meisten verwunderte – angesichts unserer Konkurrenz da draußen –, der Firmenschnüffler kürte uns zum »schlimmsten Unternehmen der Welt«.

Und damit sei genug zitiert.

DAS MACHT MICH VERRÜCKT.

DIE RECHTSABTEILUNG MEINT, WIR SOLLTEN DEN BEGRIFF **»AKTIVIST«** NICHT IM JAHRESBERICHT DER STIFTUNG BENUTZEN – WEGEN DER ASSOZIATION ZU **TERRORISMUS!** DAS IST MIR NUN WIRKLICH ZU KRIECHERISCH –

AB SOFORT VERWENDE ICH DEN BEGRIFF, SOOFT ES IRGEND GEHT. ICH WERDE SOGAR EIN PARFÜM SO NENNEN.

Bauplan aus der Hölle

Während eines Vortrags vor Managern in London stellte eine Frau aus dem Publikum eine Frage, die mich völlig aus dem Konzept brachte: »Weshalb nennen Sie The Body Shop ständig *Ihr* Unternehmen?«

Eine verdammt gute Frage. Mein erster Gedanke war, dass ich es so mache, weil es mein Unternehmen ist. Darin bin ich wirklich besitzgierig. Ich bin's, die zu Bett geht und schlaflose Nächte hat. Unternehmen sind wie Kinder: Man bringt sie zur Welt, sie werden groß, heiraten, führen ihr eigenes Leben, doch sie bleiben für immer deins, und man gibt sie ebenso ungern in fremde Hände wie seine richtigen Kinder oder Enkelkinder. Dementsprechend hatte ich mir auch noch nie zuvor diese Frage gestellt. The Body Shop mag mir in dem Sinn gehören, dass er von mir gegründet wurde, doch konnte ich natürlich längst nicht mehr alle Entscheidungen treffen. Und in dem Maße, wie er heranwuchs und sich veränderte, war mir als einzige greifbare Macht über ihn nur noch die Gewalt der moralischen Überredungskunst geblieben.

Und wenn er demnach gar nicht mehr mein war, wem gehörte er dann? Den Mitarbeitern, die ihn zwei Jahrzehnte lang unter meiner Führung geformt hatten? Den Franchisenehmern, auf deren unschätzbarem Beitrag seine Erfolge und sein Wert beruhten? Beiden mit Sicherheit, doch auch auf sie trifft zu: Ich würde sie unter keinen Umständen irgendwelchen Fremden oder Außenstehenden anvertrauen.

Trotz allem ergab es sich, dass organisatorische Änderungen immer unvermeidlicher wurden, während The Body Shop in den 90er Jahren heranwuchs. Und wenn ich einen Fehler zu bereuen habe, mehr als jeden anderen, den ich im Verlauf meiner Achterbahnkarriere gemacht habe, dann den, dass ich mich überreden ließ, Außenseiter in die Firma hereinzunehmen, die uns vorschreiben, wie sie geführt werden muss. Ich hätte von vornherein wissen müssen, wie töricht das war. Ich würde ja auch keinem Außenseiter gestatten, mir vorzuschreiben, wie ich mein Leben führen soll – und wenn er noch so kompetent wäre. Und doch gab es einen Berater, der The Body Shop organisierte und reorganisierte, bis eine so komple-

Aus meinem Tagebuch von 1996, kurz vor den Ereignissen.

xe Struktur daraus entstand, dass ich sie am Ende nur noch »Bauplan aus der Hölle« nennen konnte.

Ein Unternehmen führen ist ähnlich wie eine Ehe führen. Wenn alles klappt, kann es phantastisch werden. Wenn nicht, endet es grauenhaft. Um die Zeit, als der »Dispatches«-Film lief und der Firmenschnüffler ins Wespennest stach, ging es uns nicht so gut. Das Mediensperrfeuer, dem wir in dieser Phase ausgesetzt waren, führte zu einem Höchstmaß an unternehmerischer Gewissenserforschung und Selbstbesinnung, was für ein Unternehmen wir denn nun darstellten. Das wiederum führte zu manchen Auswüchsen interner Gesinnungsschnüffelei, während unsere rasch wachsende Rechtsabteilung jede unserer Äußerungen auf die Goldwaage legte. An diesem Punkt wurde auch das Wort »Aktivist« im Jahresbericht der The Body Shop Foundation gerügt, weil es mit Terrorismus assoziiert werde.

Kreativität, Kameraderie und Sinn für Komik, die unsere frühen Jahre geprägt hatten, verflüchtigten sich rasch. Nie hätten wir uns damals einfallen lassen, Ein-, Fünf- oder Zehnjahrespläne aufzustellen. Doch inzwischen hatte ich eingesehen, dass angesichts des rapiden Wachstums unseres Unternehmens Änderungen in der Struktur von Führung und Management unumgänglich waren.

Ein Manager übernimmt die Führung

Wir ernannten einen CEO, der mehr Taktik und Systematik in das Unternehmen bringen, die Profitabilität erhöhen, operative Entscheidungen treffen und mich insgesamt in der Unternehmensführung entlasten sollte. Wir hielten das für den nötigen Löffel »bittere Medizin«, um die reibungslose Organisation und das Funktionieren des Unternehmens zu gewährleisten.

Als der neue CEO an die Arbeit ging, war ich zunächst erleichtert. Dankbar ließ ich mir gefallen, dass ich nun nicht mehr jeden geschäftlichen Kleinkram selbst erledigen musste. Doch gab es sofort Reibereien wegen der Befugnisse. Sein professionelles Management begann mit Einsparungen beim Personal – den ersten in der Geschichte des Unternehmens. Obwohl es nur um 25 Stellen ging, wurden erhebliche Ängste und Misstrauen geschürt. Als er die betroffenen Stellen bekannt gab, war ich nicht im Land.

Ich hätte die Personalkürzungen selbst vertreten wollen, weil ich mir schon vorstellen konnte, welch katastrophale Wirkung sie haben würden. Er aber preschte einfach vor und gab sie bekannt. Ich war stinkwütend.

Der neue CEO richtete außerdem fünf unterschiedliche Profitcenter ein und sorgte für internen Wettbewerb, doch mir kam es vor, als triebe er einen Keil in die große Familie, der unsere Mitarbeiter so gern angehörten. Das Unternehmen wurde nach geografischen und territorialen Gesichtspunkten organisiert, was ich für entschieden maskulines Denken hielt. **Allmählich liefen wir Gefahr, jene Art von Unternehmen zu werden, mit der ich nie etwas am Hut haben wollte.**

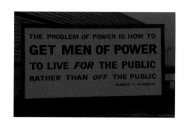

Immer mehr rückte Littlehampton ins Zentrum, nicht mehr die Shops oder die Mitarbeiter – und schon gar nicht die Kunden oder die Gemeinschaft. Und während sich dieser Strukturwandel noch anbahnte, erwischte uns die Rezession, und unser Jahresgewinn fiel um 15 Prozent.

Es dauerte nicht lange, bis ich mit unserem CEO über Kreuz war. Er war der Meinung, Effizienz einzuführen. Ich war der Ansicht, diese »Effizienz« beschwöre ein undurchdringliches System aus Klüngel und Machtgier herauf. Ich spürte, wie seine Methoden die Mitarbeiter einschüchterten. Bald machten sich innerer Zwist und Rivalitäten in Littlehampton breit, was die einzigartigen Qualitäten von The Body Shop zunehmend beeinträchtigte. Unsere erste direkte Konfrontation hatten wir in der Zeit des Golfkriegs, als er versuchte, meiner »Stoppt den Krieg«-Kampagne ein Ende zu machen (vgl. Kapitel »Mitreißende Leidenschaft«). Damals konnte ich mich durchsetzen, aber ich fragte mich schon, welche Zukunft mir noch blieb, wenn wir einander ständig in den Haaren lagen.

Doch ich brauchte mich nicht groß zu sorgen. Während ich außer Landes weilte, berief er eine Vorstandssitzung ein und stellte die Frage, wie mit »unsicheren Kantonisten« in der Betriebshierarchie umzugehen sei – und damit meinte er mich. Es war mein Glück, dass er den Rückhalt, den ich genoss, erheblich unterschätzt hatte. Der gesamte Vorstand wusste, dass mein Stil und meine Vorstellungen vom Handel und vom Einzelhandel das Unternehmen voranbrachten und ihm die Zukunft wiesen, und man nahm mich in Schutz. Nach diesem vergeblichen Angriff auf meine Position blieb dem CEO nicht viel übrig, als selbst den Hut zu nehmen.

An diesem Punkt der Entwicklung ließen wir uns blenden vom Scheinwerfer der zwei Milliarden Dollar schweren Unternehmensberatungsbranche, deren Vertreter uns lockten. »Kommt zu uns«, signalisierte das Licht, »und wir lösen eure Probleme!« Und so geschah es: Wir kamen, sahen, zahlten – ein hübsches Sümmchen, wie sich herausstellte – und vertrauten auf das Wort von Unbekannten. Wir ließen uns psychoanalysieren und dekonstruieren und rekonstruieren und in Schubladen ohne Belüftung stecken. Und wir verloren die Fühlung mit unserem Ursprung, mit dem, was wir eigentlich waren und sind.

Wir rissen etwas auseinander, um einer Herausforderung zu begegnen, die wir nicht verstanden. Das war ein folgenschwerer Fehler.

Ichak Adizes ist ein Israeli-Amerikaner, der seinen Stützpunkt im kalifornischen Santa Barbara gefunden hat. Er gilt als weithin respektierter Pionier für Managementverhalten und Unternehmensberatung. Die von ihm entwickelte, auf Unternehmen angewandte Theorie der »Lebenszyklen« hatte ihn populär gemacht. Adizes ist der Meinung, dass es in jeder Phase der Unternehmensentwicklung normale und anormale Probleme gibt. Ein Unternehmen, das sich den normalen Problemen stellt, wird den Schritt in die nächste Wachstumsphase vollziehen; tut es das nicht, wird es eingehen.

Erstmals hatten wir von Adizes gehört, als er einen Artikel im amerikanischen *Inc.*-Magazin veröffentlicht hatte. Eines unserer Vorstandsmitglieder hielt große Stücke auf ihn und wollte, dass wir ihn kennen lernen, obwohl die Entscheidung, ihn anzuheuern, eigentlich eher beiläufig fiel. Wenn ich mich recht entsinne, hatte ich mich in San Francisco kurz mit ihm unterhalten, aber in Situationen wie diesen erzählen einem die Leute alles, was man hören will – beispielsweise: »Das Unternehmen soll vor Schaden bewahrt werden. Wir wollen sicherstellen, dass es überdauert, wir müssen Ihre Grundwerte durchsetzen, wir müssen sie institutionalisieren, wir sorgen dafür, dass eins ins andere greift.« Erst dachte ich, mir sei jeder willkommen, der uns aus dem Chaos herausholt, aber mir bangte vor Veränderungen, die darauf hinausliefen, die Seele des Unternehmens aufzugeben.

Gordon reagierte viel wohlwollender auf Adizes als ich. Gordon fand, es passe zu uns, dass er auf unternehmerischen Wandel und Neustrukturierung drängte – und schon die Größe unserer Firma erfordere zukunftsorientierte Planung.

> Gordon meinte: »Kein Mensch denkt drei Jahre im Voraus. Wir achten nicht auf unsere Möglichkeiten. Und wenn wir das nicht tun, sind wir in drei bis fünf Jahren nicht mehr da!« Und damit hatte er vermutlich Recht.

Die Beziehung zwischen Gordon und mir findet ihren Niederschlag in dem ganz speziellen Führungsstil unserer Firma – locker strukturiert, kooperativ, einfallsreich und improvisatorisch –, der mit wachsender Expansion heranreifte. Ich glaube, Gordon steht eher für Kontinuität und Beharrlichkeit, während ich ständig herumflippe, die Spielregeln verletze, die Grenzen bis weit über das Mögliche hinausschiebe und mir den Mund verbrenne. Sehr selten streiten wir, und wenn, dann niemals über Grundsätzliches. Doch während das Unternehmen expandierte, spürte ich zunehmend, wie der alte Familiensinn dahinschwand. Von allem anderen abgesehen, gilt: Je größer wir wurden, desto seltener erhielten Mitarbeiter Gelegenheit, mich oder Gordon direkt anzusprechen.

Doch andererseits sind Businessleute nun mal wie besessen von »Plänen« – mehr, als den meisten von uns lieb ist. Wir machen doch auch keinen Fünfjahresplan für die Ehe oder Fünfjahrespläne, wenn wir Kinder kriegen – und wollten wir's machen, wer hielte sich schon daran oder hätte sie nicht nach einer Weile vergessen? Gestalten wie Stalin pflegten auf die

Die meisten von uns sind schon unendlich dankbar für alles, was einigermaßen läuft.

Alistair Mant

Einhaltung von Fünfjahresplänen zu pochen, aber lediglich, um die Welt da draußen zu beeindrucken, und die Ergebnisse wurden manipuliert. Komplexe Systeme brauchen Planung, versteht sich, aber was auf gar keinen Fall verloren gehen darf, ist Flexibilität. Man muss imstande sein, sich auf Unverhofftes einlassen zu können, und so etwas kann kein Plan einkalkulieren – das liegt nicht in seiner Natur. **Ich liebe Taktik; Pläne mag ich gar nicht.**

Gegen die Entscheidung, Adizes heranzuziehen, hatte ich anfangs nichts einzuwenden. Erst etwa einen Monat später kamen mir ernsthafte Bedenken. Ich hatte den Eindruck, er gehe nicht genug auf die Bedürfnisse des Unternehmens ein, und auf Dialog oder Kommunikation gab er nicht allzu viel. Er preschte mit seinen Reformen einfach vor und wickelte sie nach einem Rezept ab, das vermutlich bei den verschiedensten Unternehmen erfolgreich gewesen wäre, von dem ich aber nicht sicher war, ob es sich für uns eignete. Meiner Meinung nach urteilte er stets nach einem traditionalistischen, hierarchischen Modell, wie Unternehmen zu führen seien. Er schien zu glauben, ein Problem lösen hieße, ganz oben anzufangen. Dieser Stil hätte wohl einer durchorganisierten Firma des produzierenden Gewerbes auf die Sprünge geholfen, wenn aber der Wert des Unternehmens auf der Kreativität beruht, kann das nicht funktionieren.

Das gefürchtete Organigramm

Adizes wollte das Business mit uferlosen Organigrammen umstrukturieren. Auf mein Drängen zeigte die Hauptkarte wenigstens unsere Abteilung Werte und Visionen in der Mitte; dadurch stellten wir sicher, dass die 40 Leute, die inner- und außerhalb der Firma unsere Grundwerte vertraten, in die neue Struktur eingebunden blieben. Das Hauptproblem bestand darin, dass ich normalerweise zu denen gehöre, die vorgegebene Strukturen niederreißen. Schon die Erwähnung von Hierarchien ist wahren Unternehmern höchst unangenehm.

Adizes war seinerseits ein Meister darin, träge Strukturen aufzubrechen, weshalb er wohl unvermeidlich für Spannungen sorgte, besonders zwischen mir und Gordon. Wie ich Gordon erklärte, mochte ich den Mann nicht leiden, sah nicht ein, was er uns brachte, hielt seine Denkweise für fehl am Platz in einem Unternehmen wie dem unsrigen. Für Gordon war es eine

Sache des Prinzips: Wir sollten ihm zumindest eine Chance geben. **Doch plötzlich war ein halbes Jahr verflossen und wer weiß wie viel Geld dazu, und das Chaos, in dem wir steckten, war grässlicher als zuvor.**

Nach Adizes' Theorie sollte das Unternehmen von der »Go-go«-Phase in die »Adoleszenz« übergehen. Er formulierte es wie folgt:

Wir haben jetzt ein Stadium erreicht, in dem sich die Idee durchsetzt, das Unternehmen negativen Cashflow überwindet und der Umsatz in die Höhe schnellt. Das Unternehmen ringt nicht mehr ums Überleben, sondern scheint zu florieren. Das lässt Gründer und Unternehmen arrogant werden, und zwar arrogant mit dickem Ausrufezeichen. [Das, nahm ich an, bezog sich auf meine Wenigkeit.] In der Phase der Adoleszenz hingegen wird das Unternehmen vom Gründer abgesondert und neu geboren – eine emotionale Geburt. In mancher Hinsicht verhält sich das Unternehmen wie ein Teenager, der sich von der Familie lösen und unabhängig werden will. Diese Wiedergeburt ist wesentlich schmerzhafter und dauert länger als die physische Geburt des Babys. Das deutlichste Verhaltensmerkmal adoleszenter Organisationen ist Konflikt und Unbeständigkeit.

Und so versuchten wir seine Theorie den Mitarbeitern zu erklären:

The Body Shop ist jetzt 18 Jahre alt, und nach Ichaks Unternehmensdefinition heißt das, wir sind noch in der Pubertät – und wir alle wissen, was das heißt ... Man verliebt sich und entliebt sich wieder, denkt nicht an morgen, man ist leidenschaftlich, großspurig, anarchisch, voller Energie und muss zugleich den körperlichen und emotionalen Wechsel verkraften, über den man keine Gewalt hat. Für uns bei The Body Shop heißt das, wir müssen all diese Energie richtig kanalisieren, damit wir unser Bestes leisten – Ichak nennt es »reifen«. Sein Training bringt Strategie und Disziplin in den Versuch, uns zu erneuern, geschäftlich weiterzukommen und zugleich an all dem festzuhalten, was uns von anderen abhebt, ohne unsere Spiritualität zu verlieren. Er hilft uns, den Blick nach innen zu richten, auf die Art, wie wir gemeinsam arbeiten, denn das entscheidet über unseren künftigen Erfolg – nicht nur hier in England, sondern in der ganzen Welt. The Body Shop ist eine intakte Gemeinschaft, wir müssen uns nur noch der Aufgabe stellen, das große Experiment voranzutreiben und uns selbst neu zu erfinden.

Viele Mitarbeiter fürchteten allerdings, dass Adizes unsere Grundwerte antasten würde. Er war eine unbekannte Größe, ein mysteriöser »Guru«, der aus Kalifornien eingeflogen worden war und dem sie mit Skepsis begegneten, obwohl er hervorragende Leistungen vorweisen konnte. Ein paar Dutzend Betriebe mit rund 90 000 Mitarbeitern hatte er auf Vordermann gebracht. Doch wenn ich an diese ganze Episode zurückdenke, fällt mir auf, dass während vieler Gespräche nicht ein einziges Mal von Grundwerten die Rede war oder von dem, was unantastbar war in diesem Unternehmen.

Gordon tat sein Bestes, um zwischen unseren Werten und Adizes' organisatorischen Eingriffen zu vermitteln, während ich mir alle Mühe gab, ihn über den Sinn unseres Engagements aufzuklären – dafür nahm ich sogar an den ausnehmend öden betriebswirtschaftlichen Meetings teil. Bald ließen sich die Differenzen zwischen uns nicht mehr leugnen. Schon ganz zu Anfang, als Adizes gerade eine Minivorlesung über seine Methodik hielt und versprach, mit ihr werde sich The Body Shop gut und gern zu einem Milliardenunternehmen auswachsen, hatte ich ihn kurzerhand unterbrochen.

> »Mich kümmert's keinen Deut, ob wir größer werden«, rief ich dazwischen. »Mich interessiert, ob wir ein *besseres*, ein noch stärker wertorientiertes Unternehmen werden!«

Er schien gar nicht zu begreifen, wovon ich redete. Er konnte auch nicht nachvollziehen, was ich als Missverhältnis empfand zwischen Wachstum und der »Seele« unseres Unternehmens, die ich nicht verlieren wollte. **In meinen Augen schien er all das, was mir lieb und teuer war, aufs Spiel zu setzen. Aber was mir lieb und teuer war, war in seinen Augen ein Hemmnis für den Fortschritt.** Wir haben tatsächlich versucht, unsere Differenzen unverhohlen auszudiskutieren. Dies führte nur dazu, dass er für längere Zeit nicht mehr mit mir redete.

Ich hatte gehofft, Adizes würde die Grundwerte institutionell verankern, den kreativen Prozess institutionell verankern, unser charakteristisches und experimentelles Denken sichern und aufzeigen, wie wir mehr Transparenz in das Unternehmen bringen und Vorteil daraus ziehen, dass Ideen der Mitarbeiter die Lösung für manche Probleme bieten. Ich hatte gehofft, dem Unternehmen bliebe, was mir lieb und teuer war, unversehrt erhalten, während es zugleich effizienter und schneller wurde und sich nicht so oft vom Ziel ablenken ließ. Ich hatte gehofft, wir würden uns stärker bescheiden, doch jetzt gingen wir ans »Eingemachte«.

Adizes' erstes Projekt bestand darin, eine Reihe von Meetings abzuhalten. Dazu berief er eine Auswahl von Mitarbeitern und Franchisenehmern, die alles, was schlecht an unserer Firma war, niederschreiben und mögliche Lösungen aufzeigen sollten. Er sammelte Zettelchen um Zettelchen ein und ordnete sie nach Bereichen getrennt den verschiedensten Oberbegriffen zu. Sein Ansatz schien mir weitgehend auf Schwachstellen fixiert. Ich hätte es konstruktiver gefunden, unserem Unternehmen auch etwas Positives abzugewinnen, die Mitarbeiter zu bitten, für sich herauszufinden, was uns unverwechselbar macht, was erhaltenswert ist und wofür sich der Einsatz lohnt. Adizes verstand sich gut auf Machostrategie und Nutzbarmachung, doch wenn es um Kreativität und Weiblichkeit ging, war er weniger überzeugend.

Wir hätten ein menschlich vermittelndes Element benötigt, dachte ich, nicht jemanden, der notfalls imstande war, die ganze israelische Armee zu organisieren.

Ich wurde das Gefühl nicht los, dass Adizes' Herangehensweise das Unternehmen nicht würdigte. Seine Sprache war uns fremd. Er war ein Geheimniskrämer, brüllte Leute an, verhielt sich rücksichtslos und hieb mit der Faust auf den Tisch. Informationen gab er ohne Sensibilität oder Mitgefühl preis. Mich empörte auch, wie rasch sich der Vorstand seine Methoden zu Eigen machte, als gebe es für alle unsere Probleme nur eine einzig richtige Lösung. Ich wollte nicht glauben, dass mein Unternehmen nach solchen Ideen springt wie ein Hund nach dem Knochen. Und ich fragte mich, was aus der ursprünglichen Begeisterung, dem Sinn für Anarchie geworden war.

Wie Adizes mit unseren Angestellten umging, konnte ich am allerwenigsten ausstehen. Ich sehe noch vor mir, wie er aufstampft, sich am Hintern kratzt, in einen Apfel oder ein Sandwich beißt und gleichzeitig brüllt: »Sie da! Machen Sie, dass Sie rauskommen, solange wir von Ihnen reden!« Seine Art, einzelne Mitarbeiter herauszugreifen und zur Rede zu stellen, seine Umstrukturierung, bei der er sie gnadenlos auswechselte, lösten kollektive Ängste aus wie noch nie. Er wollte so schnell wie möglich Entlassungen vornehmen – betroffen waren viele, die wir hätten schützen müssen, weil sie zur Kultur des Unternehmens gehörten und dessen Identität geprägt hatten. Ich habe mich, zu meiner tiefsten Schande, nicht für sie eingesetzt. Bis an mein Lebensende werde ich es bereuen und darüber nachgrübeln, wieso ich derart versagt habe. Doch damals wurde mir ständig eingeschärft, ich dürfe mich nicht zu viel einmischen, und noch immer weiß ich nicht – selbst jetzt nicht –, ob ich mich einmischen oder besser den Mund halten und anderen die Leitung des Unternehmens überlassen soll.

Ich erinnere mich an ein Meeting, zu dem Adizes eine Menge Leute bestellt hatte, die er einen nach dem anderen in den Raum rief, um ihnen seelenruhig zu eröffnen: »Ich finde, Sie gehören nicht in dieses Unternehmen.« **Gordon und ich verfolgten diese Vorgänge mit wachsendem Entsetzen. An diesem Punkt habe ich wohl erst verstanden, was wir uns da aufgehalst hatten. Und es gefiel mir ganz und gar nicht.**

Wir hätten damals schon einen Schnitt machen sollen, aber wir schafften es nicht. Wir machten weiter mit endlosen Sitzungen über potenziell zu verbessernde Punkte – »Potential Improvement Points«. PIPs sollten wir sie nennen und sie zusammentragen und eine Strategie zu deren Umsetzung erarbeiten. Also wurde auf zahllosen Treffen gesammelt und diskutiert, und dann sollten wir einen Aktionsplan erstellen. Aber wo blieb er?

Es waren keine glücklichen Zeiten. Gordon und ich waren häufig verschiedener Meinung, und ich stritt mich mit dem Vorstand herum. Ein ungutes Gefühl machte sich in der Großfamilie unseres Unternehmens breit, als ob sich »Mami und Papi« entzweit hätten. Viele Illusionen gingen verloren. Der Umsatz ging zurück, das Unternehmen schien den Kurs nicht mehr zu halten und war nicht mehr so kreativ, wie es sein sollte. In meinem Eifer, Adizes zu stoppen, war ich wie besessen und fing an, Verbündete zu sammeln.

Ich nehme an, die Enttäuschung über Adizes zeigte sich bei den Mitarbeitern als Enttäuschung über den Vorstand. Wie sich bei unserer ersten Grundwertediskussion nach dem Fall »Dispatches« herausstellte, bangten die Mitarbeiter um den starken Familiensinn des Unternehmens. Das überraschte mich nicht. Ihr Resümee lautete:

Es fehlt an Vertrauen ins Management, und es fehlt an persönlicher Selbstverantwortung. Mitarbeiter wissen nicht, wie viel sie noch sagen dürfen und zu wem; das führt zur Scheu vor Risiken. Die Mitarbeiter trauen sich nicht mehr, sich zu äußern, weil sie befürchten, dass man von ihnen Wohlverhalten und »Anpassung an die Linie des Unternehmens« erwartet.

Nach 18 Monaten quälender Selbsterforschung gipfelte der von Adizes betriebene Prozess der Umstrukturierung endlich im ersten einigermaßen kompletten Organigramm. Der berüchtigte »Bauplan aus der Hölle« hatte nur einen Fehler: Er funktionierte nicht. Die Aushöhlung unserer Grundwerte und der Verfall unserer Sprache war alles, was Adizes erreicht hatte. Als der Vorstand darüber beriet, ob sein Vertrag verlängert werden sollte oder nicht, gab es praktisch nichts zu diskutieren. Alle wussten, dass es ein Fehler gewesen war, ein Business mit eindeutig sozialem Engagement disziplinieren zu wollen, indem man es in die Zwangsjacke von Management, Finanzierungsfragen und hierarchischen Prozeduren steckt.

Die Bewahrung der Grundwerte

Es war ein schmerzlicher Prozess gewesen, heilsam und für mich außerordentlich lehrreich. Jetzt erst dämmerte mir, wie groß das Bedürfnis unserer Angestellten nach Information, Fürsorge, Einfühlung und Dialog ist, dem wir Rechnung tragen müssen. Anders kommt man in solchen Zeiten keinen Millimeter von der Stelle. Außerdem hatte ich begriffen, dass wir unsere gemeinsamen Werte wie Aufrichtigkeit, Respekt und die Sorge um Mensch, Tier und Umwelt quasi auf einen Altar stellen müssen; andern-

we're against testing cosmetics on animals.

{ using despots, however, is another story. }

THE BODY SHOP

falls wären sie nicht mehr als leeres Beiwerk, und wir würden uns nicht im Mindesten von irgendeiner beliebigen Im-Dutzend-billiger-Kosmetikfirma unterscheiden. Unsere Angestellten spüren, dass die Grundwerte von The Body Shop zur DNA des Unternehmens gehören, und wer diese Werte aufs Spiel setzt, spielt mit dem Daseinsgrund des Unternehmens. Und ich hatte gelernt, dass es, je größer wir werden, zunehmend wichtig ist, unseren Humor nicht zu verlieren. Wir mussten lernen, mit unseren Fehlern zu leben und auch mal darüber zu lachen.

Aber unsere Zukunft einem Unternehmensberater anzuvertrauen war der größte Fehler, den wir je gemacht haben, und es war unsere eigene Schuld. Wir hatten die falsche Wahl getroffen.

Wir hätten uns mehr Zeit nehmen sollen bei der Suche nach einem Berater, der für ein Unternehmen unserer Art geeigneter ist. Einer, der sagt: »Himmel noch mal, Sie haben ein Image, einen Rahmen und einen guten Ruf, den wir erhalten müssen.« Andererseits hätten wir weniger Unternehmensberatung und mehr Kreativität nötig gehabt. Der gesamte Vorgang hat uns rund zwei Millionen Pfund gekostet.

Nachdem Adizes uns verlassen hatte, mussten wir die vom ihm geschaffene Struktur entflechten und eine neue an ihre Stelle setzen. Aus den Diskussionen nach seinem Weggang ging unsere Grundsatzerklärung hervor, die uns davor bewahren sollte, dass noch einmal Außenstehende in die Firma kommen und unsere Grundwerte umwälzen. Wir beauftragten keine PR-Firma mit der Formulierung, sondern ließen die Charta von unseren Mitarbeitern in aller Welt schreiben – in einem Prozess, der wohl nur der Brieflut vergleichbar ist, aus der die amerikanische Unabhängigkeitserklärung hervorging. Ich weiß noch, wie ich damals in Australien war und die verschiedenen Fassungen aus dem Faxgerät strömten, und ich war stolz, dass wir etwas niederschrieben, was mehr Würde hat als nackte Umsatzzahlen. Die Grundsatzerklärung verlangt von The Body Shop, dass wir

1. den sozialen und ökologischen Wandel zum Besseren als Geschäftsziel betrachten;
2. in kreativer Weise finanzielle und menschliche Bedürfnisse aller Stakeholder – Angestellte, Kunden, Franchisenehmer, Lieferanten und Aktionäre – miteinander in Einklang bringen;
3. mutig dafür eintreten, nachhaltig und ökologisch zu wirtschaften; den Bedarf der Gegenwart decken, ohne die Zukunft zu schädigen;
4. maßgeblich lokale, nationale und internationale Gemeinschaften stärken, mit denen wir Handel treiben, indem wir einem Verhaltenskodex folgen, der Fürsorge, Ehrlichkeit, Fairness und Respekt sicherstellt;
5. Kampagnen führen, die dem Schutz der Umwelt, der Menschen- und Bürgerrechte, dem Kampf gegen Tierversuche in der Kosmetik- und Körperpflegebranche gelten;
6. unermüdlich daran arbeiten, die Kluft zwischen Anspruch und Praxis zu überwinden, während wir uns im Alltag von Freude, Leidenschaft und sozialem Miteinander leiten lassen.

Am Ende kehrten wir mit unserer Selbstachtungskampagne (vgl. Kapitel »Mit Kampagnen Krach schlagen«) wieder zu den Wurzeln zurück, was von den Kunden auf der Stelle angenommen und honoriert wurde, ebenso wie in einem Teil der Medien. Es schien, als hätten wir einmal mehr das Richtige zur rechten Zeit getan. Die Resonanz war überwältigend. Kunden schrieben uns, dass wir sie auf Lebenszeit gewonnen hätten. Nach der deprimierenden Selbsterforschung hatten wir uns endlich wieder der Welt zugewandt – und zwar mit Stil.

Doch auch ohne den Bauplan aus der Hölle blieben uns die ursprünglichen Probleme erhalten. Wir waren unübersichtlicher geworden, und unsere Umsätze ließen immer mehr nach. Zu unserem Entsetzen stellte sich heraus, dass wir in drei Jahren rund eine Million Kunden verloren hatten. So komplex sich unsere Organisation ausnahm, die Probleme waren simpel.

Die Probleme

Das Problem Konkurrenz

Allseits und überall wurden Produkte nach Art von The Body Shop hergestellt. Selbst Richard Branson hatte Virgin Vie kreiert, und in den Einkaufsstraßen kopierten die Boots, Tesco, Marks & Spencer und Sainsbury's schamlos unser Erscheinungsbild und verkauften ähnliche Produkte in fast identischen Packungen. Die großen Kosmetikfirmen machten es nicht anders. Estée Lauder legte eine neue Schönheitsserie namens Origins auf, deren Produkte in recyclingfähigen Behältern vertrieben werden, einen hohen Anteil an Naturstoffen aufweisen und nicht an Tieren getestet werden – wie sind sie bloß auf *die* Idee gekommen? Aveda produziert Kosmetika aus destillierten Pflanzen- und Blumenessenzen, tut sich viel auf das Engagement für Gemeinschaften zugute und gibt den Angestellten freie Tage, an denen sie vor Ort in Schulen arbeiten können.

Außerdem kamen eine Menge neuer Unternehmen auf den Markt. Einst hatten wir mit einem frischen Konzept angefangen: ein Laden, in dem man alles fürs Bad, für den Körper und fürs Haar kaufen konnte. Das hatte noch niemand vorher gemacht. Die Supermärkte konnten gar nicht ernsthaft mit uns konkurrieren, denn die hielten noch 20 000 weitere Produkte vor. Bis wir nach Amerika expandierten, hatten nur ganz wenige versucht, unser Konzept abzukupfern. Doch dann, als die Modebranche und starke Marken wie Jigsaw und Gap einen Aufschwung erlebten, fand man plötzlich nichts leichter, als die eigene Marke durch Parfüms und Pflegeartikel aufzuwerten.

Hinzu kam der wachsende Kult um das Haar, mit begleitenden Haarpflegemitteln. Geht man heutzutage zum Friseur, steht der halbe Laden voll mit Produkten, die zum Kauf angeboten werden. Ist die Kundin einmal da und mit ihrer neuen Frisur zufrieden, fällt es nicht schwer, ihr auch etwas für daheim zu verkaufen. Das gab es vor 15 Jahren noch nicht. Jetzt aber tauchten Kaufgelegenheiten an ungeahnten Stellen auf.

Die Leute sagten: »Oh, Boots ist Ihr Konkurrent!« Aber Boots war nicht die Konkurrenz, vielmehr waren *alle* Konkurrenten – Friseure, Supermärkte, die Modebranche, die Parfümbranche. Selbst Buchhandelsketten wie Barnes & Noble boten plötzlich ihre spezielle Duftnote an. Ich weiß zwar, dass es heißt, Imitation sei die subtilste Form der Schmeichelei, aber diese Schmeichelei schadete uns.

Das Problem Hektik

Wir litten an einem schweren Fall »chronischer Hektik«. Unser *modus operandi* war das Eröffnen von Shops. **Das klang so: »Lasst uns einen Shop aufmachen! Hier haben wir noch keinen! Meine Freundin will einen Shop aufmachen. Warum denn nicht?« Und so ging es überall – auf der ganzen Welt.**

Wir dachten nur deshalb, dass es ein Leichtes sei, Shops zu eröffnen, weil sich die Leute darum rissen. Da war keine Muße, um innezuhalten und zu analysieren, ein neues Thema aufzuwerfen, das Für und Wider abzuwägen und es gegebenenfalls zurückzustellen. Wir hatten keine Zeit. Eigentlich weiß ich gar nicht, warum wir uns so beeilten. Jedenfalls nicht, um uns bei der Börse beliebt zu machen, wie ein Kritiker behauptete.

Wiederholt stellte ich die Frage, wieso wir nicht vorgingen wie die Römer bei der Eroberung Englands? Vorrücken, absichern, wieder ein Stück vorrücken und absichern… Ich bin überzeugt, dass diese Strategie uns besser angestanden hätte, aber andauernd standen wir unter diesem Leistungsdruck. Und was uns fehlte, war der Respekt vor dem eigenen Wissen – immer glaubten wir, andere wüssten es besser als wir.

Das Problem Kreativität

Wir hielten uns für ein Ladeneröffnungsunternehmen statt für ein vom Marketing oder vom Produkt bestimmtes Unternehmen, deshalb ließen wir die Gestaltung der Läden und der Packungen zehn Jahre lang unverändert. Einzelhandel hat mit Moden zu tun, und vielleicht fanden uns die Leute inzwischen reichlich öde. Wir hatten eine der bekanntesten Marken der Welt geschaffen – The Body Shop stand hinsichtlich Bekanntheitsgrad weltweit an Stelle 27 –, ohne einen Pfennig in Werbung zu investieren. Also kann das, was wir machten, nicht völlig falsch gewesen sein, aber das half uns nichts, solange der nötige Rückhalt durch den Umsatz ausblieb.

Außerdem versorgten wir Millionen unserer Kunden keineswegs immer mit den Produkten, die sie sich wünschten. Was sie sich von uns wünschten, war eher etwas Phantasievolles, Eigenartiges, statt Allerweltsprodukte oder das soundsovielte Schaumbad mit Pfirsicharoma. Wir hätten unser Geld besser in kreatives Guerilla-Denken stecken sollen, mit unseren kreativen Antennen auf das lauschen, was sich in den Gemeinschaften tut. In der Kommune, in der meine Tochter Sam in Vancouver lebte, wurde seit

Jahren über Alternativmedizin, Selbsthilfe und außerschulische Erziehung debattiert. Dort benutzen sie keine Plastikkärtchen als Geld, sondern betreiben Tauschhandel. Sie waren diejenigen, die uns ständig mit Hanf in den Ohren gelegen hatten. Hätten wir ein Netz aus Beobachtern geschaffen, die solchen Gruppen zuhörten, dann wären wir schon Jahre früher mit Hanf auf den Markt gekommen.

Wir wollten Millionen von Flaschen verkaufen, bloß um die Füllkapazität in der Produktion weitestgehend auszulasten, und verwandten zu wenig Zeit auf kreative Ideen. Wir hatten nun einmal diese riesigen Fertigungsanlagen, und die kosteten eine Stange Geld, weshalb wir sie ständig laufen ließen, um ihr Potenzial auszuschöpfen. Aber das raubte uns immer mehr Flexibilität, bis wir zu unbeweglich waren, um uns den kurzfristig wechselnden Marktbedürfnissen anzupassen.

> Was wir brauchten, war eine neue Ideenlawine, die uns von der Konkurrenz abschotten würde. Stattdessen verzettelten wir uns in der Produktion.

Auf einmal stellte sich heraus, dass unser Einzelhandelsangebot von der Not diktiert war, die Überproduktion unserer Fabrik abzubauen. Und weil die Produktionsseite mit dem Handelsunternehmen so eng verflochten war, fühlte sie sich mitnichten gehalten, irgendetwas zur festgelegten Zeit und zu vereinbarten Kosten zu liefern. Da sie nur einen einzigen Kunden hatte – uns –, hatten wir auch nicht die Chance, Produktideen anderer Hersteller zu nutzen oder die Kosten zu senken, indem wir woanders produzieren ließen. Ich kutschierte in der Weltgeschichte herum, suchte neue Zutaten auf Basaren und Märkten und stieß auf tolle Geschichten. Aber wenn ich dann nach Hause kam, stellte ich fest: »Hört mal, ihr habt all das Zeug, das ich gesammelt habe, aber ihr macht nichts draus!«

Wir hätten weniger wissenschaftlich, dafür mutiger und phantasievoller an unser Marketing und unsere Produkte herangehen sollen.

Business ist wie Fahrrad fahren. Entweder man bewegt sich ständig, oder man fällt um.

John David Wright

Wir mussten wieder mehr Chancen wahrnehmen, leichtsinniger werden. Wir waren ein unternehmerischer Koloss geworden, zu groß, um noch Schritt zu halten.

Den Wandel vollziehen

Schließlich war es so weit, dass wir die Notwendigkeit eines radikalen Wandels einsahen. Das war vor etwa zwei Jahren, als stockende Verkaufszahlen zusammen mit den Währungsschwankungen in Fernost die Erkenntnis nahe legten, dass The Body Shop nicht mehr als einzigartiger, neuer und aufregender Faktor auf dem Markt wahrgenommen wurde. Abgesehen von den Kampagnen galten wir als langweilig und durchschnittlich. Und genau so sahen unsere Shops und unsere Produktlinien aus, die Erneuerung hatte noch nicht stark genug durchgegriffen. Und zur gleichen Zeit stellten wir immer mehr Leute ein. Wenn jemand unfähig war, eine Arbeit zu unserer Zufriedenheit zu erledigen, stellten wir oft zusätzlich jemanden für dieselbe Aufgabe ein; manchmal hatten wir für ein und denselben Job vier Leute.

Einen Manager finden

Als Erstes wurden wir mit der Schwierigkeit konfrontiert, einen neuen CEO zu finden. Uns war klar, dass wir außerhalb der Firma suchen mussten, weil wir viel zu schnell gewachsen waren, um den nötigen Sachverstand in den eigenen Reihen zu fördern, und gewissermaßen auch, weil wir nie darüber nachgedacht hatten, wer mich und Gordon einst ablösen würde. Wir wussten, dass das nicht einfach sein würde, weil wir ein kompliziertes, emotional geführtes Unternehmen sind. Wir wollten keinen herkömmlichen Geschäftsführer, wie ihn der Shell-Konzern beschäftigen würde: Mit unseren Grundwerten waren wir eher einer Kirche oder einem Tempel vergleichbar. Außerdem hatte die Unternehmensgründerin seit 23 Jahren eine führende Stellung inne, was manche abschreckte, die sonst vielleicht interessiert gewesen wären. Tatsächlich äußerten sich 90 Prozent der ausgeguckten Leute besorgt über meine Rolle und schlugen vor, dass, wenn sie ins Unternehmen kämen und ihre Sache gut machten, Gordons und meine Befugnisse erheblich beschnitten werden sollten.

305

Ich konnte überhaupt nicht begreifen, wieso ich als »Teil des Problems« eingeschätzt wurde, wie es die Headhunter vorsichtig formulierten. Weder Gordon noch ich hatten uns je um die Methoden und Disziplinen des Business gekümmert, doch auf bestimmten Gebieten waren wir sehr bewandert.

Gordon kann gut Netzwerke knüpfen und ist ein hervorragender Risikokapitalist. Schneller als andere erkennt er das Potenzial einer Idee und ist dann auch entschlossen, zu investieren und seine Erfahrungen einzubringen. Ich selbst bin mehr an Stil- und Imagefragen, an Kommunikation und sozialem Engagement interessiert. Keiner dieser Sachbereiche würde sich mit der Lenkung der Firma überschneiden. Außerdem fand ich es höchst sonderbar, wenn potenzielle Kandidaten an meiner Geschäftstüchtigkeit zweifelten.

Allen Headhunting-Problemen zum Trotz wussten wir natürlich, welchen CEO-Typ wir benötigten. Wir wollten keinen Kaufmann, weil ein rein merkantiler Ansatz zu eng für uns wäre. Wir wollten jemanden mit internationaler Businesserfahrung auf breiter Grundlage; jemanden, der viel gesehen und erlebt hat und der beherzt genug war, mir und Gordon Paroli zu bieten.

Wir brauchten zwei Jahre, um den CEO zu finden, den wir jetzt haben. Er unterschied sich von anderen schon dadurch, dass er nicht viel von unserem Unternehmen wusste. Dass er je in einem unserer Shops gewesen war, bevor wir auf ihn aufmerksam wurden, glaube ich kaum. Aber er kannte unsere Grundwerte und wusste zu schätzen, wofür wir stehen. Niemals – damals nicht und heute nicht – hat er irgendetwas infrage gestellt, was mir lieb und teuer wäre.

Zu Beginn traf ich mich zweimal mit Patrick. Wenn ich Bekanntschaften schließe, versuche ich immer, für das erste Treffen einen außergewöhnlichen Rahmen zu finden. Deshalb lud ich ihn in einen unserer Shops in der Oxford Street ein, mitten in London. Wir wanderten durch den Laden, plauderten angeregt, und abends gingen wir zusammen essen. Mir war auf Anhieb klar, dass Patrick nicht nur französischen Charme versprühte, sondern alle Eigenschaften mitbrachte, die wir brauchten: gepflegte Manieren und Begeisterung für Abläufe.

Gordon und ich waren mit unserer Wahl zufrieden. Über die Reaktionen in der Londoner Finanzwelt machte ich mir keine Sorgen. Wie naiv ich war!

An die Öffentlichkeit gehen

Die Ankündigung, dass Patrick Gournay zum neuen CEO ernannt wurde, löste in den Medien unvermutet eine Lawine von Angriffen gegen mich aus. Er habe mich »abgelöst«, wurde behauptet, ich sei »von enttäuschten Aktionären zum Rücktritt gezwungen« worden. Das grenzte an Schwachsinn – zumal ich gar nicht CEO gewesen war –, doch in den folgenden Wochen war ich zum Abschuss freigegeben und musste für sämtliche Probleme von The Body Shop geradestehen.

> Auf der Straße sprachen mich Leute an, die mir ihr tiefes Mitgefühl ausdrücken wollten. Ging ich zum Friseur oder zur Orthopädin, hieß es: »Wie fühlt man sich denn so in Rente?«

Es war mit Sicherheit wieder mal eine Lektion in Demut. Doch was mich damals wirklich vor ein Rätsel stellte: Woher konnten die Wirtschaftsjournalisten den Eindruck gewonnen haben, ich sei abgelöst worden? Meine Stellung in der Firma war dieselbe wie bisher – ich mache noch immer genau das, was ich seit jeher getan habe.

Das Unternehmen reorganisieren

Noch bevor unser neuer CEO kam, hatten wir entschieden, dass unser Unternehmen eine umfassende Reorganisation nötig hatte, damit wir uns besser auf Produktentwicklung, Marketing und Vertrieb konzentrieren konnten. Patrick war damit einverstanden: Auch er fand, das Unternehmen sei allzu schwerfällig und kopflastig.

Eine eigene Produktionsfirma zu gründen war kein Fehler gewesen. Seinerzeit war es vermutlich das einzige Mittel, mit dem maßlosen Wachstum der Firma Schritt zu halten. Rund fünf Jahre nach Gründung hatten

Das, was in einem Stadium dringend benötigt wird, ist dasselbe und das genaue Gegenteil von dem, was ein Unternehmen im nächsten Stadium des Wachstums benötigt.

Geoffrey Moore

wir in bescheidenem Rahmen begonnen, selbst zu produzieren. Ursprünglich steckte der Gedanke dahinter, die Reinheit unserer Produkte zu gewährleisten, beispielsweise sicherzustellen, dass keine Zutat mit Tierversuchen getestet worden war. Doch als das Unternehmen expandierte, mussten wir mehr und mehr herstellen und über immer größere Entfernungen ausliefern. Die Vertriebskosten schnellten in die Höhe, und die Produkte wurden auf ihrem Weg in die Shops immer teurer. Wir kalkulierten drei Gewinnspannen ein: Was wir den Hauptfranchisenehmern en gros lieferten, verkauften diese en gros an die Subfranchisenehmer. Bis der Kunde das Produkt kaufte, war es etwa dreimal so teuer geworden, wie es sein sollte. Überdies war es scheinbar ein Ding der Unmöglichkeit, ein neues Produkt in weniger als sechs Monaten auf den Markt zu bringen. Die meisten Händler führten ihre Neuheiten in weniger als sechs Wochen ein.

Als bekannt wurde, dass wir aus der Produktion aussteigen würden, kamen eine Menge Leute nach Littlehampton, die am Kauf unserer Anlagen interessiert waren. Uns ging es darum, jemanden zu finden, der sowohl die Fabrik als auch die Arbeitsplätze – wir waren der zweitgrößte Arbeitgeber der Stadt – erhalten und womöglich sogar weitere schaffen würde. Handelseinig wurden wir schließlich mit einer Gruppe aus Südafrika, alles nette Jungs von Anfang 30, die sehr dynamisch sind und Erfahrung in pharmazeutischen Auftragsproduktionen hatten – und sehr viel von unseren Grundwerten halten. Wir sind glücklich, dass sie dazugekommen sind, und arbeiten gern mit ihnen zusammen. Unsere Mitarbeiter sind noch da, und unser Gebäude ist noch da, sie haben die Herstellung unserer Produkte übernommen, das Child Development Centre belassen, und sie stehen hinter allen unseren Standards hinsichtlich Tierversuchen und ethischem Handel.

Natürlich wird es nicht leicht sein, unsere ethischen Standards auch Zweit- oder Drittproduzenten abzuverlangen, aber dafür haben wir schon eine Strategie in petto. Wir nennen sie »Sorgfaltspflicht«. Um die Integrität der Zuliefererkette zu gewährleisten, werden wir keine Beziehungen mit neuen Herstellern anknüpfen, ohne sie einem sozialen, tierschutzgemäßen und ökologischen Prüfverfahren zu unterziehen. Die Zulieferer erhalten einen umfassenden Fragebogen, dem wir alles entnehmen, was wir in Bezug auf Umwelt- und Gesundheitsverträglichkeit, Sicherheit und Qualität wissen müssen. So funktioniert bei uns Outsourcing.

Wir lassen Produktideen in unseren Labors entwickeln oder arbeiten mit anderen Labors zusammen, und wenn wir bereit sind, suchen wir jemanden, der sie für uns irgendwo in der Welt, wo es uns sinnvoll erscheint, nach unseren präzisen Vorgaben realisiert. Unsere existierenden Anlagen werden von anderen Herstellern auf kooperativer Grundlage genutzt.

Auch als Marketing-, Produktentwicklungs- und Handelsbusiness wird The Body Shop die Freiheit haben, andere Projekte anzugehen. Wir versuchen bereits, in den Markt für gesunde Lebensmittel und Vitamine einzusteigen. Die Schlagwörter dafür sind »organisch« und »Selbstvertrauen«, und es fehlt nicht an kreativen Mitarbeitern, die solche Projekte ins Werk setzen. Und ich persönlich möchte einen Verlag gründen.

Noch immer möchten wir die Art und Weise, wie Geschäfte zu führen sind, nachhaltig verändern, und der nächste logische Schritt wäre, in die Managementausbildung – die bisher von wirklichen Lebensfragen wie Armut, Moral, Kreativität abgeschottet ist – Themen wie ethische Sensibilität, Engagement und schöpferisches Denken einzubringen. Ein Anfang ist gemacht, seit wir 1994 gemeinsam mit dem Centre for Action Research in Professional Practice die New Academy of Business an der Universität Bath gegründet haben. Die New Academy will die Kluft zwischen visionärer Businessführung und dem, was an konventionellen Managementschulen gelehrt wird, überwinden. Es wird endlich Zeit, dass die Businessausbildung von heute wertorientiertes Management in den Mittelpunkt stellt. Business Schools sollten sich nicht auf kurzfristige, am Shareholder Value orientierte Lösungen beschränken und sich endlich von der Vorstellung verabschieden, im Business könnten entweder nur Profite oder nur Prinzipien verwirklicht werden, nicht aber beides.

Die Idee kam mir kurz nach einer Gastvorlesung vor MBA-Studenten, zu der mich die Stanford University eingeladen hatte – ein Erlebnis, das mir die Augen öffnete. Da war so viel Intelligenz versammelt, der nirgends Seminare über neues Denken in der Wirtschaft, nichts zu Menschenrechten oder zum Verhaltenskodex moderner Unternehmen angeboten wurde. Die Ermahnung, keine Bestechungsgelder anzunehmen, war die einzige den Studenten erteilte Aufklärung über Businessethik. Ich spürte, dass man ihnen mehr und Besseres beibringen musste.

Die New Academy arbeitet inzwischen mit Unternehmen, Hochschulen, NGOs, UN-Agenturen und anderen Partnern auf nationaler und internationaler Ebene zusammen. Dabei wird ein neues Businessmodell erforscht, erklärt und propagiert, das einer gerechteren unternehmerischen Zukunft den Weg weist. Wir haben die Vision, der nächsten Generation eine Managementausbildung zu vermitteln, die auf Verantwortung, Glaubwürdigkeit und Respekt vor kulturellen Unterschieden beruht. Das wäre ein revolutionärer Schritt nach vorn.

ALS FÜHRUNGSKRÄFTE MÜSSEN WIR SICHERSTELLEN, DASS UNTERNEHMEN NICHT MEHR NUR AUF GÜTER KONZENTRIERT SIND, SONDERN IHREN SCHWERPUNKT AUF DEN MENSCHLICHEN GEIST VERLAGERN.

ICH GLAUBE NICHT,

DASS DER DEUTLICHSTE WANDEL IN DEN UNTERNEHMEN DER ZUKUNFT DIE SO GENANNTE BUSINESS-»LEHRE« BETREFFEN WIRD, SONDERN VIELMEHR DIE FRAGEN, WER FÜR UNS ARBEITET, WARUM ER FÜR UNS ARBEITET UND WAS ARBEIT FÜR IHN BEDEUTET...

The Body Shop neu erfinden

Uns neu erfinden, um zu überleben – das war unser Wahlspruch in den späten 90er Jahren. Reorganisieren, Revolutionieren, Reformieren – wie immer man es ausdrücken will. Große Veränderungen standen ins Haus. Gewinnströme aus Herstellung und Vertrieb sollten umgelenkt werden und nunmehr aus Verkauf und Marketing fließen. Rund um den Globus entstanden vier Vertriebs-, Produktions- und Marketingzentren, und das alles reibungslos, ohne dass es zu Engpässen bei der Belieferung unserer 1800 Shops gekommen wäre.

Es ist normalerweise unvermeidlich, dass am Ende einer Reorganisation eines Unternehmens die Stellen mancher Mitarbeiter wegfallen. Und so mussten auch wir im Januar 1999 ankündigen, dass die neue Struktur sowohl in der Produktion als auch im Management Arbeitsplätze kosten würde. Es war eine schmerzliche, bange Zeit für das gesamte Unternehmen. Es schien, als wär's vorbei mit unserer »goldenen Ära«, als verhielten wir uns fortan wie ein ganz normaler, herkömmlicher Arbeitgeber.

Es lässt sich viel daraus schließen, wie ein Unternehmen die heikle und scheußliche Aufgabe des Personalabbaus bewältigt. Meine ständige Frage an den Vorstand war, wieso der Abbau die erste und nicht die letzte Option sei. Die Antwort war, dass wir viel zu viele Leute beschäftigen würden. In dieser Zeit der betrieblichen Verunsicherung wurde mir klar, dass wir unsere Grundwerte im *gesamten* Unternehmen verankern müssen, damit sie von *allen*, die wir beschäftigen oder die uns beliefern, beachtet und befolgt werden. Heute, ein Jahr später, darf ich ohne Scheu zurückblicken und bin sehr stolz darauf, wie behutsam und rücksichtsvoll der Personalabbau durchgeführt wurde. Das war wirklich Weltklasse.

Anfangs wussten wir nicht die Anzahl der Stellen, die wir zu viel hatten, und ebenso wenig, wer von den Leuten bereit war, in der neuen Unternehmensstruktur zu arbeiten. Wir waren überrascht, wie viele sich bereit erklärten, freiwillig zu gehen; sie erhielten sehr honorige Abfindungen. Die meisten waren Singles und unter 30, wollten eine Zeit lang ins Ausland gehen oder sich selbständig machen.

Meine Notizen für einen Artikel über Führung.

Der nächste Schritt war, dass mithilfe der Abteilungs- und Personalleiter für diejenigen, deren Stellen abgebaut werden mussten, ein Berufsplan für ihre nächste Zukunft erstellt wurde. Wir boten ihnen Fortbildungskurse in Bereichen an, die sie anderswo brauchen konnten – diese Kurse konnten auch ihre nächsten Angehörigen besuchen. Einmal meinte eine Angestellte, die sich ohnehin ganz der Familie widmen wollte, ihr Ehemann könne dieses Training besser brauchen als sie.

Schließlich gründeten wir einen »Unternehmerclub« für jene, die eine eigene Existenz gründen wollten, sei es eine Unternehmensberatung oder ein Café, und halfen mit Beratung und zinslosen Darlehen. Inzwischen haben einige von ihnen mit unserer Starthilfe erstaunliche Karrieren gemacht.

Außerdem haben wir mit dem Arbeitsamt von Littlehampton und der Behörde für Stadtentwicklung zusammengearbeitet; immer wieder gab es offene Gespräche zwischen Belegschaft und Gemeinde. Wir redeten mit Kirchen, Gemeindehelfern, Sozialarbeitern und Stadträten, damit alle von Anbeginn über die Vorgänge informiert waren. Alle waren so gut vorbereitet, dass meines Wissens keiner der Beratungsdienste je benötigt oder in Anspruch genommen wurde. Und jeder scheidende Mitarbeiter konnte alle unsere Einrichtungen – von der Kindertagesstätte bis zur Turnhalle – noch weitere neun Monate uneingeschränkt nutzen.

Die Probleme hätten, glaube ich, kaum rücksichtsvoller oder diplomatischer gelöst werden können. Versäumt haben wir, wie ich im Rückblick zugebe, noch mehr Zeit mit jedem einzelnen Mitarbeiter zu verbringen, besonders mit den Aushilfen, von denen einige schon seit über einem Jahrzehnt regelmäßig kamen. Es war eine schreckliche Phase für das Unternehmen, und sie hat viel Herzblut gekostet. Auf einem Videoband, mit dem wir den Mitarbeitern erklärten, was auf sie zukäme, sehe ich aus wie am Boden zerstört – und das war ich auch. Wir waren schließlich kein anonymer Großkonzern, wo andauernd Personal abgebaut wird; wir waren eine Familie, und wir boten wundervolle Jobs unter wundervollen Bedingungen. Die Einsicht, dass einige dieser Jobs verschwinden würden, quälte mich sehr, besonders, wo wir seit 23 Jahren den Ruf hatten, immer neue Arbeitsplätze zu schaffen statt abzubauen. Am Ende verloren wir 300 Mitarbeiter.

Ich fühlte mich verantwortlich für die berufliche Perspektive derer, die bei uns gearbeitet hatten, und bangte um unseren Gemeinschaftsgeist. Dabei kam der bevorstehende Personalabbau für die überwiegende Mehrheit der Belegschaft nicht sonderlich überraschend. »Das hättet ihr viel früher machen sollen«, hieß es mitunter. Und viele suchten die Schuld beim Vorstand, der die Zukunft des Unternehmens nicht richtig eingeschätzt habe. Ich konnte es ihnen nicht verdenken.

> **Es kostete mich erhebliche Überwindung, weil ich das Gefühl hatte, ihnen nicht gerecht zu werden. Mir fehlte einfach die Wurschtigkeit, zu sagen: »Ach was, so ist das nun mal in der freien Wirtschaft.«**

Wie gewöhnlich bezogen wir eine Abreibung in den Medien. Ich fürchtete schon, die Öffentlichkeit werde auf ein generelles Strickmuster schließen – sinkende Gewinne, Personalabbau, Verkauf einzelner Teile des Unternehmens: all dies zusammengenommen, hätte man meinen können, wir taumelten am Rand des Abgrunds. Doch die realistische Deutung, die ja auch die zutreffende war, setzte sich durch: dass sich das Unternehmen neu erfand. Und es war wirklich nicht zu vermeiden. Wenn alles beim Alten geblieben wäre, hätte es in den nächsten zehn Jahren steil bergab gehen können; die Reorganisation wird uns für die nächsten zwei Jahrzehnte stärken. Die Einschnitte waren schrecklich, aber wir hatten keine andere Wahl.

Die Streitpunkte…

Streitpunkt Erscheinungsbild

Als wir uns der Tatsache stellten, dass wir uns neu erfinden mussten, war die äußere Gestalt der Shops das Erste, womit wir uns beschäftigten. Im Rückblick scheint mir jedoch, als sei der erste Versuch nicht so recht geglückt. Wir holten uns dazu extra Graphiker ins Haus, aber sie berücksichtigten kaum unser Erbe. Das Erbe von The Body Shop ist sichtlich farbenfroh, geprägt von den Geschichten, die wir erzählen, und von Naturprodukten. All das in ein neues Design zu integrieren dürfte eigentlich nicht schwer fallen, doch stattdessen rückte das Team mit etwas heraus, das an ein klinisches Labor erinnert – nichts als Glas, Plastik, scharfkantiges Aluminium, Chrom, alles sehr maskulin.

Unser Problem ist, dass wir zu viele visuelle heilige Kühe haben; einige von ihnen habe ich wohl selbst verschuldet. Beispielsweise möchte ich nichts davon hören, Dunkelgrün als Hausfarbe aufzugeben. Es steht mittlerweile nicht nur für unseren Anteil an der grünen Bewegung, sondern ist wichtiger Teil unseres Erbes und unserer Markenprofils.

Das Gestaltungsproblem wird uns noch eine Weile beschäftigen. Mir kommt es manchmal vor, als wolle jeder, der in die Marketingabteilung kommt, unser Erscheinungsbild auseinander nehmen und neu stricken. Hier ein warnendes Wort an meine Gründer- und Unternehmerkollegen: Lasst nicht zu viele daran herumbasteln! Die DNA des Unternehmens sollte niemand antasten oder verändern, wenn es nicht dazu dient, die eigene Besonderheit zu betonen und allerorts bekannt zu machen. Und hier spreche ich aus Erfahrung, denn wie oft habe ich erlebt, dass sich kurzfristige Zaungäste einmischen, ein in vielen Jahren mühsam erworbenes Image auslöschen und weiterziehen.

Streitpunkt Geschichtenerzählen

Manche Kritiker haben behauptet, unsere Kampagnen schreckten die Kunden davon ab, in unsere Shops zu kommen, oder gingen ihnen auf die Nerven. Aber das Gegenteil ist der Fall. Heute unterzeichnen wesentlich mehr Leute unsere Listen als in den Anfangstagen. Vier Millionen haben sich mit ihrer Unterschrift als Gegner von Tierversuchen bekannt, und weitere vier Millionen stimmten der Petition zum Schutz der Menschenrechte zu. Wir sind als Kampagnenladen bekannt, und die Kunden fühlen sich wohl dabei, sind sogar begeistert, wenn sie kommen und feststellen, dass wir uns für solche Dinge einsetzen. Und sie erwarten von uns, dass wir damit weitermachen.

Schwierigkeiten haben wir eher damit, denselben Leuten die Geschichten hinter unseren Produkten zu erzählen. So haben wir es noch nicht geschafft, die Geschichte von »Hilfe durch Handel« zu verbreiten oder die Arbeit von The Body Shop Foundation. Nach »Dispatches« waren wir wohl zu zögerlich, uns damit zu brüsten. Die Problematik der Vermittlung unserer Themen und Grundwerte haben wir noch nicht in den Griff bekommen.

Für mich besteht solches Marketing darin, Geschichten zu erzählen – wo kommst du her, was ist deine Vision, welche Geschichten erzählen die Produkte. Auf meinen Reisen habe ich immer wieder, besonders bei »vorindustriellen« Völkern, festgestellt, dass Geschichtenerzählen die Grundlage ihrer Sozialisation bildet.

> Die Kelten hatten eine fabelhafte Definition: Sie glaubten, alle Lehrer sollten zugleich Dichter sein, denn Wissen kann gefährlich werden, wenn es nicht durch das Herz fließt.

Streitpunkt Franchising

Die Notwendigkeit, unsere Shops umzugestalten, ergab sich in gewisser Weise auch aus unserem Wachstum. Mit den Jahren haben wir unser Operationsgebiet enorm ausgedehnt, selbst wenn es Süd- oder Mittelamerika, Afrika und Indien noch nicht einschließt. Wenn man einen Laden in einem neuen Gebiet eröffnet, läuft es hervorragend, eben weil man noch neu ist. Allerdings zeigte sich, dass neue Shops erfolgreich waren, während solche, die seit Jahren existierten, Einbußen erlitten. Auch das war ein Problem, dem wir uns stellen mussten.

Ein Business zu leiten, das weltweit in 49 Ländern vertreten ist, und die Beziehungen so eng wie möglich zu halten, das ist nicht leicht. Deshalb haben wir das reorganisierte Unternehmen in vier Regionen gegliedert: Großbritannien, Europa, Amerika und Asien. Die Hauptsitze bleiben Littlehampton und London, und von hier werden nach wie vor, in enger Kooperation mit den Regionen, Produkt- und Marketingideen kommen.

Unser Franchisekontrakt sieht vor, dass Franchisenehmer alle fünf Jahre die Shops renovieren und mehr Geld in sie stecken. Diejenigen, die sich daran halten, sehen das Ergebnis spätestens in den steigenden Umsätzen und sind deshalb motiviert, am Vertrag festzuhalten, doch andere sind »abwesende Gutsbesitzer«. Sie verdienen ihr Geld mit dem Shop und stecken es in andere Geschäfte – Hotels, Restaurants, was auch immer. Das ist natürlich ihr gutes Recht, aber den Läden tut es nicht gut. Ein weiteres Problem in Europa ist, dass mehrere Hauptfranchisenehmer eigene Warenlager betreiben: Ein Warenlager steht in der Schweiz, ein anderes in Holland, wieder eines in Deutschland und ein viertes in Frankreich. Den Vertrieb zu zentralisieren wäre viel vernünftiger, aber dazu müssen die Hauptfranchisenehmer überredet werden, was nicht ganz einfach ist.

Derartige Interessenkonflikte haben uns dazu gebracht, vom Franchisesystem abzurücken und Partnerschaften zu bevorzugen. Franchising war ausgezeichnet, um weltweites Wachstum zu fördern, aber auf internationaler Basis ist es heute keine gute Arbeitsgrundlage mehr. An manchen Orten mag es nach wie vor das beste Verfahren sein. Anderswo aber werden wir versuchen, Franchiseläden zurückzukaufen oder mit den Hauptfranchisenehmern eine Partnerschaft einzugehen. Damit erhalten wir wieder mehr Kontrolle und können uns schneller anpassen und zugleich eine Unmenge überflüssiger Kostenfaktoren aus dem System verbannen. Wir haben auch schon eine beträchtliche Anzahl Franchiseläden zurückgekauft, und ich vermute, das wird kontinuierlich so weitergehen.

Der Unterschied zwischen Partnerschaft und Franchising bedeutet, dass wir künftig als gleichrangige Partner zusammenarbeiten. Wenn Dänemark beispielsweise seine 100 Shops neu gestalten will, aber das Geld fehlt, könnten wir vereinbaren, die Finanzierung des Projekts zu übernehmen und es gemeinsam anzugehen. Andere könnten in der Partnerschaft das wahrnehmen, was ihnen am meisten liegt, und wir würden für das nötige Geld sorgen. Der Status wandelt sich zu einem Dialog zwischen beiden Seiten. Indem wir die Sprache ändern, ändern wir auch die Beziehung und können sie über einen weniger legalistischen, dafür auf Vertrauen und beiderseitigem Nutzen beruhenden Vertrag organisieren. **Franchisenehmer in Partner verwandeln heißt, darauf zu achten, wie wir gemeinsam zur Entwicklung ihrer Region beitragen, was jeder vom anderen braucht, wie sie uns mit neuen Produkten helfen können und wer die besseren Praktiken einbringt. Es bedeutet Austausch von Leistungen, Austausch von Mitarbeitern, Austausch von Ideen.** Heute gliedern wir die Franchisenehmer in zwei Gruppen. Wer sich vom Geschäft zurückziehen will, kann an uns verkaufen; denjenigen, die nach wie vor frisch und motiviert sind, bieten wir Partnerschaftsverträge an.

Franchising war stets ein Kraftwerk schöpferischer Ideen und ein wichtiger Grundstein im Fundament der engen Familienbeziehungen bei The Body Shop, doch ein geeignetes Modell für die Zukunft bietet es nicht. Ich sähe es gern, wenn wir binnen fünf Jahren das Franchising ganz hinter uns hätten und die Menschen, die bei uns geblieben sind, in einer erfolgreichen Partnerschaft mitwirken.

Wenn sich diese Transformation nahtlos vollzieht, wäre das eine großartige Leistung des Business.

Was wir gelernt haben…

Reorganisieren ist ein schmerzlicher Prozess, manchmal befreiend, jedoch absolut unverzichtbar – und die Herausforderungen, vor denen wir als Einzelhändler stehen, sind eng mit denen verbunden, die jede Branche in den nächsten zwei Jahrzehnten zu meistern hat. In dieser Hinsicht zeigt mein eigener Entwurf für The Body Shop auch auf, wie Business in der sich wandelnden Welt überlebt. Wenn ich einige Lehren der letzten Jahre herausgreifen soll, die für unsere Zukunft entscheidend sind, wären es diese:

1. Sei schnell

Geschwindigkeit, Beweglichkeit und Empfänglichkeit sind die Schlüssel zum künftigen Erfolg. In unserem reorganisierten Unternehmen werde ich hoffentlich Ideen und Entdeckungen mit einem kürzeren Vorlauf umsetzen können, als es früher möglich war. Dafür wurde die Abteilung Creative Greenhouse entwickelt, deren Aufgabe in nichts anderem besteht. Wir experimentieren mit Handelskonzepten, Produktkonzepten und Designkonzepten, räumen ihnen eine Inkubationsphase in den Läden ein, dann kann das Unternehmen sie aufgreifen, wenn die Shops es wünschen. Creative Greenhouse arbeitet gewissermaßen im »Abseits« – eine kreative Gruppe von Individuen, die nicht nach der Quantität der von ihnen vorgebrachten Ideen beurteilt werden und die nicht notwendigerweise einer strategischen Hierarchie oder einer Planungsgruppe angehören müssen. Sie sind eher der Geist in der Flasche, nicht zu zähmen, und fahren ihre Antennen dort aus, wohin der Blick der Kosmetikbranche nicht reicht. Das erinnert mich an einen Spruch, den ich einst hörte: »Ein kreatives Unternehmen ist nie ein Hort des Friedens und der Seligkeit.«

2. Beschreite kreativ neue Vertriebswege

Seit jeher habe ich in unserem Unternehmen lautstark gefordert, nicht bloß neue Handels-, sondern auch neue Vertriebswege zu finden. Zwar werden die Menschen künftig weiter unsere Shops besuchen, weil sie die sinnliche Anschauung brauchen und die Produkte anfassen möchten, aber wenn ich nicht irre, werden im nächsten Jahrzehnt 90 Prozent der Kunden auch per Versandhandel über Internet einkaufen.

Die Einführung von The Body Shop Digital kommt genau diesem Bedürfnis entgegen. Dass E-Commerce unseren Handel in den Shops beeinträchtigen wird, glaube ich nicht, denn sie sind ohnehin geographisch nicht gerade dicht gesät. In England haben wir weniger als 300 Shops – Boots betreibt weit über 1000 –, sodass uns das Internet hilft, eine breiter gestreute Kundschaft anzusprechen und ihren Bedürfnissen besser gerecht zu werden. Unmengen berufstätiger Mütter da draußen sagen uns: »Ich finde nie die Zeit, in eure Shops zu kommen«; das Internet wird die meisten von ihnen erreichen. Außerdem finden wir neue Zielgruppen, mit denen wir direkt ins Gespräch kommen. The Body Shop Digital wird uns auch als Webportal für unsere Kampagnen und Umweltthemen und als Sprungbrett für neue Produkte dienen.

Zudem ist im Direktverkauf ein enormer Aufschwung zu erreichen. The Body Shop Direct ist jetzt seit gut drei Jahren eingeführt. Wir greifen damit auf die alte Idee der Tupperware-Partys zurück, und der Erfolg gibt uns Recht. Das gibt uns die Chance, unsere Produkte im Kleinen zu verkaufen und einen intensiven Dialog mit Kunden zu führen – jeweils zehn oder mehr auf einmal für zwei Stunden. Das kommt erstaunlich gut an und hat uns allein im letzten Jahr Umsätze von 15 Millionen Pfund beschert. Hierfür haben wir ein exzellentes Netzwerk aus Männern und Frauen gegründet, eine engagierte Gruppe von The-Body-Shop-Enthusiasten, die mit derselben Energie darangehen, wie wir sie vor fünf Jahren in den Shops hatten. Sie veranstalten Partys in Gefängnissen, Partys bei Transvestiten, Partys auf Ölbohrinseln, und sie verkaufen nicht nur unsere Produkte, sondern werben auch für die Unterschriftenlisten unserer Kampagnen und bringen ein erstaunliches Feedback und unzählige Anekdoten zurück.

Voraussichtlich wird The Body Shop Direct weiter wachsen und schließlich auch weltweit expandieren. Es ist die bessere Hälfte des E-Commerce – eine Gelegenheit, zwischenmenschliche Kontakte zu knüpfen in einer Welt,

in der Menschen hinter ihren Computern zunehmend isoliert sind.

Dass Aktivitäten wie E-Commerce und The Body Shop Direct unseren Franchisehandel beeinträchtigen, ist nicht zu erwarten, solange wir an einem Strang ziehen. Das ist keine höhere Mathematik: Unsere Franchisenehmer werden die Aktivitäten des Unternehmens im Internet und im Direkthandel nicht als Konkurrenz empfinden, solange sie von diesen neuen Vertriebstechniken profitieren. Unterstützt von einigen Direktverkäufern, zahlen wir ihnen in England zehn Prozent der Erlöse aus dem Direktverkauf in ihrer Region, selbst wenn dieser Direktverkauf 80 Kilometer von ihrer Heimatstadt entfernt stattfindet und obwohl wir belegen können, dass dieselben Leute, die zu Hause gekauft haben, auch in die Läden gehen.

3. Vergiss das Phantom Marke
Der Niedergang des Einzelhandels ist von den Propheten der New Economy längst verkündet worden. Die guten Beziehungen, die wir zu Franchisern und Partnern unterhalten, bestärken mich jedoch in der Überzeugung, dass sich die Rate der Shoperöffnungen in den folgenden Jahren kaum vermindern wird. Andererseits glaube ich, dass es Läden verschiedenen Typs geben wird. Beispielsweise wird es einen Aufschwung bei reinen Wellnessshops geben.

Einkaufsbummler werden sich über Abwechslung freuen, und ich möchte von dem Konzept abrücken, dass alle Läden gleich aussehen und das stereotype »Erscheinungsbild« unserer Marke Vorrang hat. Mir gefällt es, wenn die Fassaden der Shops auf den Bahamas oder Barbados mit Rastafarben getüncht sind oder wir den Laden neben der Spanischen Treppe in Rom mit viel Marmor dekorieren.

Zwar soll, beispielsweise, immer noch etwas Dunkelgrün in den Shops bleiben, wichtiger aber ist, die Gemeinschaften zu schützen statt die Marke. Mir ist viel wichtiger, dass die Shops hohes Ansehen in ihrem Umfeld genießen, als dass sie die Marke stärken.

4. Interpretiere das Produkt breit
Immer noch gibt es viel zu tun, was wir noch nicht angepackt haben. Mir wäre es recht, wenn wir unsere Aktivitäten auf Erziehung und Verlagswesen ausdehnen.

Wir verfügen über die gesammelten Erfahrungen eines Vierteljahrhunderts im Wirtschaften der anderen Art – und ich finde, diese Botschaft muss unter die Leute. Unsere Zukunft wird weniger in Parfüms und Schaumbädern liegen als in alternativen Heilverfahren: Ayurveda, Homöopathie, tibetische Medizin und vieles mehr. Ich sähe uns gern auch bei Ökotourismus und »fairem Reisen« engagiert. Man könnte eine Ökoreisegruppe gründen, die Ausflüge von Interessenten auf schonende Weise in gefährdete Biotope und Ferienarbeit in Gemeinschaftsprojekten organisiert. **Bis jetzt haben 700 unserer Leute das Angebot von The Body Shop wahrgenommen, Bosnien, Rumänien, Albanien und jetzt auch den Kosovo zu besuchen und dort zu helfen. Sie bilden die Keimzelle eines Friedenskorps, und auch dieser Gedanke hätte verdient, weiterentwickelt zu werden.**

Wir verkaufen Kosmetik, aber nicht nur das. Vielleicht ließe es sich am besten mit »Haut, Hilfe und Haltung« umschreiben.

5. Baue mit Gemeinschaften Partnerschaften auf

Partnerschaften sind charakteristisch für unsere Beziehungen zu Gemeinschaften und Zulieferern, denn sie bilden eher ein Businessmodell im neuen Stil, als dass sie das alte verkörpern. Diese Beziehungen sind nicht hierarchisch, sodass nicht die eine Ebene oder Gruppe über die andere bestimmt, sondern gleichrangig, weshalb beide Seiten voneinander lernen können. Partnerschaftlich sind auch unsere Beziehungen mit NGOs organisiert, die uns beliefern. Inzwischen haben wir 22 Zulieferer in 13 verschiedenen Ländern; viele von ihnen sind informelle Gruppen oder Fairhandel-Organisationen. Auch in diesen Beziehungen bilden wir eine Lerngemeinschaft. Jeder der Partner wird noch viel vom anderen annehmen, um gemeinsam mehr zu leisten.

Partnerschaft schließt auch ein, Gelder zu verteilen, wie The Body Shop über seine Stiftung. Handeln und Spenden vollzieht sich in gleichermaßen partnerschaftlicher Weise. Wir glauben, dass wir Neuland betreten haben, wo keine anderen Unternehmen es wagten: Bilder von Vermissten auf unseren LKWs anbringen, die Ogoni unterstützen, Children on the Edge, ein Kinderhilfswerk für Osteuropa, finanzieren oder auch Body & Soul, eine in London angesiedelte Organisation, die mit HIV-Positiven und ihren Angehörigen arbeitet.

Künftig wollen wir uns, wo immer wir auftreten, stärker kleinräumigen ökonomischen Projekten zuwenden – von der Unterstützung für afroamerikanische Kleinbauern (die schon fast vom Aussterben bedroht sind) in den USA bis zum Aufbau einer neuen Faserindustrie, bei der wir neues ökologisches Design fördern und unsere Angestellten dazu ausbilden, Gemeinschaften zu organisieren. Auf diese Weise bleiben die Beziehungen lebendig. Auf den Menschenrechtspreis für Basisinitiativen, den wir im Jahr 2000 zum ersten Mal vergeben haben, können wir sehr stolz sein. Unter anderem haben wir die nicaraguanische Gruppe Dos Generaciones ausgezeichnet, die Kindern auf einer Müllkippe bei Managua zu einer Ausbildung verhelfen will.

Ferner dürfen wir die Gemeinschaft am Arbeitsplatz nicht aus dem Auge verlieren, die offen und frei sein soll, damit jeder in der Organisation imstande ist, die Führung zu übernehmen, und Kreativität nicht in Geiselhaft genommen wird. Und selbst wenn ein stark kreativer Arbeitsplatz nicht immer bequem ist, sollten wir daran denken, dass es ein Ort ist, wo Konflikte *mit Würde* ausgetragen werden und wo uns Zeit und Raum bleiben, die Dinge neu zu überdenken.

6. Bleib Mensch und miss den Erfolg mit dem richtigen Maßstab

Wir sind Englands größte internationale Handelsfirma und werden vielleicht auf diese oder jene Weise irgendwann zur größten Handelsfirma der Welt, aber unsere Menschlichkeit muss bleiben, koste es, was es wolle. Wenn wir sie verleugnen, verleugnen wir uns selbst.

Was uns an die Spitze des Business gebracht hat, sind unsere Grundwerte. Sich 20fach vergrößern, ist kein Ziel; besser zu werden und sich an Werten zu orientieren

schon. Das heißt, wir müssen ständig die Art unserer Geschäftsführung überprüfen und in allem, was wir machen, größtmögliche Transparenz herstellen. Wir streben ein ökonomisches Wachstum an, das Menschenrechte respektiert und Gemeinschaften, kulturelle Vielfalt, Familien und Umwelt nicht gefährdet. Und wir müssen einmütig auch den Erfolg messen können.

Ich lege meine Hand dafür ins Feuer, dass künftig die größten Katastrophen der Welt durch Armut heraufbeschworen werden: Armut der Phantasie, spirituelle Armut und materielle Armut. Wenn wir so weitermachen wie bisher, werden wir uns an Schwarzarbeit in Sweatshops gewöhnen müssen – nicht nur ein paar Flugstunden weit weg, sondern direkt hier, unter unseren Augen. Wir werden erleben, dass Kinder zu Überstunden gezwungen, unser Boden und die Gewässer vergiftet und die Reichtümer noch ungerechter verteilt werden. **All das steht schon vor der Tür und muss endlich gestoppt werden!**

Wahrscheinlich wäre es sogar einfacher, diese ökonomischen Schrecken zu verhindern, als einen Mann auf den Mond zu schicken – doch was uns daran hindert, ist unser Mangel an Vorstellungsvermögen und an Wut auf Regierungen, die ihre Leistung nach rein ökonomischen Gesichtspunkten messen. Man zeige mir eine einzige Regierung, die ihre Größe daran misst, wie sie die Schwachen und Verletzlichen behandelt. Ich meine, hier kann das Business mit gutem Beispiel vorangehen.

7. Sei offen

Nach meiner Vorstellung brauchen wir mehr Vorschriften im Business, nicht weniger. Wir Businessleute sollten bestraft werden, wenn wir gepfuscht haben oder Schaden anrichten, und belohnt, wenn wir nachweisen können, dass wir uns um Nachhaltigkeit bemühen. Ich finde, jedes Unternehmen müsste strengen sozialen und ökologischen Prüfverfahren unterzogen werden.

Gesetzliche Regulierungen führen zu Innovationen und stärken das Vertrauen. Sie könnten Unternehmen zu mehr Offenheit bezüglich ihrer Arbeit treiben. Aber das sollten die Unternehmen eigentlich selbst wollen, einfach deshalb, weil Transparenz die beste Voraussetzung ist, dem Zynismus der Öffentlichkeit gegenüber ihren Motiven zu begegnen.

Deshalb sollte die eigentliche Herausforderung des Business nicht sein, die Kunden bei der Stange halten zu können, obwohl man ihnen die notwendigen Informationen vorenthält. Sie besteht vielmehr darin, ob man den Kunden, Angestellten, Zulieferern und der ganzen Welt den Weg eines Produkts lückenlos vorzeigen kann, von der Herstellung in einem anderen Kontinent bis ins Regal im Laden. Diese Transparenz müssen sich Wirtschaftsführer zu Eigen machen, denn wenn sich ihre Haltung hierzu nicht ändert, werden auf kurze Sicht enttäuschte Mitarbeiter in ihrer Produktivität nachlassen und auf lange Sicht die Kunden ausbleiben. Glaubwürdigkeit weist den Weg in die Zukunft.

8. Begreife Ethik als Teil des eigenen Erbes

Wir müssen einen Verhaltenskodex für Unternehmen entwickeln: ein förmliches, explizites und wohl definiertes Regelwerk von Prinzipien, zu deren Einhaltung sich alle Unternehmen weltweit verpflichten. Ein breit gefasster Verhaltenskodex würde ein für allemal der Ausrede, ethisches Verhalten werde durch die Konkurrenz vereitelt, den Wind aus den Segeln nehmen. Wir müssen uns endlich darauf verständigen, nicht auf eine Weise zu konkurrieren, die sich zerstörerisch auf Gemeinschaften oder die Umwelt auswirkt. Wir alle müssen die Prinzipien einer sozial verantwortlichen Wirtschaft verinnerlichen, weil die Entscheidungen der Wirtschaftsführer nicht allein die Ökonomie betreffen, sondern *Gesellschaften*. Wenn Business nicht gewahr wird, dass es Verantwortung trägt, auf die es verpflichtet ist – im Hinblick auf weltweite Armut, auf Umweltschutz und Menschenrechte –, sehe ich ziemlich schwarz für unsere Zukunft.

Doch dabei muss mehr als PR-Weißwäscherei herauskommen. The Body Shop befindet sich gegenwärtig in einer Umbruchphase, aber wir werden überleben, blühen und gedeihen, weil wir unser Erbe unvermindert respektieren. Dieses Unternehmen steht für etwas anderes als nur Feuchtigkeitscreme und Profite. Das ist das Modell für die Zukunft.

9. Sei anders und erzähle Geschichten

Wenn ich in all den Jahren etwas dazugelernt habe, dann nur, weil ich ein Business führen wollte, das anders war. Wir wollten von Anfang an anders sein als andere. Wir wollten von Grund auf ehrlich sein bezüglich der Produkte, die wir verkaufen, und der Vorzüge, die sie bieten. Wir wollten den Status quo in der Kosmetikbranche angreifen. Wir wollten in allem, was wir machen, den sozialen und ökologischen Wandel einbeziehen, überall in der Welt und jeden Tag, den wir uns am Business beteiligen. In meinem Eifer, ein Unternehmen aufzuziehen, das dieses neue Paradigma vertritt und praktiziert, ließ ich mich nicht beirren.

Viel zu konventionell erscheint mir demgegenüber ein Businessdenken, das ausschließlich darum kreist, was die Konkurrenz macht und wie sie nach-

Ich hatte nie das Wahlrecht, und ich habe im ganzen Land Krach geschlagen. Wahlrecht ist nicht nötig, um Krach zu schlagen! Überzeugungen braucht man, und eine Stimme.

Mother Jones

zuahmen wäre. Wir bei The Body Shop haben uns unsere »Gegenspieler« angesehen und anschließend das Gegenteil gemacht. Das bedeutet, sich permanent in unerschlossenes Gelände vorzutasten, aber wenigstens spürt man dabei, dass man Fortschritte macht. Aber der wohl wichtigste Unterschied zwischen uns und dem konventionellen Business ist, dass wir uns von einfallslosen, kurzfristigen Ambitionen und einer allzu engen Interpretation des »Fortschritts« verabschiedet und unsere Perspektive erweitert haben.

> Ich habe kein Interesse daran, das erfolgreichste, profitabelste oder raumgreifendste Handelsunternehmen zu werden. Ich möchte nur, dass The Body Shop das beste, atemberaubend aufregendste Unternehmen wird – und dazu eines, das traditionelle Businessmethoden auf den Kopf stellt. Das ist meine Vision.

10. Denke daran, dass Menschen mehr erstreben als Geld

In unserer global-ökologischen Ära müssen wir akzeptieren, dass wir alle Schwestern und Brüder, Freunde und Nachbarn sind. Wir alle brauchen Arbeit, die uns persönlich hilft, über uns hinauszuwachsen und Neues zu entdecken. Manager nach dem neuen Paradigma werden es zu ihren wichtigsten Aufgaben zählen, einen Kontext zu schaffen, in dem die Mitarbeiter geistig expandieren und sich transformieren können.

Spiritualität im Business ist keine Frage esoterischer, religiöser, kosmologischer oder anderer ephemerer Ideen. Sie wurzelt in konkreten Handlungen realer Menschen, deren Sorgfalt über ihr eigenes Ego hinausreicht. Ich glaube, als Führungskräfte sollten wir sicherstellen, dass Business den Schwerpunkt von den Geschäften auf den menschlichen Geist verlagert.

Und wo ich gerade beim Thema Führung bin, fällt mir noch ein weiterer Punkt ein, den ich meiner Liste anfügen möchte:

11. »Die wichtigste Qualität einer Führungskraft ist, als solche anerkannt zu werden«

Das soll André Maurois gesagt haben. Es scheint mir beinahe zu elementar, als dass ich es noch kommentieren müsste. Doch wie alle einfachen Wahrheiten stellt es eine machtvolle Provokation dar. Wie gelangt man denn zu allgemeiner Anerkennung als Führungskraft?

Über die grundlegenden Elemente erfolgreicher Führung herrscht wohl Einigkeit: die Fähigkeit zur Kommunikation, zu motivieren und zu delegieren, dazu die Fähigkeit, Talente zu erkennen und zu fördern. Doch glaube ich auch, dass erfolgreiche Führungskräfte eher »von außen nach innen denken« als »von innen nach außen«. Das gibt ihnen nicht nur die Charakterstärke, die sie für leitende Positionen qualifiziert, sondern macht sie beweglich und lernfähig. Sie werden dabei menschlicher, und es gelingt ihnen, ihre Leute auf Dauer bei der Stange zu halten und deren Sinn für Loyalität zu wecken. Die Führungskraft liefert den Traum. Begeisterung überzeugt – das habe ich oft betont. Aber Führungskräfte können ihre Visionen niemandem aufzwingen. Ein Traum, der die Zukunft des Unternehmens nachhaltig bestimmt, muss auf organisierte Weise Wirklichkeit werden, aus vereinten Bemühungen und Fähigkeiten aller Teilnehmer herauswachsen. Deshalb ist erfolgreiche Führung eigentlich eine subtile Angelegenheit. Sie ist Einfluss – im Gegensatz zur Kontrolle.

Die Zukunft im Blick

Überblickt man das letzte Jahrhundert, so erscheint das Schicksal der Gründer erfolgreicher Unternehmen nicht gerade rosig, besonders im Handel. Henry Ford sympathisierte mit dem Faschismus. John Lewis zankte bis ins hohe Alter mit seinen Nachfolgern. Gordon Selfridge fiel Intrigen zum Opfer und verbrachte seine alten Tage damit, den Laden anzustarren, der einst ihm gehört hatte. William Whiteley wurde in seinem eigenen Büro umgebracht. Sicher ist es eine gute Idee, die eigene Rolle so oft wie möglich neu zu fassen.

Ich bin die Gründerin von The Body Shop, aber nicht die Chefin, weil es sich um eine Aktiengesellschaft mit eigener Managementstruktur handelt. Schließlich kann ich mich nicht selbst um alles kümmern – Geschäftsführung, Einstellungen, Personalwesen, betriebliche Abläufe und dergleichen. Ich nehme die Rolle der Gründerin ein, aber heißt das vielleicht, ich müsste dem Unternehmen den Weg verstellen, den es gerade einzuschlagen im Begriff ist? **Soll ich fahnenflüchtig werden, die Anarchie ausrufen, die Lunte zünden, um sie alle mit Kanonendonner aufzurütteln?**

Solche Fragen stelle ich mir andauernd, doch am Ende gebe ich mir selbst die Antwort, dass ich die Rolle der Agitatorin spiele. In all den Jahren habe ich meine Führungsrolle als die des Störenfrieds definiert. Ich bin die Stechmücke, die einen Schuss kreatives Chaos in The Body Shop einbringt.

> »Ich werde nicht der Karren sein«, schrieb Walt Whitman über seine eigene Rolle. »Noch die Last auf dem Karren, noch das Pferd, das den Karren zieht; ich werde wie die kleinen Hände sein, die den Karren lenken.« Die Rolle, die ich selbst bei The Body Shop beanspruche, ist die der kreativen Stechfliege – aber auch die der kleinen Hände.

Das bedeutet für mich, Grundwerte und Unternehmensgeschichte von The Body Shop als Kraftquelle und Ideenreservoir zu nutzen. Zugleich weiß ich auch, dass ich nicht an der Vergangenheit kleben darf – oder in der

Gegenwart stillstehen. Die Fortdauer des Unternehmens wird nicht allein durch ein geniales Vertriebsnetz oder Outsourcing gewährleistet; es wird überleben, weil es großartige schöpferische Einfälle vorweisen kann: in Form von Produkten oder Zubehör oder Aussagen, die von der Gemeinschaft geschätzt, angenommen und gekauft werden, die man sich aneignen und ausprobieren kann.

Auf einem Markt mit zunehmendem Wettbewerb habe ich gezeigt, dass The Body Shop nichts Neues oder Riskantes zu fürchten braucht und dass wir ein sozial verantwortliches Business betreiben, das Neuland betritt. Doch eine Landkarte der Zukunft gibt es nicht, weshalb ich stets empfehle, auf Spontaneität und Kreativität zu setzen. Während wir uns durch unerschlossenes Gelände bewegen, lassen wir uns von Ideen und schöpferischen Visionen leiten. Diese besondere Art des Managements und der Unternehmensführung geht jedoch mit einer ernsten Warnung einher: *Ein Unternehmen, das sich solche kreativen Freiheiten leistet, ist kein Hort des Friedens und der Seligkeit.*

Die große Frage lautet: Wie institutionalisiert man den Erfolg, ohne Ecken und Kanten, Extravaganz und Spannung zu verlieren?

Ein Großunternehmen wie The Body Shop, das mit Tausenden von Mitarbeitern in 49 Ländern operiert, braucht eine Struktur – aber wie lässt sich die Struktur mit kreativem Chaos vereinbaren? Das ist ein Geheimnis, das ich noch lüften muss. Vielleicht geht es gar nicht. Vielleicht sollte man eine Reihe kleinerer Firmen neben dem Großunternehmen gründen, um Freiraum zu schaffen für das, was sich möglicherweise aus ihnen heraus entwickelt.

Wenn ich das letzte Jahrzehnt Revue passieren lasse, fällt mir auf, wie selten es Wegweiser gab. Es gab keine Denkschule, die uns gezeigt hätte, wie man das Business anders angeht, keine Fallstudien und jedenfalls keine

Gebrauchsanweisung. Manchmal wirkte es wie Katastrophenmanagement. Manchmal trafen uns die besten Ideen völlig unvorbereitet. Manchmal kamen wir uns wie Betrüger vor, weil alles so einfach schien. Doch dass wir uns der Bedeutung unseres Tuns bewusst gewesen wären – nein. Das ist wohl nie der Fall, wenn man instinktiv handelt.

Auf welche Momente bei The Body Shop bin ich im letzten Jahrzehnt besonders stolz gewesen? Es waren stets die, in denen das Unternehmen besonders tapfer war: im Kampf gegen Shell und die nigerianische Diktatur, und dann, als wir nach fünfjähriger Kampagne die Freilassung der Ogoni 20 erlebten; die Menschenrechtskampagne »Setzt ein Zeichen«, in deren Verlauf wir vier Millionen Daumenabdrücke von Unterstützern in aller Welt sammelten; und überhaupt alle unsere Aktivitäten für die Menschenrechte, bei denen wir unsere Läden in Bürgerbüros für Millionen von Kunden verwandelten. Ich bin stolz darauf, dass wir den Hanf propagiert haben, und auf unsere Arbeit auf den Schlachtfeldern des Balkans. Ich bin stolz auf all die jungen Mitarbeiter, deren Leben wir geprägt haben und die zu Vorkämpfern unseres Engagements wurden. Ich bin stolz auf das soziale und ökologische Prüfverfahren, das uns und alle Stakeholder in einem zweijährigen Prozess darüber aufklärte, wie wir dastehen. Und ganz besonders stolz bin ich auf die Vitamin-E-Creme, die nach 20 Jahren immer noch ein Verkaufsschlager ist. Schließlich ist es der Erfolg unserer Produkte, der all den anderen Aktivitäten zugrunde liegt.

Und was waren die schmerzlichsten Momente? Dass es notwendig wurde, unsere Grundwerte in einem weithin beachteten Gerichtsprozess zu verteidigen, dicht gefolgt vom Firmenschnüffler, dicht gefolgt vom gewaltigen Zacken, der mir aus der Krone fiel, als sich die Wirtschaftspresse einbildete, ich sei bei The Body Shop von unserem neuen, angeblich so »hartgesottenen CEO« verdrängt worden. Doch all das waren Kinkerlitzchen, verglichen mit den Ängsten, die sich im Unternehmen verbreiteten, als wir den Abbau von 300 Stellen bekannt gaben.

Einmal habe ich meinen Freund Ben Cohen in einer Fernsehdiskussion auf C-Span gefragt, was ihn veranlassen könnte, aus Ben & Jerry's auszuscheiden. Seine Antwort lautete: »Wenn wir nicht mehr progressiv sind, wenn wir nicht mehr für progressive Ziele eintreten.« Dasselbe gilt für mich. Ich werde The Body Shop verlassen, wenn es nicht mehr anders denkt und handelt als ein Großunternehmen, wenn seine Radikalität nachlässt. Wenn wir für nichts mehr einstehen, werden wir allem und jedem anheim fallen –

und diese Beliebigkeit wird uns mittelmäßig machen. **Und dann heißt es für mich: ab durch die Mitte.**

Gordon und ich hatten gehofft, unsere Töchter würden unser Unternehmen weiterführen. Nun, sie haben sich anders entschieden – doch seit sie selbst Kinder haben, setzen sie zumindest schon mal den großen Zeh in das Unternehmen. Auf meine beiden Töchter kann ich stolz sein – ihr soziales Gewissen ist gut entwickelt, und sie haben sich nie als Kinder reicher Leute benommen. Dass sie von uns nichts erben werden außer einem Trustfonds und unseren Häusern, verstehen und billigen sie. Wir sind uns einig, dass Wohlstand nicht dazu da ist, gehortet zu werden, sondern möglichst produktiv und verantwortungsbewusst weitergegeben werden sollte. Darum fällt all unser Vermögen an die Stiftung von The Body Shop.

Doch noch aus anderen Gründen bin ich stolz auf meine Töchter. Justine ist beherzt und furchtlos und widmet sich jetzt, wo sie Maiya und Atticus-Finch hat, ganz ihrer Familie. Sam ist der Inbegriff einer Aktivistin, auch wenn sie als Mutter von O'sha-Bluebell nicht mehr so draufgängerisch sein kann wie früher. Ich freue mich schon auf den Spaß, in einer lärmenden Rasselbande von Urenkeln alt zu werden.

Früher hat mich die Sorge um die Familiennachfolge innerhalb von The Body Shop stärker bewegt. Heute liegt mir längst nicht mehr so viel daran, dass meine Kinder sich ein Unternehmen aufhalsen, das sie nicht selbst gegründet haben – nur weil ich nicht will, dass es von Leuten geführt wird, deren progressives Denken und Handeln nicht von Herzen kommt. Wenn ich einst nicht mehr dabei bin, muss es nicht gerade meine Familie übernehmen, auf jeden Fall aber sollte es jemand von gleichem Schrot und Korn sein, der dadurch natürlich ebenfalls gewissermaßen »zur Familie« gehört. Doch wer es auch sein wird, leicht wird es für niemanden.

Und wer wird die Gegenkultur fortführen und der Schönheitsindustrie und den Londoner Bankern die Stirn bieten? Das weiß ich schon jetzt – unsere Kunden, unsere Partner und Franchisenehmer. Sie werden darauf achten, dass wir keine Im-Dutzend-billiger-Kosmetikfirma werden. Das haben sie uns beharrlich gezeigt, mit ihren Aktionen, mit den Millionen Unterschriften bei den Kampagnen. Welchen Nachweis ihres Engagements braucht es noch?

Manchmal, an schlechten Tagen, deprimieren mich die Gefahren der Globalisierung. Die Zukunft sieht heute düsterer aus als noch vor fünf Jahren.

Schuld daran ist der heimtückische, schleichende Zugriff der World Trade Organization, die unsere Rechte und Umweltstandards unterhöhlt. Doch an guten Tagen halte ich mir vor Augen, dass kein Unternehmen fix und fertig vom Himmel fällt; es wird geschaffen und geformt von Menschen, die es verändern können, wenn sie dazu entschlossen sind.

Lasst euch nie einreden, dass es nicht die Aufgabe des Business sei, die großen Fragen der Menschheit anzugehen. Denn das und nichts anderes ist seine Aufgabe.

Innerhalb von The Body Shop habe ich vermutlich nur noch eine größere Pflicht zu erfüllen. Ich will das Engagement des Unternehmens weiterführen, das Erbe sichern, in dem es wurzelt, die anderen provozieren, bis sie vor Aufregung nach Luft schnappen, sie inspirieren und ihnen beibringen, wie man Veränderungen und menschliches Wachstum für sich annimmt und verkraftet. Ich will bei The Body Shop weder einen sicheren Platz haben noch durchschaubar sein. Ich will offen sein für brillante Zufälle und dafür, unsere »Familie« – alle Stakeholder in aller Welt – so vital zu machen wie unsere Produkte. Walt Whitman hat einmal geschrieben:

Was ihr tun sollt, ist dies: Liebt Erde und Sonne und die Tiere, verachtet die Reichen, gebt jedem ein Ziel, der darum bittet, steht auf für die Toren und Verrückten, steckt euer Geld und eure Arbeitskraft in andere, hasst die Tyrannen, streitet nicht über Gott, begegnet anderen mit Geduld und Toleranz, zieht vor niemandem den Hut, nicht vor bekannten noch unbekannten, einzelnen oder vielen Männern, geht mit mächtigen, ungebildeten Menschen freimütig um, und mit den Jungen, und mit den Familienmüttern, prüft alles nach, was man euch in Schulen oder Kirchen oder irgendwelchen Büchern erzählt, und verwerft alles, was eure Seele beleidigt; dann wird euer eigenes Fleisch zum großen Gedicht werden, mit großer Geläufigkeit nicht nur in Worten, auch in den schweigenden Falten der Lippen und des Gesichts, und zwischen den Wimpern eurer Augen, und in jeder Bewegung und jedem Glied des Körpers.

Diese Worte nehme ich mir seit Jahren zu Herzen, denn Whitman hat die Botschaft der wahren Schönheit des Lebens viel besser formuliert, als ich es je könnte. Im Rückblick sehe ich, wie sein Was mit der Zeit mein Warum geworden ist – die eigentliche Inspiration für das Wesen von The Body Shop. Und wenn ich seine Worte erneut überlese, wird mir klar, wie weit unser Weg noch ist.

Register

A

Aborigines   137
Adizes, Ichak   288 ff.
Alcott, Louisa May   156
AIDS-Bekämpfung   107
Albanien   217
Altamira, Gesundheitshaus von   235
Amazonas, Regenwald   14, 259 f.
American Express   278
American Visionary Art Museum   188
Amish-People   86
Amnesty International   218
Anthony, Susan B.   139
Ashanti   137
Aung San Suu Kyi   26
Aveda   195, 300

B

Babassu   151
Bangladesh   242, 246 f.
Bath & Body Works   179, 195
Bell Canada   35
Ben & Jerry's   74, 280, 333
Bhopal   29
Big Issue   119 ff., 220
Bird, John   119 f.
Birma   26, 34, 219
Boots   300, 322
Bosnien   217 f.
BP Amoco   35
Branson, Richard   300

Brent-Spar-Plattform   36
Business for Social Responsibility   86

C

Campealta (Kooperative)   259 f.
Centre for Action Research in Professional Practice   310
Centre of Self Reliance   218
Channel-4-Sendung   264 ff.
Channon, Jim   85
Child Development Centre   78, 165, 309
China, Sterbezimmer   169
Chipko-Bewegung   161
Chisholm, Shirley   211
Chouinard, Yves   72, 78
Claiborne, Liz   220
Clarke, Arthur C.   143
Clifton Café   53 ff.
Co-op-Bank   44, 49
Cohen, Ben   280, 333
Council on Economic Priorities   44

D

Dalai-Lama   218
Descartes, René   103
De Vita, Gilda (Mutter)   55 f.
»Dispatches«   264 ff., 272, 286, 318
Domini, Amy   161
Drucker, Peter F.   116
Duffield, John   23

E

Einstein, Albert 24
Eisner, Michael 24
El Cubana, Littlehampton 56
Elisabeth I. 269
Enfant du Monde 247 f.
Ethical Trading Initiative 44
Exxon 31, 275

F

Farson, Richard 68, 257
Fay, Chris 208
Federal Trade Commission 283
Firmenschnüffler 272 ff., 279, 281 ff., 333
Fisher, George 237
Food and Drugs Administration 273, 283
Ford Eileen 131 f.
Ford, Henry 42, 251, 330
Fox, Matthew 79, 187 f.
Franklin Research and Development 275
Friends of the Earth 215, 268
Full Voice 11, 121 ff.

G

Gabra 155
Gandhi, Mahatma 241
Gardner, John 89
Gartner, William B. 73
Genmanipulation 17, 21, 44
George, Susan 25, 30
Ghana, Sheabutter-Projekt 168 f., 239, 244
Globalisierung 10, 17, 21, 23, 29, 34, 37, 48, 91, 153, 209, 334
Gokanna, Shell-Gemeindespital 226
Goldmann, Emma 222
Goldman Sachs 24, 280
Gorotire-Indios 238, 260
Gournay, Patrick 307
Green-Pharmacy-Projekt 235
Greenpeace 21, 214 f., 268

H

Hanf 249 ff., 303
Harman, Willis 66
Heineken 220
Henderson, Hazel 161
Héricourt, Jeanne de 202
»Hilfe durch Handel« 168, 179, 196, 229 ff., 246, 259, 266, 271, 273, 278, 318
Hilfiger, Tommy 253
Hoffberger, Rebecca 188 f.
Huichol-Indios 30
Humangenom-Projekt 142
Human Rights Watch 203, 217 f.

I

Iceland 44
International Chamber of Commerce 30
Internationaler Währungsfonds (IWF) 28
Internationales Forum zur Globalisierung 17, 26, 29
Israel 77

J

Jensen, Carl 185, 278
Jupiter Asset Management 23
Jute Works 246 f.

K

Kathmandu   72, 76, 238
Kayapo (Stamm)   14, 230 ff., 235, 237, 259 f.
Kelly, Marjorie   280
Kelly, Petra   158, 170
Kerr, Jean   134
Keynes, John M.   20, 25
Khor, Martin   30
King, Billie Jean   154
King, Martin Luther   180 f.
Koestenbaum, Peter   32
Kolumbien   34, 36
Korea   41
Krishnamurti   45

L

Lauder, Estée   300
Lauder, Leonard   127
Lauren, Ralph   253
Lee Kun Hee   41
Levi Strauss   43 f.
Lewis, John   330
Lupis, Ivan   217

M

McCafferty, General Barry   253
MacDonald, Jacqui   247
MacDonald, Peter   225
Manchester Business School   149
Manet, Edouard   113
Mant, Alistair   290
Maoris   137
Marlin, Alice Tepper   161
Maurois, André   330
Maxwell, Robert   13
Mead, Margaret   225

Menschenrechte   9 f., 14, 23, 34, 44, 151, 199, 209, 218, 318
Mexiko   182
Microsoft   31
Mikulski, Barbara   178
Min Kyung Choon   41
Missing Persons Helpline   220
Montessori-Schule, Tamil Nadu   240
Mooney, Bel   149
Moore, Geoffrey   308
Mother Jones   5, 185, 274, 328
Multinational Monitor   24, 219
Murphy, Amanda   248

N

Nader, Ralph   185, 281
National Labor Committee   34
Nepal, Papierprojekt   77, 238 f.
New Academy of Business   310
Nicaragua, Sesamölprojekt   239
Nichtstaatliche Organisationen (NGOs)   20 f., 34 f., 44, 50, 152, 193, 260, 274, 324
Nigeria   29, 34, 36, 199
Nike   35 f., 213
North American Free Trade Agreement (NAFTA)   26, 30
North American Women's Business Association   67

O

Oglala (Stamm)   39 f., 244
Ogoni (Stamm)   29, 35 f., 193, 199 ff., 219, 221, 225 f., 333
Origins   179, 195, 300
Owen, Robert   86
Oxy   36

P

Padung (Stamm) 137
Paiakan, Paulhino (Häuptling) 230 ff.
Parents Against Drugs 256
Patagonia 72, 78
Penan (Stamm) 263 ff.
Pepsi 220
Perilli, Henry (Vater) 53 f.
Pestizide 30, 34, 78
Porritt, Jonathan 281
PricewaterhouseCoopers 35
Produktboykott 34 f.
Project Censored 187, 278
Pykatire Pykative (Häuptling) 234

Q

Quäker 45 f., 86

R

Rassismus 19
Redençao, Gesundheitshaus von 235
Redert, Alan 263
Reputation Institute 35
Roddick, Gordon (Ehemann) 57, 112, 119 f., 163, 200, 225, 235, 248, 263 ff., 289 ff., 305 f.
Roddick, Justine (Tochter) 57, 163, 334
Roddick, Samantha (Tochter) 57, 79, 263, 301 f.
Roosevelt, Eleanor 186
Royal Society for the Prevention of Cruelty to Animals (RSPCA) 277
»Ruby« (Puppe) 11, 122, 125
Ruketser, Muriel 110
Rumänien 216 f.

S

Samsung 41 ff.
Sarawak 14, 263
Saro-Wiwa, Ken 199 ff., 219
Sayers, Dorothy 144
Selbstachtungsaktion 11, 190
Selfridge, Gordon 330
»Setzt ein Zeichen!«-Kampagne 218, 333
Shaker 86
Shandwick 258
Shell 31, 34 ff., 199 ff., 212, 226 f.
Shelter 213
Shipka, Barbara 47
Shiva, Vandana 30, 161
Soapworks 90 f., 249, 264
Social Investment Forum 274
Spiritualität 44 f., 329
Squatters' Association 213
Standard Life 49
Steinem, Gloria 189 f.
Stevens, Wallace 76
Südafrika, Apartheid 220
Swahili 137

T

Tamale, Ghana 244
Tamil Nadu 107, 240 f., 248
Teddy Exports, Tamil Nadu 248
The Body Shop Charta 93, 119, 298 f.
The Body Shop Digital 322
The Body Shop Direct 114, 147, 322 f.
The Body Shop Foundation 120, 216
The Body Shop, Grundwerte 95
The Body Shop, Ökobilanz 96
Tierversuche 9, 179 f., 217, 219, 266, 270, 273, 277, 297, 309, 318
Tirumangalan, Tamil Nadu 107

Toffler, Alvin 91
Total 26, 34, 219 f.
Trade Not Aid 275

U

Umweltschutz 9, 17, 199
U-wa (Stamm) 36
UN-Frauenkonferenz 169
Union Carbide 29
Unocal Corporation 26, 219 f.

V

Valentino 132
Virgin Vie 300
Verbraucherboykott 35

W

Walt Disney Corporation 24
Weltbank 28
Weltgesundheitsorganisation (WHO) 107
Welthandelsorganisation (WTO) 10, 17 f., 27 ff., 37 f., 148, 335
Whiteley, William 330
Whitman, Walt 331, 335
Wolf, Naomi 148
World Petroleum Congress 204
Wright, John David 304

Z

Ziggy (Wilson, Tom) 128
Znaimer, Moses 72

Das Copyright der Abbildungen auf den im Folgenden genannten Seiten liegt bei:

Andrew Lamb, S. 3, 6, 343; Jacob Holdt, S. 20; David Volsic und Debra Harris, S. 54, 65, 127, 162, 173, 258, 297; The Body Shop und Richard Puller (Fotograf), S. 87; The Body Shop (Zitat von Better Reese), S. 90; The Big Issue, S. 120; The Body Shop in Zusammenarbeit mit Alchemy, S. 126; The Abelson Company, S. 140; The Body Shop und Sandra Lousada (Fotografin), S. 163; The Body Shop und Christopher Corr (Illustration), S. 182; The Body Shop und Greg Gorman (Fotograf), S. 184; Antonio Vizcaino, S. 219; Adrian Arbib, S. 226 und 227; The Body Shop und Simon Wheatley (Fotograf), S. 241; The Body Shop und Spencer Rowell (Fotograf), S. 245; Malcolm MacKinnon, S. 250; *The Daily Express*, S. 255; Ian McKenzie, S. 264; The Body Shop und Graham Cornthwaite (Fotograf), S. 302; Peter Kyle, S. 323 (oben und unten).